BRAUNSCHWEIGER STUDIEN

ZUR

ERZIEHUNGS- UND SOZIALARBEITSWISSENSCHAFT

BAND 32

BRAUNSCHWEIGER STUDIEN

ZUR

ERZIEHUNGS- UND SOZIALARBEITSWISSENSCHAFT

Herausgeber: Prof. Dr. Lutz Rössner

BAND 32

Erich H. Witte (Hrsg.)

Einstellung und Verhalten

Beiträge des 7. Hamburger Symposions
zur Methodologie der Sozialpsychologie

Braunschweig 1992

Redaktion:
PD Dr. Lutz-Michael Alisch
Dr. Henning Imker
Prof. Dr. Lutz Rössner

ISSN 0721-3484
ISBN 3-924965-32-3

Titelsatz:
WERBEWERKSTATT
Mainweg 1
3300 Braunschweig

Druck:
SCHMIDT
Buchbinderei & Druckerei
Hamburger Str. 267
3300 Braunschweig

INHALT

Seite

Vorwort des Herausgebers der Braunschweiger Studien zur Erziehungs- und Sozialarbeitswissenschaft

In meinen Vorworten zu den Bänden der "Braunschweiger Studien zur Erziehungs- und Sozialarbeitswissenschaft habe ich wiederholt darauf hingewiesen, daß ich es nicht als meine Aufgabe ansehe, als "Gesamt-Herausgeber" auf den Inhalt der jeweiligen Bände einzugehen, da dies den Autoren bzw. den "speziellen Herausgebern" der Bände obliegt. Meine Vorworte haben lediglich eine Verklammerungs- und Rechtfertigungsfunktion in bezug auf die Buch-Reihe, in der die Bände erscheinen. Und dies gilt auch für den vorliegenden Band, in dem ein psychologisches Problem erörtert wird.

"Einstellung und Verhalten" ist - im Rahmen unserer arbeitsteiligen Wissenschafts- bzw. Forschungs-Organisation - ein psychologisches, speziell auch sozialpsychologisches Problem *und*, dies bedarf hier keiner näheren Begründung, zugleich ein pädagogisches bzw. erziehungswissenschaftliches. Anders gesagt: Psychologische Erörterungen, insbesondere auch in dem Problembereich, der mit den Stichworten "Einstellung" und "Verhalten" designiert ist, sind auch für Erziehungswissenschaftler von großer Bedeutung.

In einem Politischen Taschenwörterbuch aus dem Jahre 1849 lesen wir: "Pädagogik, Erziehungswissenschaft, Erziehungskunst, ist eigentlich eine angewandte Psychologie, denn nur durch diese lernt man die Seelen- und Geisteskräfte der Menschen kennen."[1]

Ich will hier nicht erörtern, ob diese Auffassung von Pädagogik (wieder) Anerkennung finden sollte (ich neige einer solchen Anerkennung sehr zu). Zumindest werden die Pädagogen mit dieser Charakterisierung aber darauf aufmerksam gemacht, daß sie aus der Psychologie *lernen* können (und sollten), womit ich (hoffentlich) einen trivialen Hinweis gegeben habe. "Einstellung und Verhalten" ist ein psychologisches Problem, und man tut meines Erachtens gut daran, seine Behandlung vor allem den Fachleuten, den Psychologen, zu überlassen, was zugleich bedeutet: es ist unzweckmäßig und somit nicht wünschenswert zu versuchen, es nur-pädagogisch (und damit dilettantisch) zu lösen. Die Pädagogen sollten sich, meine ich, auch hier von den Psychologen belehren lassen. Dies ist der Wissenschaft und Praxis des Erziehens sehr nützlich.

Ich bin mir ganz bewußt, daß ich mit dieser Meinung bei Pädagogen nicht (nur) auf Zustimmung stoße, daß sie diese Meinung bestenfalls - hier setze ich schon Wohlwollen voraus - als "exzentrische" interpretieren. Gleichwohl: Ich folge

---

1 C.F.L. Hoffmann: Vollständiges politisches Taschenwörterbuch. Leipzig 1849, S. 157.

8

auch hier *Bertrand Russell*, der folgendes 7. Gebot formulierte: "Fürchte dich nicht davor, exzentrische Meinungen zu vertreten; jede heute gängige Meinung war einmal exzentrisch."[2]

Ich danke dem Herausgeber dieses Bandes, Prof. Dr. *E.H. Witte*, und den Autoren für ihre produktive Mitarbeit an den "Braunschweiger Studien."

Braunschweig, Dezember 1992   Prof. Dr. Lutz Rössner

---

2 B. Russell: Die beste Antwort auf Fanatiker: Liberalismus. In: New York Times vom 16. Dezember 1956. Zitiert nach: R.W. Leonhardt: Die Sehnsucht nach Liebe. Bertrand Russell: Zwischen Mathematik und Atomtod. In: Die Zeit 47 (1992)49, S. 67.

Vorwort des Herausgebers

Noch immer geschieht es recht selten, daß sich eine Einzeldisziplin kontinuierlich um methodologische und theoretische Grundlagen und ihre Konsequenzen kümmert. Für die Sozialpsychologie hat sich in Zusammenarbeit mit ihrer Fachgruppe bei der Deutschen Gesellschaft für Psychologie inzwischen das "Hamburger Symposion zur Methodologie der Sozialpsychologie" etabliert, das bereits achtmal abgehalten wurde. Das 7. Hamburger Symposion beschäftigte sich mit dem Schwerpunktthema "Einstellung und Verhalten". Die Symposien sind dabei immer interdisziplinär besucht (Psychologie, Soziologie, Ethnologie, Politologie, Wissenschaftstheorie). Das ermöglicht häufig in einem kleinen Kreis von ca. 20 Teilnehmern eine intensive und fruchtbare Diskussion um die jeweilige Themenstellung, ohne die bei Kongressen üblichen normativen Einschränkungen (siehe die Publikationen des 5. und 6. Hamburger Symposions, Erich H. Witte (Hrsg.): Sozialpsychologie und Systemtheorie. Braunschweig 1990; Angewandte Sozialpsychologie. Braunschweig 1991; Band 26 und Band 29 der "Braunschweiger Studien zur Erziehungs- und Sozialarbeitswissenschaft").

Das 7. Hamburger Symposion hatte zu seinem Schwerpunkt: "Einstellung und Verhalten: Konzeptionelle Probleme, methodische Anhaltspunkte, zukünftige Entwicklungen." Es sollte das so wichtige Gebiet der Einstellungsforschung für die Sozialpsychologie neue Impulse erfahren, weil hier eine gewisse Stagnation erkennbar schien. Das sollte durch die Interdisziplinarität und die Konzentration auf die Grundlagen erreicht werden.

Die hier publizierten Artikel sind nun nicht etwa die erweiterten Vorträge, sondern völlig überarbeitete und umgestaltete eigenständige Kapitel. Die einzelnen Kapitel ergeben natürlich kein Lehrbuch der Sozialpsychologie zum Thema "Einstellung und Verhalten". Gerade im Gegensatz zu dem Anliegen eines Lehrbuches, das die klassischen Arbeiten darstellen und die vorhandene Diskussion nachzeichnen muß, geht es in diesem Band darum, neue theoretische Standpunkte zu entwickeln und die *zukünftige* Forschung anzuregen.

Im ersten Kapitel verwendet *Six* (Wuppertal) die Methode der Meta-Analyse, um den Zusammenhang zwischen Einstellung und Verhalten anhand der empirischen Arbeiten in der Literatur zu ermitteln. Hierbei handelt es sich wohl um die umfangreichste Meta-Analyse auf diesem Gebiet. Sie zeigt recht deutlich, daß die Vorhersage des Verhaltens aus der Einstellung heraus mit dem inhaltlichen Gebiet erheblich variiert. Eine daraus zu ziehende Konsequenz sind die Fragen, was diese Gebiete von anderen unterscheidet und unter welchen Bedingungen das Einstellungskonzept ein brauchbarer Prädiktor ist. Diese Fragestellungen berühren zum wiederholten Male die Grundlagendiskussion. *Witte* (Hamburg) greift diese Diskussion erneut auf und versucht, ein neues Rahmenmodell für die Einstellungs-Verhaltens-Relation zu entwerfen. Er geht davon aus, daß die Drei-Komponenten-Konzeption im Zentrum stehen muß. Sie ermöglicht es, einerseits zu einer abstrakten und integrativen Betrachtung eines Einstellungsobjektes auf einer globalen Bewertungsdimension zu gelangen (Ein-Komponenten-Modell), andererseits dienen die drei Komponenten dazu, das konkrete Verhalten durch einen Konkretisierungs- und Differenzierungsprozeß vorherzusagen. Die konkrete Auswahl des Verhaltens wird aber nicht nur durch die Einstellung, sondern auch durch die funktionale Bedeutung der Einstellungen für das Individuum (Filterprozesse) bestimmt. Außerdem nehmen externe Rahmenbedingungen Einfluß auf die konkrete Festlegung des Verhaltens. Damit wird die Diskussion um drei zentrale Themen aufgegriffen und einem ersten Lösungsvorschlag zugeführt:

a) Die Frage nach den Komponenten und dem Einstellungsbegriff.
b) Die Frage nach den Funktionen der Einstellungen.
c) Die Frage nach der Auswahl eines konkreten Verhaltens aufgrund der Einstellung.

Das entwickelte Rahmenmodell versucht, auf neuen Wegen sich den alten Fragen und Ergebnissen zuzuwenden.

Im dritten Kapitel wird ebenfalls eine neue Konzeption der Einstellung eingeführt. *Doll* (Hamburg) differenziert unterschiedliche Grundlagen, die zum Erwerb einer bestimmten Einstellung relevant waren. Damit wird die Frage der Einstellungsänderung ins Zentrum gerückt. Ist die Einstellungsänderung leichter, wenn man auf die Art des Erwerbs der Einstellung achtet und auf gleiche Weise Einfluß nimmt? Von *Doll* wird dabei insbesondere die emotionale Seite der Einstellungen (wieder) hervorgehoben.

Das vierte Kapitel nimmt jetzt Bezug auf soziologische Traditionen und zeigt die Verbindung zwischen Werten und Einstellungen auf. *Klages* (Speyer) beschreibt und analysiert die Verbindungen. Eine Konsequenz daraus ist wiederum, die emotionale bzw. evaluative Dimension der Einstellung nach der starken kognitiven Orientierung in diesem Bereich verstärkt zu berücksichtigen. Aber auch Fragen nach dem generellen Verhältnis von Einstellungen und Werten wird diskutiert. Hier eröffnen sich zahlreiche Kooperationen zwischen Soziologie und Psychologie, die bisher unzulänglich genutzt wurden.

Das fünfte Kapitel ist wiederum aus der Sicht einer externen Disziplin, der Ethnologie, geschrieben worden. In dieser knappen, aber sehr instruktiven Darstellung macht *Wirsing* (Hamburg) deutlich, daß das Einstellungskonzept allein in "modernen" Gesellschaften angewandt werden kann. Jedenfalls kommt dieses Konzept in der Ethnologie nicht vor. Aus dieser Tatsache ergibt sich, daß die Konzentration der Psychologie auf die interindividuelle Varianz zwischen Einstellungsträgern sehr einseitig ist und von der spezifischen Kultur abhängt. Das führt zu dem Problem des Überganges zwischen Einstellungen, sozialen Repräsentationen, kulturellen Werten und ihre Bedeutung für die Sozialpsychologie.

In den letzten beiden Kapiteln geht es um die wissenschaftstheoretische Durchdringung der Einstellungs-Verhaltens-Theorien.

In dem sechsten Kapitel wendet *Konerding* (Aachen) die wissenschaftstheoretische Position des Strukturalismus auf die theoretische Darstellung von Einstellungs-Verhaltens-Relationen an. Solche oder vergleichbare Darstellungsformen ermöglichen überhaupt erst das Ausmaß an Präzision, das notwendig ist, um den theoretischen Gehalt angemessen beurteilen zu können. Wenn also Theorien konstruiert werden, die über Rahmenmodelle hinausgehen, müssen Darstellungsformen gefunden werden, die es ermöglichen, die Struktur der Theorie zu durchschauen. Hierzu ist die Variante des Strukturalismus eine wichtige Form.

Wie diese Darstellungsform dann konkret aussehen kann, wenn man sie auf eine der bekanntesten Einstellungs-Verhaltens-Theorien anwendet, zeigt *Konerding* (Aachen) dann in seinem letzten Kapitel. Es wird dann auch deutlich, daß es zwei Subtheorien gibt, die sich hinter dem *Ajzen-Fishbein*-Ansatz verbergen.

Betrachtet man den vorliegenden Band im Überblick, so gibt es nicht nur Fragen, die aufgeworfen werden, sondern auch bereits Vorschläge für Teillösungen zur Überwindung einer gewissen Stagnation der Einstellungsforschung. Die Ergebnisse sind vielversprechend und können für manche unerwarteten Resultate in der Einstellungsforschung als Erklärung dienen.

Hamburg-Norderstedt, November 1992   Erich H. Witte

NEUERE ENTWICKLUNGEN UND TRENDS IN DER EINSTELLUNGS-VERHALTENS-FORSCHUNG

Bernd Six

1. Die Einstellungs-Verhaltens-Relation: Eine systematische und historische Aufarbeitung

Trotz aller gebotenen Zweifel am Entdeckerfrohmut (sozial)-psychologischer Kollegen mehren sich die Anzeichen dafür, der summarischen Beurteilung zur Lage der Einstellungs-Verhaltens-Forschung *Fazio & Zanna* aus dem Jahre 1982 recht zu geben: "Wenn Psychologen an einem grundlegenden Problem mehrere Jahre arbeiten, dann sollte es nicht verwunderlich sein, daß es bei der Beantwortung der von ihnen gestellten Fragen Fortschritte oder regelhafte Beziehungen gibt." (*Fazio & Zanna* 1982, 283). Grundlegend ist dieses Problem insofern, als es mehr ist als ein in der Sozialpsychologie verankertes Thema der Einstellungsforschung: Es geht um ein diagnostisches Grundmuster, bei dem nach Indikatoren gesucht wird, die relativ einfach zugänglich und abfragbar sind, wie dies Einstellungen und vergleichbare Konzepte nun mal eben sind, um damit dann Aussagen über einen Variablenbereich zu machen (den Handlungen oder individuellen Verhaltensweisen), der in den meisten Fällen schwieriger zugänglich bzw. aufwendiger zu erheben ist als eben diese Indikatoren.

Die inzwischen in ca. sechs Jahrzehnten geleistete Arbeit auf diesem Gebiet ist dabei nicht etwa die Antwort auf die Frage nach der Relation von Einstellung und Verhalten, die theoretischen Tiefsinn und eine Strukturtheorie der "Hydraulik" zwischen mentalen und aktionalen Konzepten verlangen würde, über die es noch nicht einmal ansatzweise Analysen gibt, sondern die Realisation von zwei Fragen, die unterschiedlich intensiv bearbeitet wurden:

1. Frage: Unter welchen Bedingungen gibt es besonders enge Beziehungen zwischen Einstellungen und Verhalten?

2. Frage: Wie läßt sich mit Hilfe von Einstellungen und unter Berücksichtigung anderer relevanter Variablen Verhalten vorhersagen?

Die im folgenden unterschiedenen vier Phasen der Einstellungs-Verhaltens-Forschung überlappen sich zwar zeitlich, stellen aber jeweils dezidiert voneinander unterscheidbare Annäherungsstrategien an das Einstellungs-Verhaltens-Problem dar.

Die erste Phase: Die korrelative Jäger- und Sammler-Periode.

Die ersten Untersuchungen, deren prominentester Repräsentant die Arbeit von *LaPiere* (1934) ist, sind primär dadurch gekennzeichnet, daß mit minimalen theoretischen Ansprüchen, die sich auf die Annahme der Verhaltensrelevanz von Einstellungen reduzieren läßt, Verhalten durch Einstellungen in einer Größenordnung vorhersagbar zu machen, so daß auf die aufwendigere Erfassung des Verhaltens verzichtet werden kann. Dieses permanent aufgelegte Grundschema der korrelativen Beziehungen wurde zwar gelegentlich durch die Berücksichtigung von Moderatorvariablen durchbrochen (wie z.b. Ichbeteiligung, Intensität, Zentralität etc.), die jedoch fast ausschließlich Zusatzmerkmale der Einstellungen waren und zudem keinen deutlichen Ergebnistrend einer höheren korrelativen Beziehung erkennen ließen. Bereits in diesen frühen Untersuchungen grassierte eine ebenso kritikanfällige wie unausrottbare Unsitte, anstelle des beobachtbaren Verhaltens bloße Verhaltensbereitschaften oder Verhaltensintentionen als quasi-Ersatz für Verhalten zu verwenden, die zur Disqualifikation der Einstellungs-Verhaltens-Forschung beigetragen hat. Nicht zuletzt die konzeptuelle wie operationalisierte Nähe zwischen konativer Einstellungskomponente und Verhaltensintention ließen derartige Untersuchungen zu einem Korrelationsspiel zwischen Einstellungskomponenten verkommen.

Am Ende dieser ersten Phase erscheint dann auch die negative Bilanz in Form des Sammelreferates von A.W. *Wicker* (1969): Einstellungen hatten sich nicht als valide Indikatoren für Verhalten erwiesen.

Damit ging eine Ära der Einstellungs-Verhaltens-Forschung zu Ende, die mit zu der bis heute anhaltenden Stereotypisierung des gesamten Forschungsfeldes beigetragen hat.

Die zweite Phase: Die Dominanz des Fishbein-Ajzen Modells

Das *Fishbein-Ajzen*-Modell, zunächst von *Fishbein* (1966) als regressionsanalytisches Modell zur Vorhersage von Verhaltensintentionen konzipiert, firmiert seit 1980 unter der Bezeichnung als "Theory of reasoned action" und tritt mit dem Anspruch auf, eine Theorie zu sein, die dazu verwendet werden kann, menschliches Verhalten vorherzusagen, zu erklären und zu beeinflussen (*Ajzen* & *Fishbein* 1980, 10). Sowohl hinsichtlich der Breite ihrer Anwendungen (auf Spielsituationen, Wählerverhalten, Konsumentenverhalten, Berufsorientierung, Umweltprobleme, Familienplanung, Gesundheitsverhalten, Blutspendeaktio-

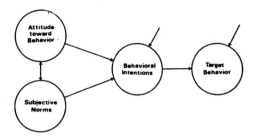

Abb. 1: Das *Fishbein-Ajzen*-Modell der Verhaltensvorhersage

nen, Teilnahme an Diskussionen, Verkehrsverhalten, Kirchenbesuch, Verwendung von Drogen etc.) als auch hinsichtlich der Zahl der Publikationen, einschließlich der Rezeption in anderen Wissenschaftszweigen, sowie den insgesamt erfolgreichen Anwendungen, gemessen sowohl an der geringen Zahl der verwendeten Prädiktoren und der Höhe der aufgeklärten Varianz und der meist erfolgreichen Vergleichsuntersuchungen mit konkurrierenden Modellen, scheint diese Theorie in ihrer Präpotenz auch in den nächsten Jahren unerreichbar (siehe hierzu auch *Konerding* in diesem Band)

Die dritte Phase: Die Phase der alternativen Modellentwicklungen

Diese dritte Phase, die, ebenso wie die nachfolgende vierte, die derzeit dominierenden Trends in der Einstellungs-Verhaltens-Forschung sind, ist durch eine Reihe von Modellentwicklungen gekennzeichnet, die teilweise als Reaktionen auf das *Fishbein-Ajzen*-Modell zu interpretieren sind, wie z.b. das generalisierte Einstellungs-Verhaltens-Modell von *Bentler & Speckart* (1979), teilweise aber auch als direkte Alternativen zu *Fishbein-Ajzen* anzusehen sind, wie das Modell des Interpersonellen Verhaltens von *Triandis* (1977). Zu dieser Gruppe sind auch diejenigen in der Soziologie stärker präferierten Modelle der bedingten Konsistenz, wie sie von *Acock & DeFleur* (1972) erstmals vorgestellt wurden. Gemeinsam ist ihnen die regressionsanalytische oder pfadanalytische Verknüpfung der Variablen, die Einstellungen zwar als zentralen, jedoch nicht als einzigen Prädiktor verwenden. Gemeinsam ist ihnen dadurch auch die Marginalisierung der Einstellungsvariablen als Prädiktor für Verhalten. Ein anderer Theorietrend besinnt sich auf die nur unzulänglich zu beantwortende Frage nach dem Zusammenhang von individuellen Verhaltensweisen und individuellen Einstellungen, die in den auf Gruppenniveau aggregierten Daten der üblichen Vorhersagemodelle verlorengeht. Das in Anlehnung an die SEU-Modelle konzipierte idiographische Verhaltensmodell von *Jaccard* (1981) ermöglicht es denn auch,

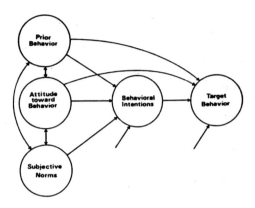

Abb. 2: Das generalisierte Einstellungs-Verhalten-Modell nach *Bentler & Speckart* (1979)

zwischen Einstellungen und alternativen Verhaltensweisen jeweils individuelle Vorhersagen über die Stärke der Einstellungs-Verhaltens-Relation zu machen.

Ein weiterer Typus dieser alternativen Modelle ist in dem von *Zanna & Fazio* (1982) entwickelten Prozeßmodell der Einstellungs-Verhaltens-Relation und der darauf basierenden Erstellung des MODE-Modells (Motivation and Opportunity as Determinants), das sich auf Forschungen aus der Kognitionspsychologie beruft (*Fazio* 1990) und primär die kognitiven und motivationalen Bedingungen berücksichtigt, unter denen es zu Übereinstimmungen von Einstellungen und Verhalten kommen kann und gleichzeitig in seiner Weiterentwicklung sowohl automatische Prozesse des Einflusses von Einstellungen auf Verhalten als auch geplante oder intendierte (deliberate) Prozeßeinflüsse von Einstellungen und Verhalten einbeziehen kann.

Die vierte Phase: Die Suche nach Moderatoren

Mit dieser vor allem in den letzten zehn Jahren stark florierenden Phase wird einerseits direkt an alte Untersuchungen angeschlossen, in denen Variablen wie "commitment" oder "Wichtigkeit", "Relevanz" oder "Bedeutsamkeit" (salience) als Zusatzvariablen verwendet wurden, andererseits sind diese Untersuchungsansätze sehr stark vom Variableninventar einer kognitionstheoretisch dominierten Psychologie beeinflußt. Inzwischen ist das Arsenal der als Moderatoren ausgegebenen Variablen sehr stark angewachsen und eigentlich ist es nur noch eine Frage der Zeit, wann dieser Katalog als zu unüberschaubar und zu disparat angesehen wird, um weiterhin systematisch Untersuchungen betreiben zu können.

Es läßt sich für diesen Zeitpunkt nur hoffen, daß dann Modelle generiert werden, die - ähnlich wie in der Einstellungsänderungsforschung das Elaborations-Wahrscheinlichkeits-Modell (ELM) von *Petty & Cacioppo* (1986) zu einer konzeptuellen Reorganisation der Einflußgrößen bei Einstellungsänderungsprozessen geführt hat - eine "kopernikanische Wende" einleiten, die zu einer systematischen Vereinfachung und einer forschungsstrategischen Homogenisierung bei der Einbindung der derzeit kaum noch zu überblickenden Zahl der Moderatoren beiträgt

Was bislang an Moderatoren Eingang in die Einstellungs-Verhaltens-Forschung gefunden hat, läßt sich nach einem Vorschlag von *Ajzen* (1988) in vier Gruppen einteilen:

(1) Individuelle Differenzen als Moderatoren: Hierzu zählen etwa individuelle Unterschiede im Ausmaß der Konsistenz, die "self-monitoring"-Variable, private und öffentliche Selbstaufmerksamkeit, die wahrgenommene Situationskontrolle etc.

(2) Sekundärmerkmale von Dispositionen als Moderatoren: Hierzu zählen solche Variablen wie die Struktur und der Differenzierungsgrad von Einstellungen, das Ausmaß der Informationen, auf dem Einstellungen basieren, die persönliche Interessenlage, das Ausmaß des Vertrauens in die eigene Einstellung, die direkte Erfahrung im Umgang mit dem Einstellungsgegenstand und die kognitive Zugänglichkeit der Einstellung.

(3) Situative Faktoren als Moderatoren: Situative Zwänge, wie z.B. Zeitmangel, situative Barrieren, aber auch die situativ manipulierte Selbstaufmerksamkeit und situationsspezifische Kompetenzen gehören in diese Gruppe.

(4) Verhaltensfaktoren als Moderatoren: Die Leichtigkeit oder Schwierigkeit, mit der Einstellungen in Verhalten umgesetzt werden können, die soziale Erwünschtheit des Verhaltens, die möglichen Konsequenzen des Verhaltens und die Breite des möglichen Verhaltensspektrums sind hier zu nennen.

So wichtig derartige Moderatoreffekte auch sind, bislang gibt es keine Möglichkeit, die jeweils verhaltensspezifischen Moderatoren untersuchungsspezifisch vorab auszuwählen.

Die vier hier vorgestellten Phasen der Einstellungs-Verhaltens-Forschung sollten deutlich gemacht haben, daß es einen deutlichen Trend in der Art gibt, Einstellungs-Verhaltens-Beziehungen sowohl auf der Ebene der Modell-Entwicklung unter dem primären Interesse der Verhaltensvorhersage als auch unter dem zentralen Aspekt der kognitiven Mechanismen der Vermittlung beider Variablen zu untersuchen, die an den Bedingungen interessiert sind, unter denen es zu Konsistenz-Effekten zwischen Einstellungen und Verhalten kommt.

Korrelative Analysen dienen derzeit bestenfalls noch als Vehikel zur Bestimmung der Kovariation

2. Vom Sammelreferat zur Meta-Analyse[1]: Das Ach und Weh der Literaturverwertung

Literaturübersichten, Sammelreferate oder Monographien sind nicht nur bloße Dokumente von Publikationen, sondern gleichzeitig auch immer Standortbestimmungen der jeweiligen Forschungslage. Sie erfüllen aber auch durch ihre Selektions- und Akzentuierungsmechanismen gate keeper-Funktionen für ihre Benutzer und werden im Diffusionsprozess wissenschaftlicher Rezeption zu Sekundärquellen, deren summarische Befunde weit mehr als die Originalliteratur zur Beurteilung der Forschungslage eines bestimmten Problemfeldes benutzt werden.

Im folgenden soll anhand von 5 verschiedenen Dokumentationen aus dem Bereich der Einstellungs-Verhaltens-Forschung der Nutzen und die Grenzen derartiger Dokumentationen gezeigt werden.

1. Das Sammelreferat von *Wicker* (1969) zählt zu den Arbeiten, die in diesem Kontext mit am häufigsten zitiert werden. *Wicker* verarbeitet insgesamt 46 Einzeluntersuchungen und resümiert seine Arbeit mit den folgenschweren und oft zitierten Sätzen: "Insgesamt sind diese Untersuchungen ein deutlicher Hinweis darauf, daß es wahrscheinlicher ist, daß Einstellungen zu Verhalten in keiner oder nur in einer losen Beziehung als daß sie in einer engen Beziehung zu Handlungen stehen. Produkt-Moment-Korrelationen, durch die diese beiden Reaktionen verbunden werden, sind selten größer als .30 und häufig nahe Null. Nur selten können mehr als 10% der Varianz in den Verhaltensmaßen durch die Einstellungsmaße aufgeklärt werden." (*Wicker* 1969, 65).

Es gibt jedoch eine Reihe in der Literatur bislang nicht zu findende Kritikpunkte an diesem Sammelreferat:

(1) Nur ein Teil der Untersuchungen gibt als Zusammenhangsmaße Produkt-Moment-Korrelationen an. Prozentangaben, gamma und tau-Koeffizienten sind relativ häufig, eine angemessene Umrechnung in Produkt-Moment-Korrelationen wird nicht vorgenommen bzw. ist aufgrund der berichteten Angaben auch gar nicht möglich.

(2) Der Rückgriff auf Sammelreferate, die wiederum auf ältere Literaturübersichten zurückgreifen, enthalten fehlerhafte Übertragungen.

3) Arbeiten zum Zusammenhang von Arbeitsleistung und Arbeitszufriedenheit enthalten als Verhaltenskriterium Fehlzeiten, Kündigungsraten und Ausscheidungsquoten; Arbeitsleistungen werden über Vorgesetzenbeurteilungen erfaßt. (4) Untersuchungen, die einen Rang von Korrelationen angeben, werden bei *Wicker* mit einem einzigen, meist relativ niedrigen Wert angegeben.

Es kann u.e. aufgrund der hier nur unvollständig wiedergegebenen Fehlerliste von einer sorgfältigen Literaturanalyse einfach nicht die Rede sein.

2. Sorgfältiger ist da schon die Auswertung von *Benninghaus* (1976), der in seiner Dissertation insgesamt 102 Untersuchungen auswertet und für immerhin 1/3 der empirischen Arbeiten Assoziationskoeffizienten über .30 ermittelt hat. Aber auch hier ergeben sich Probleme einer eindeutigen Interpretation. Die verwendeten Zusammenhangsmaße sind untereinander nicht immer vergleichbar. Die Zusammenhangsmaße geben z.T. nur den linearen Anteil des Zusammenhanges, zum Teil auch nicht lineare Zusammenhänge durch die Verwendung von ordinalen und nominalen Maßen an.

		Gruppe A		Gruppe B		Gruppe C		Insgesamt	
		N	%	N	%	N	%	N	%
	Inverse Beziehung	–	–	6	21	1	2	7	7
	Keine Beziehung	12	52	6	21	9	18	27	26
	Sehr schwache Beziehung (Koeff. bis 0,30)	7	30	7	25	20	39	34	33
	Schwache bis mäßig starke Beziehung (0,31 bis 0,50)	3	13	7	25	11	22	21	21
	Starke Beziehung (Koeff. über 0,50)	1	4	2	7	10	20	13	13
	Insgesamt	23	99	28	99	51	101	102	100

Einstellungs-Verhaltens-Beziehung

Tab. 1: Klassifikation von 102* Untersuchungen nach Maßgabe des Einstellungsobjekts und der identifizierten Beziehung zwischen Einstellungs- und Verhaltensvariablen (*Benninghaus* 1976)

* Diese 102 Untersuchungen schließen die von *Wicker* (1969) berücksichtigten 45 Untersuchungen ein. Die nach Maßgabe des Einstellungsobjekts gruppierten Untersuchungen betreffen in Gruppe A Arbeitsverhältnisse, Arbeitsgruppen und Vorgesetzten-Untergebenen-Beziehungen, in Gruppe B Angehörige rassischer bzw. ethnischer Minoritäten und in Gruppe C verschiedene Objekte.

3. Mit ca. 600 Literaturangaben ist die annotierte Bibliographie von *Canary & Seibold* (1984) die inzwischen wohl umfangreichste Literatursammlung zur Einstellungs-Verhaltens-Forschung. Sie enthält neben empirischen Untersuchungen auch Arbeiten zu theoretischen und methodischen Problemen und übernimmt auch ältere Sammelwerke und Standardliteratur. Allerdings umfaßt sie nur zwischen 1969 und 1982 erschienene Literatur und auch hier haben wir bereits einige lückenhafte Angaben nachweisen können. Eine Abschätzung der Größenordnung des Zusammenhangs von Einstellung ist leider nicht möglich, da die Autoren nur verbale Labels zur Kennzeichnung der Größenordnung verwenden (von very weak bis very strong) und diese, nach unserer Einschätzung sehr großzügig, in Richtung einer Überschätzung des Zusammenhanges referieren.

4. Die erste umfassende Meta-Analyse sämtlicher empirischer Untersuchungen zur Relation von Einstellung und Verhalten, wurde inzwischen von *Six & Eckes* (1992) und *Six & Schmidt* (1992) vorgelegt. Im Rahmen eines von der DFG im Schwerpunkt "Einstellung und Verhalten" geförderten Projekts wurden in einem ersten Schritt ca. 1000 Publikationen zum Themenbereich "Einstellung und Verhalten" gesammelt, wobei auf bereits vorliegende Sammelreferate und Bibliographien zurückgegriffen wurde, darüber hinaus jedoch eine Vielzahl von Zeitschriften systematisch auf einschlägige Untersuchungen hin überprüft wurden. Von den ca. 1000 gesammelten Arbeiten mußten aus einer Reihe von Gründen eine große Zahl von Publikationen ausgeschlossen wurden. Hierzu zählten alle Arbeiten, aus deren Titel nicht eindeutig hervorging, ob sie überhaupt eine empirische Untersuchung beinhalteten. Dazu kamen solche Arbeiten, in denen entweder nur Einstellungen erhoben wurden, aber keine Verhaltensweisen, oder aber nur Verhaltensweisen, aber keine Einstellungen. Außerdem wurde festgelegt, daß nur solche empirische Arbeiten in die Untersuchung aufgenommen werden, bei denen das Individuum und nicht eine Gruppe die Untersuchungseinheit ist und für jedes Individuum mußte mindestens eine Einstellungsmessung und eine Verhaltensmessung bzw. Verhaltensintentionsmessung vorliegen. Bedauerlicherweise mußten auch solche empirischen Arbeiten ausgeschieden werden, in denen aufgrund von nicht in Korrelationskoeffizienten umrechenbare Zusammenhangsmaße kein verwertbares Maß in die Meta-Analyse eingegeben werden konnte. Dies galt z.B. auch für solche Arbeiten, in denen z.B. ß- oder Pfad-Koeffizienten angegeben waren.

Das Resultat dieses Suchprozesses waren N=501 Einzelstudien aus 427 Publikationen, d.h., mehr als die Hälfte der durchforsteten Literatur enthielt keine verwertbaren empirischen Studien oder war überhaupt nicht als empirische Untersuchung angelegt.

In einem zeitlich aufwendigen Verfahren wurde für die Kodierung und Auswertung der Studien ein Kategorienschema entwickelt, in dem möglichst viele Auswertungs- und Kodierungsaspekte der empirischen Untersuchungen berücksichtigt wurden. Die 14.Version des Kodierschemas wurde als die letztgültige Version eingestuft und jede einzelne Untersuchung anhand der 200 Merkmale des Kodierschemas beurteilt.

Die ersten Ergebnisse aus dieser Meta-Analyse liegen vor und zeigen z.b., daß über 80 % der Untersuchungen, die in der Zeit von 1927-1990 durchgeführt wurden, in den letzten 20 Jahren publiziert worden sind und über 80% der Untersuchungen aus den USA stammen, was z.b. bedeutet, daß wir es auch hier in der Mehrzahl der Fälle mit einer College-Population zu tun haben, auf die sich unsere Forschungsergebnisse stützen. Die Generalisierbarkeit auf nicht-westliche Industrienationen dürfte damit wohl kaum möglich sein.

Die wichtigsten globalen Ergebnisse sind in Tabelle 2 zusammengefaßt:

Beziehung	K	N	$\bar{r}$	s_r^2	s_e^2	$\hat{\sigma}_\rho$	$\bar{r}_c$	$VAF\%$	H
E–V	396	156598	.392	.0530	.0018	.2262	.493	8.51	nein
E–VI	206	47946	.424	.0333	.0029	.1745	.539	13.15	nein
VI–V	96	25855	.405	.0557	.0026	.2305	.510	5.25	nein

Anmerkung. E = Einstellung. V = Verhalten. VI = Verhaltensintention. K = Anzahl der Studien. N = gesamter Stichprobenumfang. $\bar{r}$ = gewichtete durchschnittliche Korrelation. s_r^2 = beobachtete Varianz. s_e^2 = Stichprobenfehlervarianz. $\hat{\sigma}_\rho$ = geschätzte Populationsstreuung. $\bar{r}_c$ = gewichtete durchschnittliche Korrelation nach Meßfehlerkorrektur. $VAF\%$ = Anteil der artefaktbedingten Varianz an der beobachteten Varianz. H = Homogenität der Populationskorrelationen. (1)

Tab. 2: Globale Meta-Analysen zur Beziehung zwischen Einstellung und Verhalten, Einstellung und Verhaltensintention sowie Verhaltensintention und Verhalten

Auf der Basis von 156.598 Vpn. beträgt die mittlere Korrelation zwischen Einstellung und Verhalten .392. Dies ist immerhin 50% Varianz mehr als *Wicker* (1969) noch zugestand, und im Vergleich zu *Wicker*s 10% gemeinsamer Varianz schiebt sich dieser Wert im günstigsten Falle bei einer meßfehlerkorrigierten Korrelation der Relation zwischen Einstellung und Verhaltensintention auf 29% (.539).

Die nächste Tabelle (Tab. 3) zeigt nicht nur die Korrelationen getrennt für die einzelnen inhaltlichen Bereiche, sondern auch besonders deutlich, daß einzelne Verhaltensbereiche offensichtlich eine höhere Übereinstimmung aufweisen als andere. Für den Bereich Drogenmißbrauch (hierunter fällt vor allem der Genuß von Kaffee und Zigaretten) ist dieser Zusammenhang relativ hoch, für den Bereich des hilfreichen Verhaltens (Altruismus) relativ gering.

Verhaltensbereich	K	N	$\bar{r}$	s_r^2	s_e^2	$\hat{\sigma}_\rho$	$\bar{r}_c$	$VAF\%$	H
Rassismus	33	5830	.261	.0467	.0049	.2044	.295	11.12	nein
Altruismus	8	2076	.199	.0144	.0036	.1043	.227	26.45	nein
Abweichendes Verh.	8	9109	.269	.0317	.0008	.1760	.300	2.73	nein
Religion	6	649	.218	.0085	.0084	.0115	—	98.45	ja
Gesundheit	25	6875	.263	.0516	.0031	.2202	.397	6.95	nein
Drogenmißbrauch	23	41618	.529	.0164	.0003	.1269	.644	3.92	nein
Familienplanung	41	17906	.205	.0192	.0021	.1306	.238	11.40	nein
Konsumverhalten	21	3784	.315	.0259	.0045	.1464	.318	17.36	nein
Umweltschutz	17	2674	.258	.0205	.0055	.1223	.347	28.05	nein
Polit. Wahlverh.	14	3821	.370	.0294	.0027	.1632	.404	11.61	nein
Arbeitsprozesse	68	18959	.215	.0290	.0033	.1605	.297	18.79	nein
Freizeitverhalten	3	130	.199	.0047	.0213	.0000	—	100.00	ja
Studierverhalten	10	991	.306	.0186	.0083	.1013	—	44.70	nein
Problemlöseverhalten	10	572	.418	.0560	.0119	.2100	—	21.24	nein
Sozial-polit. Aktivität	11	21942	.676	.0262	.0001	.1613	.846	4.27	nein
Teilnahme an Versuchen	5	587	.211	.0119	.0078	.0640	—	65.52	ja
Anl. Sicherheitsgurte	7	1824	.381	.0468	.0028	.2098	.492	6.19	nein
Gerichtsurteile	3	358	.421	.0241	.0057	.1359	—	23.48	nein
Sonst	83	16893	.330	.0230	.0039	.1384	.398	18.57	nein

Anmerkung. K = Anzahl der Studien. N = gesamter Stichprobenumfang. $\bar{r}$ = gewichtete durchschnittliche Korrelation. s_r^2 = beobachtete Varianz. s_e^2 = Stichprobenfehlervarianz. $\hat{\sigma}_\rho$ = geschätzte Populationsstreuung. $\bar{r}_c$ = gewichtete durchschnittliche Korrelation nach Meßfehlerkorrektur. $VAF\%$ = Anteil der artefaktbedingten Varianz an der beobachteten Varianz. H = Homogenität der Populationskorrelationen. Striche zeigen an, daß keine Meßfehlerkorrektur durchgeführt wurde.

Tab. 3: Meta-Analysen zur Beziehung zwischen Einstellung und Verhalten in verschiedenen Verhaltensbereichen

Daß die Koeffizienten der E-VI Relation generell höher sind als die der E-V Relation ist ein Ergebnis, was kaum erstaunen wird, wohl aber das Ausmaß der Unterschiede zwischen E-V und E-VI, wie sich aus einem Vergleich der Tabellen 3 und 4 ergibt, aus dem z.B. hervorgeht, daß für den Bereich "Religion", "Freizeitverhalten", "Arbeitsprozesse" erhebliche Differenzen bestehen, während sie z.B. für die Bereiche "Abweichendes Verhalten" und "Politisches Wahlverhalten" eher gering ausfallen.

Verhaltensbereich	K	N	$\bar{r}$	s_r^2	s_e^2	$\hat{\sigma}_\rho$	$\bar{r}_c$	$VAF\%$	H
Rassismus	9	2430	.279	.0199	.0031	.1296	—	15.79	nein
Altruismus	5	1565	.388	.0140	.0023	.1082	—	16.46	nein
Abweichendes Verh.	3	710	.271	.0198	.0036	.1271	.379	20.73	nein
Religion	4	512	.567	.0091	.0036	.0744	—	39.40	nein
Gesundheit	20	2267	.372	.0318	.0066	.1589	.476	22.20	nein
Drogenmißbrauch	16	7555	.480	.0221	.0012	.1443	—	6.28	nein
Familienplanung	23	4532	.433	.0525	.0033	.2216	—	6.39	nein
Konsumverhalten	20	2922	.442	.0132	.0044	.0939	—	33.42	nein
Umweltschutz	7	1190	.387	.0299	.0042	.1602	.499	14.20	nein
Polit. Wahlverh.	13	3237	.423	.0440	.0027	.2033	.428	6.48	nein
Arbeitsprozesse	38	11939	.433	.0213	.0021	.1384	.554	15.06	nein
Freizeitverhalten	3	195	.387	.0546	.0111	.2086	—	20.34	nein
Studierverhalten	3	472	.429	.0050	.0042	.0272	.533	85.66	ja
Problemlöseverhalten	4	124	.799	.0079	.0042	.0605	—	53.50	ja
Sozial-polit. Aktivität	2	302	.369	.0123	.0049	.0856	—	40.26	nein
Anl. Sicherheitsgurte	2	318	.517	.0370	.0034	.1834	.594	9.13	nein
Gerichtsurteile	2	213	.666	.0016	.0029	.0000	—	100.00	ja
Sonst	31	7423	.410	.0514	.0029	.2203	.526	10.50	nein

Anmerkung. K = Anzahl der Studien. N = gesamter Stichprobenumfang. $\bar{r}$ = gewichtete durchschnittliche Korrelation. s_r^2 = beobachtete Varianz. s_e^2 = Stichprobenfehlervarianz. $\hat{\sigma}_\rho$ = geschätzte Populationsstreuung. $\bar{r}_c$ = gewichtete durchschnittliche Korrelation nach Meßfehlerkorrektur. $VAF\%$ = Anteil der artefaktbedingten Varianz an der beobachteten Varianz. H = Homogenität der Populationskorrelationen. Der Verhaltensbereich "Teilnahme an psychologischen Versuchen" ist nicht aufgeführt, da die Zahl der relevanten Studien kleiner 2 war. Striche zeigen an, daß keine Meßfehlerkorrektur durchgeführt wurde.

Tab. 4: Meta-Analysen zur Beziehung zwischen Einstellung und Verhaltensintention in verschiedenen Verhaltensbereichen

Der zunächst erstaunlich hohe Korrelationskoeffizient von .405 zwischen Verhaltensintention und Verhalten geht stark auf das Konto des "Freizeitverhaltens", des Themas "Religion" und auf das "Wahlverhalten" und des "Drogenmißbrauchs" - in der Mehrzahl sind dies Verhaltensbereiche, bei denen eine enge Beziehung zwischen der Bereitschaft, etwas zu tun (z.B. eine bestimmte Partei zu wählen oder ein bestimmtes Genußmittel oder auch Marihuana zu nehmen) und dem entsprechenden Verhalten kaum durch äußere Einflüsse stark gebremst wird.

Auf zwei Einzelergebnisse soll noch kurz hingewiesen werden, da sie u.E. weitere Vorzüge der Meta-Analyse für die Abschätzung von Effekten bzw. Zusammenhänge belegen:

(1) Die Mehrzahl der empirischen Untersuchungen basiert auf Befragungsuntersuchungen, und es gibt eigentlich viel zu wenige Feldexperimente,

wenn man sich vergegenwärtigt, daß die Relation von Einstellung und Verhalten sicher ein Problem ist, das unser Alltagshandeln tangiert und eigentlich auch dort unter möglichst kontrollierten Bedingungen untersucht werden sollte.

Verhaltensbereich	K	N	$\bar{r}$	s_r^2	s_e^2	$\hat{\sigma}_\rho$	$\bar{r}_c$	$VAF\%$	H
Rassismus	2	623	.498	.0008	.0018	.0000	—	100.00	ja
Altruismus	3	1227	.393	.0133	.0017	.1077	—	13.09	nein
Religion	3	208	.759	.0095	.0026	.0832	—	27.29	nein
Gesundheit	17	2353	.349	.0673	.0056	.2484	—	8.28	nein
Drogenmißbrauch	5	2186	.476	.0435	.0014	.2053	—	4.17	nein
Familienplanung	9	3859	.310	.0227	.0019	.1442	—	8.40	nein
Konsumverhalten	5	1238	.352	.0644	.0031	.2475	—	4.82	nein
Umweltschutz	5	700	.424	.0435	.0048	.1967	—	11.05	nein
Polit. Wahlverh.	7	1290	.699	.0381	.0014	.1916	—	3.73	nein
Arbeitsprozesse	24	7729	.319	.0638	.0025	.2475	—	4.26	nein
Freizeitverhalten	2	95	.729	.0110	.0046	.0799	—	41.92	nein
Studierverhalten	2	382	.407	.0126	.0036	.0946	—	28.91	nein
Sonst	10	3711	.512	.0154	.0015	.1181	—	9.52	nein

Anmerkung. K = Anzahl der Studien. N = gesamter Stichprobenumfang. $\bar{r}$ = gewichtete durchschnittliche Korrelation. s_r^2 = beobachtete Varianz. s_e^2 = Stichprobenfehlervarianz. $\hat{\sigma}_\rho$ = geschätzte Populationsstreuung. $\bar{r}_c$ = gewichtete durchschnittliche Korrelation nach Meßfehlerkorrektur. $VAF\%$ = Anteil der artefaktbedingten Varianz an der beobachteten Varianz. H = Homogenität der Populationskorrelationen. Die Verhaltensbereiche "abweichendes Verhalten", "Problemlöseverhalten", "sozial-politische Aktivität", "Teilnahme an psychologischen Versuchen", "Anlegen von Sicherheitsgurten" und "hypothetische Gerichtsurteile" sind nicht aufgeführt, da die Zahl der relevanten Studien kleiner 2 war. Striche zeigen an, daß keine Meßfehlerkorrektur durchgeführt wurde.

Tab. 5: Meta-Analysen zur Beziehung zwischen Verhaltensintention und Verhalten in verschiedenen Verhaltensbereichen

(2) Nach wie vor sind Untersuchungen zur Relation von Einstellungen und Verhaltensweisen primär Untersuchungen, in denen ein Einfluß der Einstellungen auf das Verhalten postuliert wird. Die vor allem in der Literatur immer wieder beschriebene und geforderte wechselseitige Beeinflussung bzw. die vor allem im Anschluß an *Bem* für zentral eingeschätzte Wirkung des Verhaltens auf die Einstellungen, wird in den uns vorliegenden empirischen Untersuchungen kaum realisiert.

5. Eine Meta-Analyse, die sich auf eine Sub-Gruppe von Untersuchungen bezieht, ist die von *Sheppard, Hartwick & Warshaw* (1988) durchgeführte Meta-Analyse ausschließlich zu den Publikationen, die auf Studien zur *Fishbein-Ajzen* "Theory of reasoned action"-Studien basiert.

Für die insgesamt 87 Einzelstudien waren die relevanten Effektgrößen die Korrelationen zwischen Verhaltensintentionen und Verhalten und zwischen Einstellungen und Sozialen Normen einerseits und der Verhaltensintention andererseits. Die gewichtete Korrelation für die BI-B Korrelationen über alle 87 Studien mit 11566 Vpn. fiel mit .53 relativ günstig aus, die Korrelationen für die A + SN und BI-Werte war mit .66 noch deutlich höher.

Sind dies insgesamt nicht sehr erstaunliche Ergebnisse, so ist es dann doch wohl überraschend, wenn allein die Frageformulierungen in den Erhebungsinstrumenten deutliche Unterschiede in der Höhe der Korrelationen zur Folge haben: Je nachdem ob die Verhaltensintentionen abgefragt wurden in der Form:

"Ich beabsichtige dieses oder jenes zu tun" oder *"Es ist wahrscheinlich, daß ich dieses oder jenes tue",*

zeigte sich, daß bei Formulierung 1 die Korrelationen durchschnittlich .49 und bei Formulierung 2 durchschnittlich .57 betrugen.

Die ausgewählten Beispiele der Literaturbewältigung zeigen, wie unvollkommen letztlich der Informationsstand über ein Problemgebiet ist. Dies wäre an sich schon ein beklagenswerter Mangel, wenn dadurch nicht auch gleichzeitig die Möglichkeiten zumindest erschwert werden, auf der Basis vorliegender Untersuchungen das Verständnis für den Zusammenhang von Einstellung und Verhalten bzw. der Randbedingungen einer optimalen Verhaltensvorhersage zu vertiefen.

3. Die Prädiktor- und Kriteriumsgrößen der Einstellungs-Verhaltens-Forschung

Maßgebliche Veränderungen in der Einstellungs-Verhaltens-Forschung haben sich in den letzten Jahren unserer Einschätzung nach vor allem durch eine Aufstockung des Variableninventars ergeben. Konnte man lange Zeit bei den Prädiktorvariablen einen relativ kleinen Variablenbestand aufführen (neben den Einstellungen und Normen nur noch diverse Moderatorvariablen), so wird, nicht zuletzt durch den Einsatz von Vorhersagemodellen auch in anderen Wissenschaftsdisziplinen, das Variablenarsenal erheblich erweitert, wie z.B. in den zahlreichen Arbeiten mit verschiedenen Risikomodellen aus der Gesundheitsfürsorge oder Kaufverhaltensmodellen. Diese Abkehr von einem monolithischen Variablenblock und die Hinwendung zur Entwicklung problemspezifischer und maßgeschneiderter Prädiktoren erscheint uns als aussichtsreiche Strategie, um zu einer angemessenen Verhaltensvorhersage zu kommen. Die damit einhergehenden Probleme der Variablenspezifikation und Variablenkombination erscheinen demgegenüber eher gering. Es ist z.b. für das Gesundheitsverhalten nicht unwichtig, wie groß das Haushaltseinkommen ist, wie groß die Arztdichte in bestimmten Gemeinden ist, welches Alter die jeweiligen Personen haben und welcher sozialen Schicht sie angehören.

Daß nach wie vor Einstellungen zu den zentralen Konzepten zählen, muß zunächst einmal trivial erscheinen (siehe aber *Wirsing* in diesem Band); daß Einstellungen aufgrund der Ergebnisse der ersten Forschungsphase zunehmend mit anderen Variablen kombiniert werden und so eine Marginalisierung ihrer Prädiktorfunktion erfahren, ist nichts anderes als eine sinnvolle Konsequenz. Inwieweit man der von *McPhee & Cushman* (1980) unterstellten Schizophrenie entgehen kann, nach der Einstellungen sowohl als Prädispositionen angesehen werden, Konsistenz im Verhalten zu erzeugen und gleichzeitig als Bewertungen für Objekte herhalten müssen, ist eine Frage, die noch auf ihre Antwort wartet (siehe *Klages* in diesem Band). Immerhin sind, mit wenigen Ausnahmen, Einstellungen als kognitive und/oder affektive Konzepte nur unzureichend als Prädiktoren ausgewiesen. Daß Einstellungen mehr sind als bloße Bewertungsfaktoren, sondern z.T. die Funktion von Heuristiken übernehmen (vgl. *Pratkanis* 1989) und als soziokognitive Strukturen aufgefaßt werden können, belegen die Arbeiten auf dem Gebiet der funktionalen Einstellungsforschung (*Pratkanis* et al. 1988). Einstellungen in ihrer funktionalen Relevanz sind nur partiell auf Verhalten bezogen - dies wird jedoch selbst in neueren Untersuchungen immer noch allzuhäufig außer acht gelassen. Daß es an verbindlichen Einstellungsdefinitionen fehlt, mag man endlos beklagen, ob Einstellungen eher unipolar oder bipolar zu erfassen sind, ob sie eher als Einstellungen zu Objekten oder als Einstellungen zu Verhaltensweisen zu konzipieren sind, eher als Erwartungsmal-Wert Modelle oder als summarisches Bewertungskonzept halten wir für Fragen, die untersuchungsspezifisch zu lösen sind, nicht aber prinzipieller Natur sind (siehe *Witte* in diesem Band).

Von grundlegender Bedeutung dagegen ist die bereits von *Ajzen & Fishbein* (1977) postulierte Forderung nach der Übereinstimmung zwischen Einstellungen und Verhalten hinsichtlich der vier Merkmale "action", "target", "context" und "time". Daß unter der Voraussetzung einer angemessenen Erfassung die Einstellungs-Verhaltens-Korrelationen bei hoher Korrespondenz zwischen diesen vier Merkmalen bei der Überprüfung von insgesamt 142 Untersuchungen bei weitem am höchsten war, ist immer noch zu selten zur Richtschnur bei der Planung von Einstellungs-Verhaltens-Untersuchungen geworden. Die geradezu fahrlässig zu nennende Vernachlässigung der Kriteriumsvariablen "Verhalten" in der Einstellungs-Verhaltens-Forschung bleibt u.E. das dringendste Problem der Forschung. Abgesehen davon, daß immer noch allzuoft Verhaltensintentionen als Verhalten ausgegeben wird, gibt es innerhalb der Einstellungs-Verhaltens-

Forschung nur wenige Versuche einer theoretischen Analyse des Verhaltens-
konzepts. Die Forderung nach der Berücksichtigung "multipler" Verhaltensweisen, wie u.a. von *Fishbein & Ajzen* (1975) gefordert, wird nur selten realisiert.
Die Erfassung des Verhaltens über selbstberichtetes Verhalten bleibt ein zwei-
felhafter Indikator für Verhalten, vor allem dann, wenn die entsprechenden
Validitätschecks nicht durchgeführt werden. Es fehlt in anderen Teildisziplinen
nicht an Klassifikationen von Verhaltensweisen; vor allem im Interaktionismus
gibt es eine Reihe von Taxonomien und Kategoriensystemen, die aber ebenso
ungenutzt bleiben wie die inzwischen sehr elaborierten Beobachtungssysteme.
Die Qualität der Verhaltensprognose ist aber wesentlich in der Abschätzung
seiner Güte von dem jeweiligen Verhaltensbereich abhängig: Ob ich Wahlverhalten vorhersage oder den Kauf eines Gebrauchsgutes für den Alltag, ist
wesentlich einfacher zu leisten als die Prognose über die Kinderzahl in den
nächsten Jahren, die Vermietung einer Wohnung an Ausländer oder die Änderung des Verhaltens im Straßenverkehr. Sowohl die meßmethodischen wie die
konzeptuellen Probleme der Prädiktorvariablen, einschließlich der inzwischen
vorliegenden Erweiterung des Variablenbereichs der Prädiktoren, lassen sich zu
den positiven Entwicklungstrends zählen. Zu geringe Aufmerksamkeit wurde
der Forderung nach Korrespondenz zwischen Prädiktor und Kriterium
geschenkt, d.h. der Forderung nach einem möglichst vergleichbaren Spezifitätsniveau der Prädiktoren und Kriterien. Vernachlässigt ist immer noch die
angemessene Erhebung des Verhaltens, und die Berücksichtigung unterschiedlicher Verhaltenstypen erfolgt erst sehr allmählich durch neuere Theorien-Ent-
wicklungen. Sie hat sich in den empirischen Untersuchungen jedoch noch viel zu
selten durchgesetzt.

4. Die theoretische und methodologische Bewältigung der Verhaltensprognose

Die theoretischen und methodologischen Entwicklungen in der Einstellungs-
Verhaltens-Forschung lassen zwar keinen eindeutigen Trend im Sinne einer
zunehmenden Publikationsrate der im folgenden referierten fünf verschiedenen
Untersuchungsansätze erkennen, aber es läßt sich zeigen, daß doch bestimmte
Wendemarken erreicht sind.

1. Weiterentwicklung des Fishbein-Ajzen-Modells

Neben den zahlreichen Kritiken an der Konzeptualisierung und Operationalisierung des Variableninventars des *Fishbein-Ajzen*-Modells, auf die an dieser
Stelle nicht eingegangen wird, soll auf zwei Ansätze eingegangen werden, die zu
einer Modell-Erweiterung des *Fishbein-Ajzen*-Modells beigetragen haben. Dies
ist zum einen die von *Bentler & Speckart* (1979) vorgenommene Erweiterung um

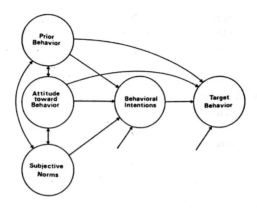

Abb. 3: Das *Bentler-Speckart*-Modell (1979)

eine zusätzliche Variable (prior behavior) und die Erweiterung des Einfluß-
bereichs der Einstellungsvariablen auf das Verhalten. In der ursprünglichen
Konzeption des *Fishbein-Ajzen*-Modells sind Einstellungen und soziale Normen
nur vermittelt über die Verhaltensintentionen auf das Verhalten wirksam. *Bentler & Speckart* (1979) haben - selbstverständlich - ihr erweitertes Modell bestäti-
gen können, aber auch in anderen Untersuchungen hat sich zeigen lassen, daß
die Rolle der Verhaltensintentionen als ausschließliche Verhaltensdeterminante
nicht zu halten ist.

Eine andere Erweiterung wurde von *Ajzen* (1985) vorgenommen, der in seiner

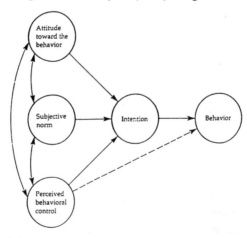

Abb. 4: Das Modell des geplanten Verhaltens von *Ajzen* (1988)

Theorie des geplanten Verhaltens die wahrgenommene, d.h. subjektiv eingeschätzte Verhaltenskontrolle als weitere Determinante sowohl für die Verhaltensintentionen wie für das Verhalten aufnahm. Muß die Hinzunahme des ver-
gangenen Verhaltens als Prädiktor für zukünftiges Verhalten in manchen Fällen
eher als trivial erscheinen, so sind dies die Verknüpfungen der Verhaltensprädiktoren mit Intentionen und dem Kriterium schon nicht mehr. Sie lassen
sich empirisch überprüfen und haben sich in der Regel auch bewährt.

2. Non-rekursive Strukturmodelle

Einer der heftigsten Kritiker des *Fishbein-Ajzen*-Modells ist *Liska* (1984). Wir
wollen auf diese Kritik hier nicht im einzelnen eingehen, sondern stattdessen
das von ihm entwickelte Modell vorstellen, das als Repräsentant einer Reihe
non-rekursiver Kausalmodelle sowohl zwischen Einstellungen und Verhalten

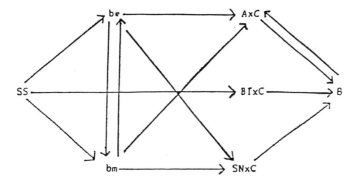

Abb. 5: Das allgemeine Strukturmodell von *Liska* (1984)

als auch zwischen den (bm) sozialen Erwartungen und den (be) spezifischen
Verhaltenskonsequenzen reziproke Effekte annimmt. Vor allem zwei Variablen-
gruppen werden im Unterschied zu *Fishbein-Ajzen* eingeführt: a) Die Position in
der Sozialen Struktur (Geschlecht, Schichtzugehörigkeit, Beruf etc.) und b)
Kontingenzvariablen (C), die nichts anderes als eine Leerstelle für jeweils the-
menspezifische Persönlichkeitsvariablen, Einstellungsvariablen, Normen und
Werte sind.

Weitaus weniger wichtig als das von *Liska* aufgeführte Variableninventar
erscheint uns die Konzeption der Variablenverknüpfung in einem non-rekur-
siven Modell, weil damit dem Prozeßcharakter und dem Korrekturbedürfnis im
Verhaltensablauf sehr viel besser Rechnung getragen werden kann als mit stati-
schen Vorhersagemodellen.

3. Längsschnittstudien

Die wenigen Längsschnittstudien in der Einstellungs-Verhaltens-Forschung haben zwar zahlenmäßig zugenommen, werden aber weitaus seltener innerhalb der Sozialpsychologie als in anderen Disziplinen durchgeführt, vor allem im Bereich der Gesundheitsfürsorge und des Gesundheitsverhaltens. Nicht zuletzt sind derartige Untersuchungsansätze aufgrund ihrer aufwendigen Datenerhebungsprozeduren extrem selten; ihre Vorteile, u.a. die Untersuchung der reziproken Verschränkungen von Prädiktoren und Kriteriumsvariablen, sind kaum zu übersehen; andererseits besteht derzeit wenig Hoffnung, daß sich die Zahl dieser Arbeiten wesentlich erhöhen wird.

4. Idiographische Vorhersagemodelle

Idiographische Modelle wurden u.a. von *Jaccard* (1981) und Mitarbeitern verwendet. Der idiographische Ansatz ist angesichts der eigentlichen Fragestellung der Einstellungs-Verhaltens-Forschung, die nach dem je individuellen Zusammenhang personinterner Handlungsdeterminanten und der Umsetzung der Handlungen unter dem Einfluß externer Bedingungen sucht, die angemessenste Untersuchungsstrategie. In der bislang vorliegenden Version setzt diese Konzeption voraus, daß jede Person die Möglichkeit hat, zwischen alternativen Verhaltensweisen auszuwählen, und es wird angenommen, daß diejenige Verhaltensalternative gewählt wird, zu dem die positivste Einstellung geäußert wird (siehe Witte in diesem Band).

5. Das MODE-Modell von Fazio (1990)

Von *Fazio* und Mitarbeitern stammen eine Reihe von theoretischen Vorstellungen zur Beziehung zwischen Einstellungen und Verhalten, die von der Objekt-Bewertungs-Funktion von Einstellungen ausgehen und annehmen, daß Verhalten von der direkten Wahrnehmung der Einstellungsobjekte abhängig ist. Das Verhalten einer Person ist nach dieser Konzeption von der Definition der Situation abhängig, in der sich das Einstellungsobjekt befindet.

Derartige Einstellungs-Verhaltens-Relationen sind aber nur auf spontanes, situationsgebundenes, ungeplantes Verhalten anwendbar. In einer neueren Arbeit hat *Fazio* (1990) nun eine erweiterte Fassung seines Modells vorgelegt, bei der sowohl geplantes, zielorientiertes wie spontanes Verhalten durch ein integratives Modell seine Berücksichtigung findet. Dieses "MODE" (Motivation and Opportunity as Determinants) stellt zwar erst ein integratives Rahmenmodell dar, ist aber andererseits eines der wenigen Modelle, das bewußt für unterschiedliche Verhaltensklassen anwendbar ist. Nach *Fazio* (1990, 91) die

Prozesse, die geplantem Verhalten zugrundeliegen, eher "datengetrieben", d.h., es wird von den beteiligten Personen eine sorgfältige Abwägung der Verhaltenskonsequenzen unter Berücksichtigung der Einstellungen erwartet, während die spontanen Prozesse demgegenüber eher theoriegetrieben ablaufen: die Einstellung zum Gegenstand und die Aktivierung der Einstellungen im Gedächtnis sind entscheidend.

Beim geplanten und zielorientierten Verhalten müssen als zentrale Determinanten der Verhaltensausführung sowohl die Motivation wie die Gelegenheit zur Ausführung des Verhaltens vorliegen. Es wird angenommen, so *Fazio* (1990, 93) "daß Personen über ihr zukünftiges Verhalten in Situationen, die durch Furcht vor Invalidierung gekennzeichnet sind, nachdenken und abwägen ... Das MODE-Modell geht nun davon aus, daß die zentralen Merkmale eines derartig geplanten Prozesses - abrufen und bereitstellen von Einstellungen gegenüber dem Verhalten und entscheiden auf der Basis von Verhaltensintentionen - nur dann ablaufen, wenn sowohl die Motivation wie die Gelegenheit existiert, wohlüberlegt nachzudenken." In Situationen, bei denen die Furcht vor Invalidierung nicht vorliegt, oder aber, wo die Möglichkeit zum Abwägen nicht besteht, laufen Einstellungs-Verhaltens-Relationen nach dem spontanen Modus ab, vorausgesetzt, es besteht eine starke Assoziation zwischen Einstellungsobjekt und Einstellungsgegenstand. Dann wird durch das Auftauchen des Einstellungsgegenstand automatisch die jeweilige Bewertung im Gedächtnis aktiviert, und diese aktivierte Einstellung beeinflußt die Wahrnehmung und beeinflußt über den Wahrnehmungsprozess das Verhalten gegenüber dem Gegenstand. Die neueren Ansätze, auf die hier zuletzt hingewiesen wurde, so sehr sie vielfach auch noch in den Anfängen stecken oder so sehr sie noch unterentwickelt sind, was ihre Umsetzung in empirische Arbeiten angeht, haben eines gemeinsam: Sie nähern sich - wenn auch auf je verschiedene Weise - den beiden zentralen Ausgangsfragestellungen der Einstellungs-Verhaltens-Forschung. Kein Anlaß zum Jubel, aber ein Silberstreifen oder, berücksichtigt man die Unterschiedlichkeit der gewählten Näherungsversuche im Bild, ein Regenbogen.

Anmerkung

1 Die Meta-Analyse läßt sich als Verfahren der Varianzzerlegung der beobachteten Korrelationen in drei Komponenten verstehen: a) in die "wahre" Varianz (oder Populationskorrelationsvarianz), b) die "unsystematisch" wirkende Stichprobenfehlervarianz und c) die systematische Varianz zu Lasten der Meßfehler der Variablen, weshalb in allen Tabellen auch die gewichtete durchschnittliche Korrelation nach der Meßfehlerkorrektur angegeben wurde.

Literatur

Acock, A.C., M.L. DeFleur (1972): A configurational approach to contingent consistency in the attitude-behavior relationship. American Sociological Review 37, 714-776.

Ajzen, I. (1988): Attitudes, personality, and behavior. Milton Keynes.

Ajzen, I., M. Fishbein (1977): Attitude-behavior relations: A theoretical analysis and review of empirical research. Psychological Bulletin 84, 888-918.

Ajzen; I., M. Fishbein. (1980): Understanding attitudes and predicting social behavior. Englewood-Cliffs, N.J.

Benninghaus, H. (1976): Ergebnisse und Perspektiven der Einstellungs-Verhaltens-Forschung. Meisenheim/Glan.

Bentler, P.M., G. Speckart (1979): Attitude organization and the attitude-behavior relationship. Journal of Personality and Social Psychology 37, 913-929.

Canary, D.J., D.R. Seibold (1984): Attitudes and behavior : An annotated bibliography. New York.

Fazio, R.H. (1990): Multiple processes by which attitudes guide behavior: The MODE model as an integrative framework. In: M.P. Zanna (Ed.): Advances in Experimental Social Psychology. Vol. 23, 75-109. San Diego.

Fishbein, M. (1966): The relationship between beliefs, attitudes, and behavior. In: S. Feldman (Ed.): Cognitive Consistency, 200-223. New York.

Fishbein, M., I. Ajzen (1975): Belief, attitude, intention, and behavior: An introduction to theory and research. Reading, M.A.

Jaccard, J. (1981): Attitudes and behavior: Implications of attitudes towards behavioral alternatives. Journal of Experimental Social Psychology 17, 286-307.

LaPiere, R.T.(1934): Attitudes vs. actions. Social Forces 13, 230-237.

Liska, A.G. (1984): A critical examination of the causal structure of the Ajzen-Fishbein model. Social Psychology Quarterly 47,61-74.

McPhee, R.D., D.P. Cushman (1980): Attitudes, behaviors, and messages: An introductory overview. In: D.P. Cushman, R.D. McPhee (Eds.): Message-attitude-behavior relationship, 1-41. New York.

Petty, R.E., J.T. Cacioppo (1986): Communication and persuasion. Central and peripheral routes to attitude change. Berlin.

Pratkanis, A.R. (1989): The cognitive representation of attitudes. In: A.R. Pratkanis, St.J. Breckler & A.G. Greenwald (Eds.): Attitude structure and function, 72-98. Hillsdale, N.J.

Sheppard, B., J. Hartwick & P.R. Warshaw (1988): The theory of reasoned action: A meta-analysis of past research with recommendations for modifications and future research. Journal of Consumer Research 15, 325-343.

Six, B., T. Eckes (1992): Besser als Wicker (1969), aber noch nicht gut genug: Meta-analytische Betrachtungen zu Trends in der Einstellungs-Verhaltens-Forschung. Überblicksreferat auf dem 38. Kongress der Deutschen Gesellschaft für Psychologie. Trier.

Six, B., H. Schmidt (1992): Overcoming a trauma: a meta-analysis of studies on the attitude-behavior relationship. Interactive poster presented at the 25th International congress of Psychology. Brussels.

Triandis, H.C. (1977): Interpersonal behavior. Monterey, CA.

Wicker, A.W. (1969): Attitudes versus actions: The relationship of verbal and overt behavioral responses to attitude objects. Journal of Social Issues 25, 41-78.

Zanna, M.P., R.H. Fazio (1982): The attitude-behavior relation; Moving toward a third generation of research. In M.P. Zanna, E.T. Higgins & C.P. Herman (Eds.): Consistency in social behavior. The Ontario symposium, Vol. 2, 283-301. Hillsdale, N.J.

DAS EINSTELLUNGSKONZEPT: ALTE THEMEN, NEUE KLÄRUNGS-VERSUCHE UND EIN THEORETISCHES MODELL[1]

Erich H. Witte

Einleitung

Es gibt wohl kaum einen anderen Forschungsgegenstand in der Sozialpsychologie, der so intensiv bearbeitet wurde wie das Einstellungskonzept (*McGuire* 1986; *Zanna & Rempel* 1988). Vielleicht ist auch gerade wegen dieser Forschungsintensität so vieles ungeklärt und widersprüchlich geblieben. Manchmal gewinne ich den Eindruck, als würde man auf die Empirie vertrauen, um einen konzeptionellen und theoretischen Fortschritt in Form induktiver Schlüsse zu erreichen. Ein Beispiel dieser Vorgehensweise ist die Klärung der Frage, wieviele Komponenten eine Einstellung besitzt (siehe zusammenfassend *Breckler* 1984).

Es soll hier jetzt *nicht* versucht werden, ein Ordnungsschema empirischer Befunde zu liefern, wie es verdienstvollerweise z.b. im ELM-Modell von *Petty & Cacioppo* (1986) oder im MODE-Modell von *Fazio* (1990) geschehen ist. Die Hauptaufgabe dieses Beitrages ist es, die *begrifflichen* und *theoretischen* Grundlagen erneut zu diskutieren mit dem Ziel, ein Rahmenmodell zu entwickeln, das neue Impulse für die Erforschung der Einstellungen liefern kann. Hierzu sollen zum wiederholten Male folgende Punkte diskutiert werden:

a) Was ist eine Einstellung?
b) Welche Struktur besitzt eine Einstellung?
c) Wie entstehen und verändern sich Einstellungen?
d) Wie kann man die Einstellungsverhaltensrelation darstellen?
e) Wie kann ein komplexes Einstellungsmodell aussehen?

Dabei können natürlich viele Punkte aus Platzgründen nur angedeutet werden. Als Ergebnis wird ein Modell skizziert, das einige veränderte oder z.T. bereichseinschränkende Sichtweisen entwickelt, über die es sich in der Zukunft nachzudenken lohnt. Die Empirie wird weitgehend fehlen. Sie wird durch Beispiele ersetzt, die anregen sollen, entsprechende Untersuchungen vorzunehmen.

1. Was ist eine Einstellung?

Wie kann man überhaupt auf eine solche Frage antworten? Sicherlich kann das durch einen Blick in die *Geschichte des Einstellungsbegriffs* geschehen. Hier lassen sich mindestens drei Ursprünge identifizieren (*Witte* 1989), die aber noch heute nachwirken, so daß die augenblicklich durchgeführte Einstellungsforschung durch diese Ursprünge geprägt ist. F.H. *Allport* (1924) betont vor allem die enge Verbindung zwischen kognitiven und konativen Aspekten, wenn er das Bild des Schnelläufers beim Start verwendet (*psychologische Tradition*). Diese Idee der schnellen Verbindung zwischen Wahrnehmung (Startschuß) und Reaktion (Loslaufen) wird heute z.b. bei Fazio (1990) über Reaktionszeitmessungen wieder aufgegriffen und gehört damit keineswegs der Vergangenheit an. Betont wird bei dieser Sichtweise vor allem die automatische Verbindung zwischen der Identifikation eines Reizes und dem Verhalten. Das Einstellungsobjekt ist dabei der Laufwettbewerb.

Der *zweite* Ursprung ist vorwiegend mit der Kognition verbunden und geht auf *Thomas & Znaniecki* (1918) zurück (*soziologische Tradition*): Die Einstellung als individuelles Bewußtsein. In der Gegenwart wird dieses Thema z.b. von *Wilson* et al. (1989) behandelt, indem er Einstellungsveränderungen über eine gezielte Bewußtmachung der Einstellung herbeiführt. Das führt z.b. zu einer Verringerung der Vorhersagegüte des Verhaltens durch Einstellungskomponenten.

Schließlich ist der *dritte* Zugang zum Einstellungsbegriff über Darwin (1872) gegeben, der Einstellung vor allem als gefühlsmäßige Ausdrucksform ansah (*kultur-anthropologische Tradition*). Diese Forschung zur gefühlsmäßigen Stellungnahme wird in der Gegenwart z.b. durch Ergebnisse der Einstellungsänderungen über periphere Wege aufgezeigt (*Petty & Cacioppo* 1986). Die einmal begonnenen Themen unter dem Konzept "Einstellung" wirken also bis heute nach und prägen damit die Bedeutung und den Inhalt des Einstellungbegriffes.

Eine weitere Antwortmöglichkeit auf die Frage nach dem "was ist eine Einstellung?", besteht in der Angabe ihrer *Funktionen*. Gerade dieses Thema ist in der jüngsten Vergangenheit wieder intensiv behandelt worden (*Snyder & DeBono* 1989). Es lassen sich grob vier Funktionen unterscheiden (*Witte* 1989):

1. Eine *Anpassungsfunktion*, indem die Individuen soziale Inhalte identifizieren und dazu Stellung nehmen lernen und damit sich einer Referenzgruppe zugehörig fühlen;

2. eine *Individuierungsfunktion*, indem man seine persönliche Einstellung zeigen kann und sich damit von anderen abhebt;

3. eine *Funktion der Komplexitätsreduktion*, indem Wahrnehmungs- und Erklärungshypothesen zur Verfügung gestellt werden

4. eine *Funktion des Selbstwertschutzes*, indem man wichtige und unwichtige Einstellungsobjekte für sich unterscheidet und diese entsprechend bewertet und danach handelt.

Die Bedeutung dieser Funktionen variiert a) mit Persönlichkeitsmerkmalen der Einstellungsträger (Self-Monitoring), b) mit Einstellungsobjekten (Ehe, Automarken) und c) mit Situationen (Party, Berufsentscheidung). Gleichzeitig weisen diese unterschiedlichen Funktionen und deren Variationen auf das generelle Verhältnis von Individuum als Einstellungsträger und der Gesellschaft als Anpassungsseite hin. Mit dieser Perspektive erhält man dann einerseits das Problem, daß Einstellungsforschung und Sozialpsychologie beinahe identisch sind, wenn man die Thematik sehr breit faßt, andererseits bei differenzierter Betrachtung die Frage nach der Abgrenzung zwischen z.B. Einstellung und sozialer Repräsentation (*Jaspers & Fraser* 1984); Einstellung und Ideologie (*Thompson* 1990), Einstellungen und Werten (siehe *Klages* in diesem Band) etc.

Ganz offensichtlich muß man sich ein Konzept von Einstellungen schaffen, das thematisch nicht zu breit wird und inhaltlich Differenzierungen ermöglicht. Hierzu bieten sich aus der bisher geleisteten Forschung folgende Charakteristika an:

1.) Eine Einstellung ist immer an Individuen als deren Träger gebunden im Unterschied zu sozialen Repräsentationen, die an Referenzgruppen als Träger gekoppelt sind. Die Konsequenz ist, daß bei der Einstellungsforschung theoretisch die interindividuellen Unterschiede im Zentrum stehen, wohingegen bei den sozialen Repräsentationen diese Unterschiede eine Fehlergröße darstellen, weil die Unterschiede vor allem zwischen den Mittelwerten der Referenzgruppen entstehen sollten.

2.) Einstellungsobjekte sind immer allgemeine soziale Inhalte, um das Thema Individuum-Gesellschaft nicht aus dem Zentrum zu verlieren und die beobachteten interindividuellen Unterschiede als Reaktion auf ein einheitliches Objekt interpretieren zu können. Die Variationsquelle soll danach die individuelle Stellungnahme auf *dasselbe* Objekt sein und nicht auf der Unterschiedlichkeit der Objekte selber basieren.

3.) Einstellungen werden in den Modalitäten erfaßt, die generell Individuen zugeordnet werden können: kognitiv, affektiv, konativ, wobei abhängig vom Einstellungsobjekt nicht alle Modalitäten von gleicher Bedeutung für ihre

Erfassung sein müssen. Sollte aber eine Reaktionsform prinzipiell (logisch) ausgeschlossen sein, dann müßte ein anderer Begriff gewählt werden.

4.) Einstellungen thematisieren die Verbindungen und Wechselwirkungen zwischen den drei Arten von Reaktionsformen bei den Individuen bezüglich eines sozialen Objektes, wobei über die konkrete Vorhersage eines bestimmten Verhaltens in einer spezifischen Situation unter Berücksichtigung der oben beschriebenen vier Funktionsformen noch nichts ausgesagt ist, weil hier weitere Einflüsse eine Rolle spielen, die nicht zum Einstellungskonzept zu rechnen sind (siehe Abb. 1).

Die Übergänge zu den sozialen Repräsentationen und den Ideologien werden dann fließend, wenn die individuelle Variation von Einstellungen innerhalb einer Referenzgruppe minimal wird. Stellt man sich auch noch die Frage nach der Entstehung dieser sozialen Repräsentation im gesellschaftlichen Kontext, dann diskutiert man Ideologien (*Thompson* 1990). Nimmt man als eine weitere Idee die Vorstellung des Systems hinzu (vgl. auch *McGuire* 1986; 1989) und konzipiert Einzelpersonen als Individualsysteme mit dem Steuerungsziel der Identitätserhaltung (*Witte* 1989), dann kann man einen Einstellungsbegriff wie folgt explizieren:

Einstellung = exp   die systematische Verbindung der in den drei Subsystemen repräsentierten Inhalte des Einstellungsobjektes eines handelnden Individualsystems zur Verarbeitung von entsprechenden Informationen in Form von Abstraktion und Integration zu seiner globalen Bewertung und zur Festlegung von Handlungstendenzen (nicht konkreten Handlungen) auf der Basis von Konkretisierungs- und Differenzierungsprozessen, die erst durch die Einschaltung interner Filterprozesse und externer Bedingungen zu einer konkreten Handlung führen.

Durch diese Explikation wird einerseits die enge Verbindung zwischen den drei Komponenten betont, andererseits aber auch die theoretisch notwendige Unterscheidung zwischen den drei Modalitäten eingeführt. Sie gilt unabhängig von empirisch gefundenen Korrelationen. Ferner weist diese Explikation darauf hin, daß auch im kognitiven Subsystem repräsentierte Zusammenhänge zwischen *verschiedenen* Einstellungsobjekten zu untersuchen sind. Dasselbe gilt für das affektive und konative Subsystem. Diese Zusammenhänge zwischen verschiedenen Einstellungsobjekten in einem spezifischen Subsystem ist von außerordentlicher Wichtigkeit (*McGuire* 1989), weil dadurch die gegenseitige Beeinflussung verschiedener Objekte untersucht werden kann. Man nähert sich so einer Untersuchung individueller "Weltbilder".

2. Welche Struktur besitzt eine Einstellung?

Diese Problemstellung ist nicht allein empirisch zu beantworten, weil auch die Korrelation der bekannten drei Komponenten abhängig ist vom Einstellungsobjekt, seiner Zentralität und der Art der Befragung, z.b., ob man versucht, kognitive und affektive Anteile in einer Befragung zu differenzieren. Dabei ist diese Dreiteilung selber geistesgeschichtlich beeinflußt, z.b. Körper, Geist und Seele oder Es, Ich und Über-Ich. Selbst Drei-Welten-Modelle der Wissenschaftstheorie sind von dieser Dreiteilung nicht verschont geblieben. Man fühlt sich offensichtlich bei dieser Dreiteilung recht wohl. Eine Reduktion auf einen oder zwei Aspekte geschieht meistens aus pragmatischen Gründen. Nur sehr selten werden jedoch Einstellungen überhaupt in diesen drei Aspekten erhoben (siehe *Breckler* 1984).

In der entsprechenden Literatur werden häufig Korrelationen zwischen den drei Komponenten berichtet, die zwischen 0.40 und 0.70 liegen (*Breckler* 1984). Wir selber haben in einer Untersuchung zum Technologietransfer als ein Beispiel bei Professoren und leitenden Ingenieuren Korrelationen zwischen 0.55 und 0.69 gefunden (*Witte* & Nisius l990; Witte, Malchow & Nisius l990). Wertet man faktorenanalytisch aus und nimmt die Auswertungsmethode als Kriterium für die Anzahl der Komponenten, so reicht ein starker Faktor zur Aufklärung der Varianz. Das spricht für ein *Ein-Komponenten-Modell* der Einstellung, wobei jede Komponente durch 5 Aussagen gemessen wurde.

Als *kognitive* Komponente haben wir für die Teilstichprobe der *Professoren* Aussagen folgender Art verwendet:

Aus meinen eigenen Forschungsergebnissen lassen sich neue Produkte oder Verfahren entwickeln.

Als *affektive* Komponente galt:

Ich trete *gern* in Kontakt zu Wirtschaftsunternehmen.

Als *konative* Komponente wurde eingeführt:

Ich spreche mit Vertretern der Wirtschaft über neue Produkte oder Verfahren.

Geantwortet wurde in der vorliegenden Untersuchung auf einer 5-stufigen Skala von 1 ("stimmt nicht") bis 5 ("stimmt genau").[2]

Wenn wir jetzt nicht die Korrelationen zwischen den Komponenten als Maßstab für ihre Anzahl verwenden, sondern die Vorhersage eines Verhaltenskriteriums, dann erwiesen sich in unserer Studie *zwei* Komponenten als ausreichend. Das Verhaltenskriterium bestand aus drei Indikatoren:

a) Ich werde in Zukunft an Universitätsveranstaltungen für die Wirtschaft aktiv teilnehmen.
b) Ich kann für mein Fachgebiet ein Seminar zu den verschiedenen Anwendungsmöglichkeiten für Personen aus der Wirtschaft anbieten.
c) Ich möchte in die Kartei des Technologietransfer-Beauftragten als möglicher Ansprechpartner für die Wirtschaft aufgenommen werden.

Es wurden jeweils ja-nein-Antworten gegeben. Außerdem mußte man seinen Namen, Fachgebiet etc. nennen, wenn man in die Kartei aufgenommen werden wollte. Die Bejahung dieser Fragen hatte nicht nur hypothetischen Charakter, sondern diente tatsächlich dem Aufbau einer Interessentendatei.

Sagt man diesen Aktivitätsindex durch die drei Komponenten vorher, so genügen jeweils zwei. Welche zwei genommen werden, reduziert die multiple Korrelation kaum. Sie liegt bei R = 0.71 für die Professoren als Einstellungsträger. Auch die ß-Koeffizienten der beiden Komponenten sind ähnlich hoch. Es erweisen sich also zwei Komponenten als ausreichend zur Vorhersage des Verhaltens (*Zwei-Komponenten-Modell* der Einstellung)[3].

In unserer Untersuchung haben wir nun außerdem parallel zu den Professoren als Technologieproduzenten auch leitende Ingenieure von Klein- und Mittelbetrieben (KMB) als Technologieabnehmer befragt. Wir haben dazu entsprechend die drei Komponenten erfaßt. Als Beispiel für die drei Skalen haben wir parallele Formulierungen verwendet:

a) Wir können die Forschungsergebnisse von Hochschullehrern in neue Produkte und Verfahren umsetzen.
b) Wir treten gerne in Kontakt zu den Hochschulinstitutionen.
c) Wir sprechen mit den Hochschullehrern über die praktische Umsetzung ihrer Forschungsergebnisse sprechen.

Vergleicht man jetzt die Mittelwerte dieser beiden *Autostereotypen* als Einstellung des Durchschnittsindividuums der beiden Gruppen, so ergeben sich bei allen drei Vergleichen signifikante Unterschiede (siehe Tabelle 1):

1. Die Hochschullehrer halten ihre Ergebnisse für besser umsetzbar als die Ingenieure.
2. Die Klein- und Mittelbetriebe treten noch lieber in Kontakt mit den Hochschullehrern als umgekehrt.
3. Die Hochschullehrer reden häufiger mit den Betrieben als umgekehrt.

Solche differenzierten Mittelwertunterschiede lassen manches deutlicher werden als nur eine Komponente. Darüber hinaus haben wir noch *vermeintliche Autostereotype* (z.B., was die Professoren glauben, wie die Ingenieure die drei Komponenten beantworten) erhoben, was weitere wichtige Mittelwertvergleiche zuläßt und entsprechende Aufklärungsmaßnahmen zum Abbau von Vorurteilen ermöglicht.

Eigentlich hat man hier auch schon den Bereich der Einstellungsforschung verlassen und sich der Stereotypenforschung bzw. der Erforschung sozialer Repräsentationen zugewandt. In dieser Forschungsrichtung ist jedoch die Bedeutung der Mittelwerte in jeder Skala leichter nachvollziehbar, weil sie bei der Stereotypenforschung üblicherweise eingesetzt wird. Was nun aber inhaltlich für Durchschnittsindividuen bedeutsam ist, wie gleich dargestellt werden soll, besitzt auch für Einzelpersonen Aussagekraft. Daraus folgt, daß die Variation der *drei* Mittelwerte pro Individuum untersucht werden sollte. Das Resultat dieser Forschung ist dann aber ein *Drei-Komponenten-Modell* der Einstellung. Hier konvergieren die analytische Begriffsbildung und die Aussagekraft der empirischen Ergebnisse. Weil in der Produkt-Moment-Korrelation die Mittelwertunterschiede ausgeschaltet werden, sollte die Korrelationsstatistik nicht die empirische Grundlage zur Festlegung der Komponentenzahl sein. Wir wollen jetzt beispielhaft die Mittelwerte von Durchschnittsindividuen pro Gruppe diskutieren, um die Bedeutung der drei Mittelwerte für die Einstellungsforschung aufzuzeigen. Natürlich müssen die individuellen Mittelwerte pro Komponente ins Zentrum gerückt werden.

Interessiert man sich jetzt also für den Vergleich der Mittelwerte (siehe Tabelle 1) zwischen den drei Komponenten pro Gruppe als Hinweis darauf, wie bei einem durchschnittlichen Einstellungsträger der jeweiligen Gruppe die Einstellung zum Technologietransfer ausgeprägt ist, dann zeigt sich, daß beim durchschnittlichen Hochschullehrer eher die kognitive und affektive Seite betont wird. Die Handlungsebene ist im Mittel dazu noch weniger ausgeprägt. Bei den Ingenieuren der KMBs ist vor allem die affektive Komponente hoch ausgeprägt, die anderen beiden sind dagegen gleich niedrig. Will man nun eine solche Einstellung eines abstrakten Individuums deuten, so sind Hochschullehrer rational und emotional an das Einstellungsobjekt etwa gleich gebunden, ihre Handlungsebene weicht davon aber ab im Sinne einer geringeren Handlungsbereitschaft. Um Hochschullehrer stärker in den Technologietransfer einzubinden, müßte also vor allem die Handlungsebene gefördert werden. Bei den Ingenieuren der KMBs wird der Kontakt zu den Hochschullehrern vor allem über die affektive Komponente gesteuert. Hier ist also der Kontakt selber das Wichtigste. Offensichtlich ist die Qualität der Einstellung bei beiden Gruppen unterschiedlich. Das zeigt sich nicht nur im internen Vergleich der Mittelwerte pro Gruppe, sondern vor allem auch im Vergleich zwischen den Gruppen. Vielleicht könnte man im Sinne von *Doll* (in diesem Band) bei den Ingenieuren von einer affektiv-basierten Einstellung und bei den Professoren von einer affektiv-kognitiv-basierten Einstellung sprechen.

	Professoren N = 74	Ingenieure N = 82
kognitiv	3.5_c	2.7_a
affektiv	3.6_c	3.9_d
konativ	3.1_b	2.7_a

Tab. 1: Mittelwerte der Einstellungsträger aus den beiden Gruppen Professoren und Ingenieure, getrennt für die drei Komponenten

Alle Mittelwerte mit unterschiedlichem Subskript unterscheiden sich mindestens auf dem 5%-Niveau.
Antwortskala: 1 ("stimmt nicht") - 5 ("stimmt genau")

An dieser Überlegung erkennt man, daß selbst dieselben Einstellungsobjekte in verschiedenen Gruppen unterschiedliche Verknüpfungsstärken mit den drei Komponenten haben können, gemessen in den mittleren Zustimmungen. Zumindest erscheint die Unterscheidung in verschieden basierte Einstellungsmuster als wichtige Erweiterung der Forschung. Das führt aber gleichzeitig dazu, auch die Mittelwerte genauer zu analysieren. In diesem Falle aber können alle drei Komponenten aufschlußreich sein (*Drei-Komponenten-Modell der Einstellung*).

Ich halte solche unterschiedlichen Formen von Einstellungen für äußerst wichtig. Sie sind auch auf individueller Ebene zu erfassen und dann möglicherweise für Vorhersagen und Interventionen zu differenzieren. Folglich besitzen Einstellungen nicht nur aus analytisch-begrifflichen Gründen drei Komponenten, sondern auch dann, wenn man empirische Sachverhalte aufklären will: Die rational-orientierte Einstellung, die emotional-orientierte Einstellung und die "automatisierte" Einstellung. Letztere mag vor allem bei einer kognitiv ausgerichteten Sozialpsychologie vernachlässigt worden sein. Außerdem sind Handlungsautomatismen auch nur begrenzt bewußt wahrnehmbar, so daß die übliche Fragebogenerhebung versagt. Hier sind Beobachtungsmethoden notwendig, um diese vorwiegend auf der Verhaltensebene festgelegten Einstellungsobjekte überhaupt erfassen zu können. Hierunter fallen auch Reaktionszeitmessungen bei der Wahrnehmung von Einstellungsobjekten, aber auch die Beobachtung von Alltagshandeln durch Außenstehende. Man kann sogar die Selbstbeobachtung des Verhaltens in der Vergangenheit heranziehen und daraus auf die Einstellung schließen. Diese Art des Zusammenhanges zwischen Verhalten und internem Zustand ist bereits durch die Selbstwahrnehmungstheorie von *Bem* (1972) eingeführt worden, nach der eine Person eigene Vorlieben durch Handlungen in der Vergangenheit identifiziert. Es handelt sich hier um Wechselwirkungen zwischen kognitiven Anteilen, die sich im wesentlichen auf die Identifikation eines Hinweisreizes beziehen, und konativen, die kaum der aktiven Reflexion zugänglich sind (siehe Abbildung 1 auf der folgenden Seite).

Es bleibt bei einer vorwiegend kognitiv orientierten Sozialpsychologie natürlich die Frage offen, ob man solche Beziehungen unter einen Einstellungsbegriff subsumieren soll. Ich selber bin der Meinung, daß ein solcher Einstellungsbegriff wertvoll ist, weil erst das Verhaltensspektrum als Ausdrucksform einer Einstellung die Einbettung eines Individuums in die gesellschaftlichen Bedingungen deutlich macht. Es können nämlich bei prinzipiell gleichen affektiv-kognitiven Stellungnahmen die Verhaltensspektren in verschiedenen Gesellschaften variieren, wenn die gesellschaftlichen Bedingungen verschiedenartig sind oder sich geändert haben. Natürlich gilt diese Aussage auch umgekehrt: Gleiche Verhaltensweisen können Ausdruck verschiedener affektiv-kognitiver Repräsentationen sein. Daraus ergibt sich nach meinen Überlegungen zwingend, daß nur bei gemeinsamer Betrachtung aller drei Komponenten eine angemessene Untersuchung von Einstellungsänderungen bzw. -stabilitäten möglich ist. Die Verhaltensweise allein sagt noch nichts darüber, was sie bedeutet (kognitiv) und wie sie bewertet (affektiv) wird. Derartige Überlegungen haben nun Konsequenzen für synchronische und diachronische Einstellungsvergleiche.

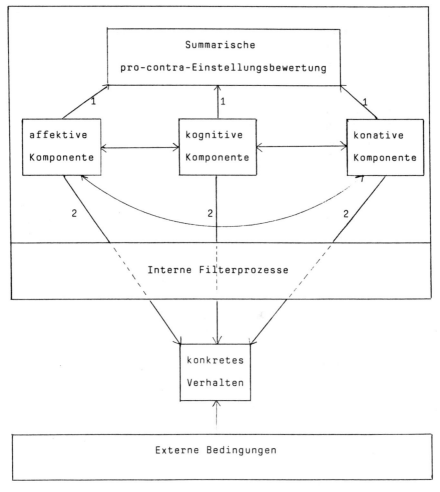

Abb. 1: Interne Strukturierung und hierarchischer Aufbau der Einstellungs-
konzeption

1: Prozeß der Abstraktion und Integration
2: Prozeß der Konkretisierung und Differenzierung

3. Wie entstehen und verändern sich Einstellungen?

Nachdem aus analytisch-begrifflichen und empirisch-synthetischen Gründen für
eine Drei-Komponenten-Konzeption von Einstellung plädiert wurde, muß dem-

gegenüber hervorgehoben werden, daß ein wesentlicher Gesichtspunkt der Einstellung die *summarische Bewertung* des Einstellungsobjektes ist. Aus diesem Grunde ist häufig auch eine Ein-Komponenten-Theorie der Einstellung vorgeschlagen worden (vgl. die meisten Artikel in *Pratkanis* et al. 1989) in Anlehnung an *Thurstone* (1931). Diese beiden auf den ersten Blick widersprüchlichen Konzeptionen erweisen sich jedoch als verträglich: Der Drei-Komponenten-Ansatz erfaßt das Einstellungsobjekt auf einem niedrigeren Abstraktionsniveau als die summarische pro-contra-Bewertung des Objektes (siehe Abb. 1). Erhebt man die drei Komponenten empirisch, so muß man einzelne Aspekte konkreter differenzieren, als wenn man global eine summarische Bewertung vornehmen läßt (siehe hierzu obiges Beispiel zum Technologietransfer). Bei der Erhebung der drei Komponenten muß man Aussagen *über* das Einstellungsobjekt auf einem niedrigeren Abstraktionsniveau formulieren und entsprechend abfragen, wohingegen bei der summarischen Beurteilung das Objekt selber zur Bewertung herangezogen wird. Bezogen auf den Technologietransfer bedeutet das, man würde global fragen:

Wie stehen Sie zum Technologietransfer?
1 (Ich bin dafür) ···················· 7 (Ich bin dagegen)

Auf der Ebene der drei Komponenten erkennt man spezifischer, welche Gesichtspunkte differenziert nach den drei Modalitäten mit dieser globalen Bewertung verbunden sind. Die Inhalte der drei Komponenten sind konkreter mit der Einbettung des Einstellungsobjektes in das Alltagsleben verbunden. Sie differenzieren auf einer niedrigeren Abstraktionsebene als die summarische Bewertung. Letztere kann aus einer Informationsintegration der drei Komponenten erklärt werden (*Anderson* 1981, 1982). Dabei ist dieselbe globale Bewertung durch unterschiedliche Kombination der drei Komponenten zu erreichen.

Am einfachsten nimmt man ein kompensatorisches Modell mit unterschiedlichen Gewichten der drei Komponenten an, die gemeinsam die globale Bewertung festlegen bzw. vorhersagen. Aus diesem Vorgang der *Abstraktion* und *Integration* (siehe Abb.1), in dem von konkreten Aspekten abgesehen wird und die drei Komponenten zu einem Globalurteil verbunden werden, kann man auch die Differenzierung von *Doll* (in diesem Band) verstehen. Sie besagt, daß eine emotionalbasierte Einstellung als zweite Möglichkeit zusätzlich zum Mittelwert der Skala durch ein hohes Gewicht bei der affektiven Komponente gekennzeichnet ist, wenn man die globale Bewertung vorhersagt. Bei einer kognitiv- und konativ-basierten Einstellung gilt entsprechendes. Es ergeben sich dann eben auch summarische Bewertungen, die entsprechend komplexer betrachtet werden, weil sie auf die Einflußstärke der drei Komponenten bezogen werden.

Das Entstehen einer solchen summarischen pro-contra-Bewertung eines Einstellungsobjektes kann man sich als Abstraktionsprozeß vorstellen, der sich in Form einer Integration der Drei-Komponenten zu einem gewichteten Mittel beschreiben läßt, was einem *linearen kompensatorischen Modell* entspricht. Damit liegen zwei Parameter zur Erfassung der Einstellungsqualität vor: der individuelle Mittelwert pro Komponente und die interindividuelle Korrelation bzw. das Regressionsgewicht bei der multiplen Vorhersage.

Da hier die Verschiedenheit der Parameter sehr deutlich wird und in der Vergangenheit nicht immer darauf geachtet wurde, möchte ich einige wenige Bemerkungen dazu machen. Man nehme an, daß einerseits die drei Komponenten gemessen werden und zusätzlich eine summarische Bewertung. Dann kann man sich fragen, wie der Abstraktions- und Integrationsprozeß aussieht. Hierzu kann man aus den individuellen Mittelwerten pro Komponente die summarische Bewertung über eine multiple Regression vorhersagen. Wenn es denn eine einfache *lineare* Regel gibt, muß die multiple Korrelation hoch sein. Nur dann sind auch die üblichen Meßwerte, wie Mittelwerte der Komponenten, deren Addition etc., sinnvoll interpretierbar Die ß-Koeffizienten selber sind als Indikatoren für die Art der Einstellung ungeeignet, weil sie nur den partiellen Anteil einer Komponente messen und weil anzunehmen ist, daß die Komponenten korrelieren. Es bleiben dann, wie in unserem Beispiel, zwei Komponenten als Prädiktoren übrig. Besser ist es, direkt die Korrelation zwischen der Komponente und dem Kriterium zu betrachten. Sie beschreibt den direkten linearen Zusammenhang. Die unterschiedliche Höhe der Korrelationen gibt Hinweise darauf, *wie gut* in einem linearen Modell der Einfluß der Komponenten beschreibbar ist. *Wie stark* der Zusammenhang ist, kann man aber als über-individuellen Parameter nur den drei Mittelwerten entnehmen. Diese Mittelwerte geben Auskunft über die Art der Einstellung in einer Stichprobe, d.h., wie das Einstellungsobjekt bei einem durchschnittlichen Einstellungsträger gesehen wird, ob eher affektiv, kognitiv oder konativ. Theoretisch relevant sind jetzt vor allem die individuellen Werte pro Komponente und deren Abweichung vom Gesamtmittelwert jeder Komponente. Diese interindividuelle Varianz kann man jetzt zu erklären versuchen. Hier bieten sich vielfältige Möglichkeiten an, die aber nur angedeutet werden können.

Nimmt man jetzt *synchronische Einstellungsvergleiche* vor, d.h., Individuen geben zu einem bestimmten Zeitpunkt eine summarische Bewertung und eine Beurteilung auf den drei Komponenten ab, dann wird aus den vorhergetroffenen Überlegungen dieser Vergleich sehr viel komplizierter, als er bisher vorgenommen wurde. Die *einfachste* Frage betrifft die individuellen Unterschiede in der summarischen Bewertung des Objektes. Die *zweite* Frage behandelt dann die Unterschiede in den drei Komponenten, und die *dritte* Frage die individuell unterschiedliche Bedeutung der Komponenten für die summarische Bewertung. Die *vierte* Frage behandelt die Enge des Zusammenhanges zwischen den drei Komponenten und der summarischen Bewertung. *Schließlich* sollte man auch noch die jeweilige Position auf der globalen Bewertung (z.B. extrem-moderat) in Verbindung bringen mit dem Abstraktions- und Integrationsvorgang bei entsprechenden Personen, d.h., ob mit größerer Extremisierung der Integrationsprozeß einfacher wird. Nach diesen Vorstellungen tauchen bei der synchronischen Einstellungsforschung bereits neue und veränderte Fragen auf. Diese Fragen lassen sich nun auch nicht mehr nach der üblichen Methode der Korrelationsrechnung lösen, indem man eine interindividuell orientierte Forschung vornimmt; man muß entweder mehrere Objekte pro Person erheben, oder aber andere Untersuchungsmethoden verwenden, am besten wohl beides. Ziel solcher Untersuchungsmethoden ist, direkt die Zusammenhänge zu erfragen, indem man sich Begründungen von der Person geben läßt und so ein individuelles Modell entwickelt, das den Abstraktionsprozeß erfaßt. Diese Methoden sind in den letzten Jahren zur Erforschung *subjektiver Theorien* herangezogen worden (*Groeben* et al. 1988) und werden als Struktur-Lege-Techniken bezeichnet. Gerade die Verknüpfung zwischen inter- und intraindividueller synchronischer Einstellungsforschung auf dem aufgezeigten Hintergrund durchzuführen, wird eine wesentliche Aufgabe der zukünftigen Einstellungsforschung sein.

Bei einer *diachronischen* Untersuchung von Einstellungsänderungen, die Schwankungen in den gesellschaftlichen Bedingungen erwarten läßt, ist zu prüfen, ob diese Schwankungen nicht Veränderungen vor allem auch in der konativen Komponente erzeugen, die zu einem veränderten Verhaltensspektrum führen, *ohne* daß eine summarische Einstellungsänderung vorliegt. Eine Änderung in der konativen Komponente mag dann durch technische Entwicklungen, andere Verhaltensstile etc. bedingt sein, wobei die Bedeutung einer Verhaltensweise sich ändern kann oder aber eine neue Verhaltensweise eine alte Bedeutung erhält, so daß durch Veränderung der einen Komponente der Zusammenhang zwischen den drei Komponenten sich ändert, ohne auf eine summarische Einstellungsänderung hinzuweisen. Vergleichbares gilt auch für die affektiv-kognitive Seite der Einstellung. Man hat bei diachronischer Betrachtung der Einstellungsänderung zuerst die generelle Transformation der einzelnen Komponenten zu analysieren, um dann auf diesem Hintergrund die summarischen Einstellungen zu vergleichen. Als Beispiel mag man die summarische Einstellung zum Umweltschutz in den letzten Jahren betrachten. Viele Erkenntnisse (kognitive Komponente) sind erst in den letzten Jahren gewonnen worden. Ebenso sind erst in den letzten Jahren Container für Papier und Flaschen aufgestellt worden (konative Komponente), so daß gewisse Verhaltensmöglichkeiten erst ermöglicht wurden. Vergleichbares gilt für die Verwendung von Katalysatoren in Pkws. Hat sich meine summarische Einstellung zum

Umweltschutz geändert, wenn ich heute mein Papier zu einem Container bringe, mir einen Katalysator einbauen lasse etc.? Vergleichbares gilt natürlich auch bei der kognitiven Komponente, wenn man neue Inhalte kennenlernt oder neue Zusammenhänge im Bereich der Umweltmaßnahmen erfährt.

Prinzipiell ist es natürlich denkbar, daß sich meine Position auf einer summarischen Einstellungskomponente nicht geändert hat, obwohl z.b. Handlungsweisen und Wissen sich verändert haben. Es gibt also das Problem, daß die summarische Bewertung des Umweltschutzes konstant geblieben ist, obwohl sich die Reaktionen auf allen Komponenten geändert haben. Dieses ist außerordentlich schwer nachvollziehbar und stellt theoretisch große Anforderungen. Diese Änderungen basieren auf den geänderten "gesellschaftlichen Verhältnissen", bedeuten aber nicht notwendig eine globale Umbewertung.

Die Idee ist, daß die summarische Einstellung einen "latent-trait" darstellt, der durch kognitive, affektive und konative Anteile erfaßt wird. Die Messung dieser verborgenen globalen Dimension geschieht über Indikatoren, deren Bedeutung zur Bestimmung der Position auf dieser Dimension aber durch Veränderungen "in der Gesellschaft" (Aufklärung, politische Umsetzung, technische Entwicklung) variieren kann. Bei intensiver Diskussion in der Gesellschaft steigt automatisch das Wissen bei den Einstellungsträgern, und bei einer dichteren Besetzung des Wohngebietes mit Containern ist die Barriere geringer, sein Papier dort abzugeben. Möglicherweise werden auch die Gebühren für die Müllabfuhr erhöht, um so die Menschen zu einer entsprechenden Handlung zu bringen. Erzeugen diese Maßnahmen aber summarische Einstellungsänderungen? In dem hier diskutierten Sinne ist eine solche Bewertungsänderung nur dann zu erwarten, wenn sich unter *gleichbleibenden* Bedingungen z.B. Handlungen und Wissen ändern würden.

Die summarische Bewertung ist nach meiner Vorstellung eine komplexe internalisierte Disposition, die zwar von außen beeinflußt werden kann, aber gegenüber der Variation äußerer Bedingungen eine gewisse Stabilität erreichen muß, weil auch nur so die erwähnten Funktionen von Einstellungen erfüllbar sind. Einstellungen lassen sich als "latent-trait" am besten durch eine pro-contra-Beurteilung zu dem globalen Einstellungsobjekt beschreiben. Die Frage ist dann aber, wie die globale Einstellung kognitiv entstanden ist, welche affektiven Reaktionen damit verbunden sind und welche Handlungsmöglichkeiten in welcher Stärke daraus resultieren. Es wird bei der Einstellungsforschung die abstrakte Stellungnahme auf der ersten Ebene durch die drei Komponenten konkretisiert, die aber ihrerseits durch noch konkretere Indikatoren bestimmt werden. Die theoretische Hoffnung dabei ist natürlich, daß es Gesetzmäßigkeiten gibt, die dabei helfen, die Ebenen entsprechend zu verknüpfen, d.h. z.B., kognitive Inhalte zu einer Skala bzw. affektive und konative Inhalte zu vergleichbaren Skalen zu aggregieren, die dann untereinander korrelieren und im einfachsten Falle eine einzige pro-contra-Dimension als internes Konstrukt bestimmen. Auf dieser abstrakteren Ebene liegt dann eine *Ein-Komponenten-Konzeption* von Einstellung vor. Auf der tieferen Ebene handelt es sich dann per definitionem um eine *Drei-Komponenten-Konzeption,* die nicht technisch dadurch reduziert werden kann, daß die Komponenten korrelieren bzw. zur Vorhersage konkreten Verhaltens nur zwei Komponenten in eine Regressionsanalyse eingehen (siehe oben und Abb. 1)

Das sind technische Konsequenzen, die sich aus der Annahme zur Messung eines gemeinsamen Konstruktes ergeben. Es ist einfach inhaltlich von Bedeutung zu wissen, *wie* die drei Aspekte zusammenhängen. Daß sie zusammenhängen (korrelieren), ist die Voraussetzung, weil letztlich ein kompensatorisches Modell auch eine gewisse Vergleichbarkeit der Komponenten erfordert. Wichtig ist aber festzuhalten, daß alle drei Komponenten interne Bedingungen des Einstellungsträgers beschreiben. Das gilt eben auch für die konative Komponente. Ein konkretes Verhalten, wie es in einer konkreten Situation realisiert wird, muß davon unterschieden werden, weil hier weitere Faktoren Einfluß nehmen (s.u.). Dabei kann die Handlungsfreiheit, d.h. die Möglichkeit, so zu handeln, wie es aus der Einstellung folgt, bei unterschiedlichen Personengruppen verschieden sein (siehe Abb. 1).

4. Wie kann man die Einstellungs-Verhaltens-Relation darstellen?

Einstellungen können natürlich nur solange eine wichtige Rolle bei der Festlegung des individuellen Verhaltens spielen, wie das Verhalten selber individuell gestaltet werden kann. Je größer die Abhängigkeiten von externen Einflüssen sind, desto geringer ist natürlich die Vorhersage eines Verhaltensmaßes aufgrund der Einstellung als individuelle Disposition. Dabei ist auch zu berücksichtigen, daß ganz konkrete Handlungen zu einem bestimmten Zeitpunkt immer auch durch Einflüsse aller Art verändert werden können (*Weigel & Newman* 1976). Wenn wir bei unserem Beispiel des Technologietransfers die drei Komponenten der Angehörigen des Mittelbaus als Prädiktor heranziehen, deren individuelle Wahlfreiheit im Vergleich zu den Professoren eingeschränkt ist, so erreichen wir nur eine multiple Korrelation von R = 0.56. Sie ist signifikant geringer als die der Professoren mit R = 0.71. Neben dieser individuellen Wahlfreiheit erhöht aber auch die intensivere Abstimmung in Organisationen die Tatsache, daß aus der Einstellung eines leitenden Angestellten die Verhaltensprognose besser wird. Firmen, die bei der Handelskammer in Hamburg als besonders innovativ bekannt sind, wurden bei einer zusätzlichen

Erhebung gezielt untersucht. Aus der Einstellung leitender Angestellter ließ sich der Aktivitätsindex mit R = 0.48 vorhersagen, was mit R = 0.27 zu vergleichen ist bei Firmen, die als weniger innovativ gelten und sich auch weniger mit Technologietransfer beschäftigt haben. Außerdem zeigt sich in diesem Falle, daß organisatorische Rahmenbedingungen keine weitere Steigerung der Korrelation erzeugen (R = 0.54). Die organisatorischen Möglichkeiten und die individuellen Einstellungen haben in diesen Firmen einen gewissen Ausgleich gefunden. Der Zusammenhang liegt in der Größenordnung des Mittelbaus, was auf die generelle Abhängigkeit von ökonomischen etc. Zwängen hinzuweisen scheint. Das bekommt man auch in persönlichen Gesprächen heraus. Professoren dagegen können besser ihren Einstellungen folgen.

Diese Hinzufügung einer variablen Wahlfreiheit steht in gewissem Umfang in Beziehung zu der Erweiterung von *Ajzens* Theorie der "überlegten Handlungen" (reasoned actions) zu einer Theorie des geplanten Verhaltens (planned behavior) (*Ajzen* 1989). Dabei ist diese Variable weniger ein Element der individuellen Einstellung wie bei *Ajzen*, sondern vielmehr ein Element der situativen Gegebenheiten, die von außen auf die Handlungsausführung einwirken und so den Zusammenhang zwischen Einstellung und Verhalten beeinflussen. Je größer also die individuelle Wahlfreiheit ist, desto besser ist die Prognose des Verhaltens aus den Einstellungskomponenten, und man kann so handeln, wie man es selber schätzt. *Six* (in diesem Band) hat durch seine meta-analytische Studie zeigen können, daß die Beziehung zwischen Einstellung und Verhalten in den Bereichen "Drogenmißbrauch" und "sozial-politische Aktivitäten" besonders hoch ist. Bei Drogenmißbrauch ist vor allem an Kaffee und Zigaretten zu denken, wo wegen der Legalisierung dieser Drogen eine große Wahlfreiheit besteht. Bei den sozial-politischen Aktivitäten kann man ebenfalls entsprechend seiner Einstellung handeln, es gibt kaum Einschränkungen durch andere Personen oder Umstände. In den Bereichen hilfreichen Verhaltens und Freizeitgestaltung ist dagegen die Beziehung zwischen Einstellung und Verhalten gering. Bei ersterem handelt es sich um ein überraschendes Ereignis von außen, z.B. einen Unfall, das mit internen Vornahmen oder externen Anforderungen (Zeitknappheit) kollidiert; die Wahlfreiheit zum Helfen ist deshalb gering. Schließlich ist das Freizeitverhalten oft an Freundesgruppen gebunden, so daß man selber von anderen abhängig ist. Folglich ist auch hier die Wahlfreiheit gering. Es zeigt sich, daß die bereichsspezifische Variation der Wahlfreiheit bereits einen erheblichen Einfluß auf den Zusammenhang zwischen Einstellung und Verhalten nimmt. Diese externen Bedingungen schränken die Wahlfreiheit ein, indem sie das Spektrum der Handlungsalternativen reduzieren. Wenn keine Papier-Container vorhanden sind oder nur schwer erreicht werden können, dann werden Personen trotz positiver Bewertung des Umweltschutzes ihr Papier nicht in die Container geben. Vergleichbares gilt, wenn Katalysatoren für Pkw zu teuer sind. Diese externen Bedingungen schränken den Handlungsspielraum ein.

Sicherlich sind diese externen Einflüsse auch verantwortlich für die eingeschränkte Vorhersage des Verhaltens aus einem "latent-trait"-Konzept von Einstellung, wenn man die summarische pro-contra-Bewertung als den Prädiktor heranzieht. Aus diesem Grunde sollte man auch die Ebene der drei Komponenten ins Zentrum rücken und diese als Prädiktoren für das Verhalten heranziehen. Das ist z.T. vergleichbar mit der Diskussion von *Fishbein & Ajzen* (1975), daß nicht eine abstrakte Einstellung erfaßt werden sollte, um Verhalten vorherzusagen, sondern eine summarische Bewertung des Verhaltens selber. Hier werden jetzt die Einstellungsobjekte auf Handlungen reduziert, was schon deshalb nicht akzeptabel ist, weil viele relevante Objekte Gegenstände oder abstrakte Klassifikationen sind, z.B. Parteien, ethnische Gruppen, Atomkraftwerke, Zeitschriften etc. Man würde aus Gründen der Verhaltensprognose den Objektbereich auf konkrete Handlungen einschränken. Damit haben *Fishbein & Ajzen* (siehe auch Konerding in diesem Band) zwar das Objekt als eine bestimmte Handlungsform konkretisiert, aber gleichzeitig nur die affektive Komponente herangezogen. Das erscheint mir bereits aus analytisch-begrifflichen Gründen als wenig brauchbar, weil dann die Stellung des Einstellungskonzeptes in der Sozialpsychologie aus Gründen der Verhaltensprognose auf Bereiche eingeschränkt wird, die die vier Funktionen des Einstellungskonzeptes nicht mehr erfüllen (siehe Punkt 1). Die gesamte soziologische Tradition der Einstellungsforschung wird damit eliminiert, und das Einstellungskonzept verliert seine besondere Stellung in der Sozialpsychologie. Trotzdem ist der Gesichtspunkt wichtig, daß eine abstrakte Bewertung kein guter Prädiktor ist für das konkrete Verhalten. Daraus sollte man nach meiner Vorstellung den Schluß ziehen, die drei Komponenten ins Zentrum der Einstellungsforschung zu rücken.

Sie erfassen ein Einstellungsobjekt auf einem mittleren Abstraktionsniveau; sie dienen einerseits durch die *Prozesse der Abstraktion und Integration* der Festlegung einer summarischen Bewertung des Einstellungsobjektes, andererseits durch die *Prozesse der Konkretisierung und Differenzierung* der Auswahl konkreter Handlungen (siehe Abb. 1). Es ist jetzt nicht mehr die summarische Bewertung des Einstellungsobjektes der Prädiktor des Verhaltens, sondern die drei Komponenten sind die Verhaltensprädiktoren. Daraus ergeben sich gleichzeitig zwei Konsequenzen, wenn die drei Komponenten ins Zentrum gerückt werden: Einmal ist der Prozeß der Abstraktion und Integration zu untersuchen, der die globalen internen Vorgänge beschreibt; zum anderen ist der Prozeß der Konkretisierung und Differenzierung bei der Auswahl einer bestimmten Verhaltensweise davon zu unterscheiden. Die Notwendigkeit zur Unterscheidung dieser beiden Prozesse wird durch Ergebnisse von *Doll, Ajzen* und *Madden* (1991) gestützt, die gefunden haben, daß sich die Urteilsbildung über Einstellungsobjekte ohne konkrete Verhaltensweisen (z.B. "DER SPIEGEL") von Einstellungsobjekten mit einem Verhaltensschwerpunkt ("Blut spenden") unterscheidet. Da dieser Gesichtspunkt theoretisch bisher nicht differenziert wurde, liegen auch noch keine gezielten Daten vor. Das ist in Zukunft nachzuholen.

Trotz dieser Befundlage sollen einige Überlegungen zu diesem Prozeß der Konkretisierung und Differenzierung entwickelt werden. Dabei ist die Hauptfrage, warum die erklärte Varianz beim Verhalten nicht größer ist als *Six* (in diesem Band) sie gefunden hat. Der eine Grund ist nach den hier vorgelegten Überlegungen, daß die summarische Bewertung nicht als Prädiktor herangezogen werden sollte.

Der zweite Grund liegt aber auch darin, daß der Prozeß der Konkretisierung und Differenzierung nur *indirekt* für die Verhaltensprognose geeignet ist.

Die zentrale Idee ist jetzt die Annahme, daß es sich zum einen um ein kompensatorisches Modell bei der Abstraktion und Integration handelt, zum anderen um ein nicht-kompensatorisches Modell bei der Konkretisierung und Differenzierung.

Die Ausgangsüberlegung ist, daß mehrere Handlungen zur Verfügung stehen und entschieden wird, welche Handlungen ausgeführt werden dürfen, weil sie der individuellen Sichtweise, gemessen in den drei Komponenten, entsprechen. Die generelle Aufgabe der drei Komponenten ist also *nicht* die Festlegung (Vorhersage) eines konkreten Verhaltens, sondern die Auswahl von passenden Verhaltensweisen, die aus der Sichtweise der drei Komponenten akzeptabel sind. Dabei kann man zwischen einer strengen und einer "weichen" Entscheidungsregel unterscheiden. Eine *strenge* Auswahl bedeutet, daß allein die Verhaltensweisen gewählt werden, die allen drei Komponenten entsprechen (eine konjunktive Regel). Eine "weiche" Auswahl bedeutet, daß diejenigen Handlungen beibehalten werden, die mindestens auf einer Komponente dem gesetzten Kriterium entsprechen (eine disjunktive Regel)[4]. Bei letzterer ist die Konsequenz, daß Handlungen ausgeführt werden können, die nur einer Komponente genügen und deshalb so aussehen, als seien sie unverträglich mit der individuellen Sichtweise. Das gilt aber nach unseren Vorstellungen nur für gewisse Ausschnitte der Objektbeurteilung. Die Art der Akzeptierung kann man sich jetzt von der Zentralität des Einstellungsobjektes abhängig denken: Je größer die Zentralität und damit die individuelle Betroffenheit ist, desto strenger die Auswahl (siehe *Witte* 1989, 387 f.). Die Konsequenz ist dann, daß die Verhaltensprognose bei größerer Zentralität besser wird, weil viele Handlungen nicht mehr zulässig sind.

Wie kann man sich nun technisch diesen Vorgang veranschaulichen? Dabei lassen sich zwei Bedingungen unterscheiden, wie sie *Konerding* (in diesem Band) für die Theorie von *Ajzen* und *Fishbein* herausgearbeitet hat. Zum einen ist die Handlungsfreiheit so eingeschränkt, daß nur eine Handlung übrig bleibt und man diese ausführen kann oder nicht, zum anderen liegen mehrere Handlungsalternativen vor, aus denen man auswählen kann; Nichts-Tun ist dabei eine Möglichkeit. Geht man zuerst von der einfacheren Situation aus, in der man vor zwei Handlungsalternativen steht, nämlich eine bestimmte Handlung H auszuführen oder nicht ($\overline{H}$). Jede Handlungsalternative wird jetzt aus der Sicht der drei Komponenten danach beurteilt, ob sie zulässig ist. Im einfachsten Fall heißt das, daß die Handlungsalternative oberhalb eines Schwellenwertes bei der entsprechenden Komponente liegt. Bei einem disjunktiven Modell ist jetzt zu erwarten, daß beide Handlungsalternativen zulässig sind. An dieser Stelle soll jetzt nicht entschieden werden, welche Alternative "stärker" zulässig ist, weil wir annehmen, daß die Ausführung einer Handlung noch von weiteren Kriterien abhängig ist (Filterprozessen), auf die wir noch eingehen werden. Da nach unseren Annahmen vor allem unter einem disjunktiven Modell beide Handlungsalternativen zulässig sind, wird durch die Einstellungskomponenten direkt das Handeln nicht festgelegt, was zu den vergleichsweise geringen Korrelationen zwischen Einstellung (wie auch immer gemessen) und Verhalten führt (siehe *Six* in diesem Band).

Unter einem konjunktiven Modell mit stärkerer Differenzierung zwischen zulässigen und unzulässigen Handlungen wird dieser Zusammenhang erhöht, nach dem Motto: "Ich muß das tun" oder "Ich darf das nicht tun". Aber selbst unter diesen deutlich differenzierten Bedingungen gibt es nicht nur die Festlegung des Verhaltens aus den drei Komponenten, sondern zum einen auch aus der Wahlfreiheit, die durch objektive Gegebenheiten eingeschränkt sein kann, sowie durch die Filterprozesse (s.u.), die die entgegengesetzte Handlung erforderlich erscheinen lassen, weil man sich "taktisch" verhalten möchte (s. Abb. 1). Geht man jetzt über zu der Situation, in der der Einstellungsträger eine Handlung auswählen kann, wobei das Handlungsspektrum z.T. recht groß ist, dann muß die zusätzliche Frage geklärt werden, in welcher Weise die Handlungen auf ihre Zulässigkeit hin geprüft werden. Man kann bei einer größeren Zahl von Handlungen nicht davon ausgehen, daß erst einmal alle geprüft, dann abgewogen und dann entschieden werden. Dieses ist nur möglich, wenn ausreichend Zeit für einen Reflexionsprozeß zur Verfügung gestellt wird, z.B. beim Kauf eines Autos mit entsprechend langer Planungsphase. Vergleichbares mag bei der Umsetzung der politischen Einstellung in politisches Handeln, z.B. Beitritt zu einer Partei, gelten. Bei diesen eher komplexen Situationen ist davon auszugehen, daß Handlungsalternativen bereits geordnet sind und mit der wichtigsten begonnen wird, wobei dann nur sehr wenige wirklich auf Zulässigkeit geprüft werden. Das erkennt man bei der Konfliktberatung, indem viel Zeit darauf verwandt wird, neue Handlungsalternativen zu entwickeln, die von den Konfliktpartnern gemeinsam akzeptiert werden können. Der Horizont dieser Handlungsalternativen ist oft sehr gering (*Fisher* 1990). Daraus folgt wiederum, daß die beiden Bedingungen (zwei Handlungsalternativen gegenüber beliebig vielen) theoretisch zu teilweise unterschiedlichen Ansätzen führen (siehe *Konerding* zu der *Ajzen-Fishbein*-Theorie in diesem Band)

Einer der wesentlichen Unterschiede zu anderen theoretischen Modellen der Einstellungsforschung besteht in der zentralen Bedeutung der drei Komponenten, wobei die Bildung einer summarischen Bewertung eines Einstellungsobjektes auf einer pro-contra-Dimension als Abstraktions- und Integrationsprozeß beschrieben wurde. Dieser Prozeß ist einer *Urteilsbildung* vergleichbar und kann als kognitive Algebra (*Anderson* 1981, 1982) beschrieben werden.

Diese Form der Urteilsbildung (siehe zusammenfassend *Markus & Zajonc* 1985) ist zu unterscheiden von der Auswahl zwischen konkreten Handlungsalternativen. Dieser Auswahlprozeß wurde als Konkretisierung und Differenzierung beschrieben und lehnt sich an die *Entscheidungstheorie* an, weil es sich hierbei um eine Auswahlprozedur handelt (zusammenfassend siehe *Abelson & Levi* 1985). Ausgehend von den drei Komponenten wird damit ein unterschiedlicher Prozeß in Gang gesetzt, abhängig davon, ob man ein Urteil abgeben soll in Form einer summarischen Bewertung oder ob man sich für eine spezifische Handlung entscheiden muß. Diese beiden Prozesse sind bisher in der Einstellungsforschung nicht ausreichend unterschieden worden. Außerdem ist häufig die pro-contra-Dimension als Einstellung definiert und als Prädiktor herangezogen worden, was ebenfalls zu Einschränkungen bei der Vorhersage des Verhaltens führen muß, weil diese Beurteilung für die Verhaltensvorhersage zu abstrakt ist.

Bisher sind mehrere Male Hinweise auf *Filterprozesse* gegeben worden, aber sie sind noch nicht behandelt worden (siehe Abb. 1). Die Aufgabe dieser Filterprozesse ist es, aus allen zulässigen Handlungen eine konkrete auszuwählen. Sie dienen also zur weiteren Reduktion von Handlungsalternativen und schließlich zur endgültigen Festlegung einer Handlung. Dabei kann man sich diese Filterprozesse so vorstellen, daß sie übergeordnete Gesichtspunkte von Einstellungen beinhalten, nämlich die vier Funktionen, die den Einstellungen zugeschrieben werden, als da sind:

a) eine Anpassungsfunktion,
b) eine Individuierungsfunktion,
c) eine Komplexitätsreduktionsfunktion und

d) eine Funktion des Selbstwertschutzes.

Die Idee ist jetzt, daß diese Funktionen nicht nur eine allgemeine Bedeutung haben, sondern konkret in die Theorie der Einstellungs-Verhaltens-Relation eingebunden werden sollen. Den als Filterprozesse eingeführten theoretischen Begriff kann man sich so vorstellen, daß dadurch diejenige Handlung aus den zulässigen ausgewählt wird, die am besten der oder den *salienten* Funktion(en) entspricht. Es wird angenommen, daß in einer bestimmten Handlungssituation in einem gewissen Umfang die vier Funktionen salient sind und damit die konkrete Handlung aus den zulässigen herausfiltern. Die Konsequenz ist, daß weder Änderungen in den drei Komponenten, noch in der summarischen Bewertung, noch in dem Entscheidungsprozeß auftreten müssen, aber trotzdem Handlungsunterschiede vorliegen können, die allein durch die veränderte Salienz der vier Funktionen hervorgerufen worden ist. Als Beispiel nehme man den Umweltschutz als Einstellungsobjekt. Die Anpassungsfunktion mag jetzt dadurch besonders salient gemacht worden sein, weil mitgeteilt wurde, daß in der Nähe des Wohngebietes eine Müllverbrennungsanlage gebaut werden soll. Man entscheidet sich deshalb in der Nachbarschaft, eine Demonstration gegen den Bau der Anlage durchzuführen und nimmt daran teil (Anpassungsfunktion). Bei demselben Problem könnte jetzt auch eine Demonstration *für* diese Anlage durchgeführt werden, weil sie Arbeitsplätze bringt, die in der Region dringend benötigt werden. Diese Demonstration macht erst die Individuierungsfunktion als Abgrenzung salient, und man schreibt einen Brief an den Ministerpräsidenten, eine Handlung, die erst durch die Demonstration für die Anlage hervorgerufen wurde. Es werden über diese Müllverbrennungsanlage sehr unterschiedliche Informationen verbreitet. Man stellt fest, daß das Problem sehr komplex ist. Es wird begonnen, wissenschaftliche Literatur über dieses Problem zu lesen, um herauszubekommen, was "wahr" ist (Komplexitätsreduktionsfunktion). Sie bekommen von der Betreiberfirma der Müllverbrennungsanlage ein sehr gutes Angebot für ihr Wohnhaus und einen hervorragenden Bauplatz für ein neues Haus angeboten. Sie lehnen dieses Angebot ab, das sie als Bestechung empfinden (Funktion des Selbstwertschutzes).

Die Wahl der Handlungsalternativen bei unveränderter Disposition wurde allein durch die Filterprozesse bewirkt, die auf der Salienz der entsprechenden Funktionen basieren. Diese plausiblen Hinweise auf die Auswirkung der Salienz der vier Funktionen bei der Festlegung der Handlung sind empirisch zu prüfen. Die Einstellungs-Verhaltens-Relation stellt sich nach den bisherigen Überlegungen also folgendermaßen dar:
1. Ausgangspunkt sind die *drei Komponenten* eines Einstellungsobjektes.

2. Diese Komponenten dienen in einem Prozeß der Konkretisierung und Differenzierung als Entscheidungsgrundlage für die Auswahl *zulässiger* Handlungen.

3. Diese Entscheidungsprozesse basieren auf einem *nicht-kompensatorischen* Modell, welches abhängig von der Zentralität des Einstellungsobjektes *disjunktiv* oder *konjunktiv* sein kann.

4. Nachdem die zulässigen Handlungen ausgewählt wurden, die bei einer größeren Anzahl nach Bedeutsamkeit und Vertrautheit geordnet sind und entsprechend geprüft werden, bis ausreichend viele zulässige Handlungen zur Verfügung stehen, wird ihre konkrete Ausführung durch die *Salienz der vier Funktionen* von Einstellungen gesteuert.

5. Neben diesen inneren, subjektiven Auswahlprozessen gibt es auch *externe Bedingungen*, die aus den zulässigen Handlungen diejenigen eliminieren, die nur bei Überwindung großer Barrieren durchzuführen sind.

An diesen theoretisch postulierten Einflüssen auf die Relation der drei Komponenten auf das konkrete Verhalten erkennt man, daß eine höhere Korrelation kaum zu erreichen ist, als sie von *Six* (in diesem Band) berichtet wird.

Aufgabe der Zukunft ist es, die hier angenommenen theoretischen Zusammenhänge empirisch zu prüfen, theoretisch zu präzisieren und weiter auszubauen. Dann erscheint mir in der Tat die Einstellungsforschung als wichtiges und "lebendiges" Gebiet der Sozialpsychologie.

4. Wie kann ein komplexes Einstellungsmodell aussehen?

Die Einstellungsforschung erweist sich als äußerst heterogen, was aber bereits daran liegt, daß unterschiedliche Aspekte herausgegriffen werden und diese, getrennt von anderen Aspekten, unter dem globalen Betriff "Einstellung" erforscht werden. Dabei gab und gibt es Auseinandersetzungen über die Struktur einer Einstellung, ob es ein, zwei oder drei Komponenten sind. Diese Fraqe ist nicht empirisch zu klären, sondern eine Definitionsfrage. Dabei können Definitionen nicht wahr oder falsch sein, sondern allein nützlich oder problematisch. Wie hier zu zeigen versucht wurde, erweist sich ein Ausgangspunkt mit drei Komponenten als sinnvoll. Er hat ein mittleres Abstraktionsniveau, kann einerseits für die Festlegung einer summarischen Bewertung und andererseits für die Vorhersage des Verhaltens herangezogen werden. Dabei sind diese beiden Prozesse durch unterschiedliche Modelle zu erfassen, nämlich dem Abstraktions- und Integrationsprozeß in Form eines kompensatorischen Modells einer Urteilsbildung und dem Konkretisierungs- und Differenzierungsprozeß in Form eines nicht-kompensatorischen Modells einer Entscheidungsfindung.

Weitere Einflüsse nehmen die vier angenommenen Funktionen von Einstellungen, die jetzt konkret in die Vorhersage des Verhaltens als Filterprozesse eingebunden werden. Sie gewinnen damit eine zentrale Bedeutung, die sie aus ihrer Randständigkeit herauslöst. Schließlich gibt es auch externe Bedingungen, die Einfluß auf das Verhalten nehmen, indem sie Barrieren bei der Ausführung von zulässigen Handlungen setzen.

Damit ist das, was man Einstellung nennen kann, die Gesamtheit der in Abbildung 1 skizzierten Abläufe. Untersucht man konkrete Teile daraus, so sollte man diese präzisieren, z.B. die Untersuchung der Integration von Einstellungskomponenten, der summarischen Bewertung etc.

Das hier vorgeschlagene theoretische Modell der Einstellung kann man als *spezifiziertes Drei-Komponenten-Modell (SDK-Modell)* bezeichnen. Es kann als Rahmenkonzept für die integrierte Einstellungsforschung in der Zukunft dienen. Teilweise ist es auch als Ordnungsgesichtspunkt für empirische Studien zu verwenden. Entstanden ist es aber nicht in der Weise, daß empirische Studien geordnet werden sollten, wie beim ELM- oder MODE-Modell. Hier ging es darum, aus begrifflich-analytischer Position heraus ein Rahmenkonzept der Einstellung zu entwerfen, das für die zukünftige Forschung nützlich sein kann und auch eine Antwort zu geben versucht, weshalb die Verbindung zwischen summarischer Bewertung und konkretem Verhalten letztlich kaum größer werden kann, als die bisher vorgelegten Ergebnisse es belegen (siehe *Six* in diesem Band), weil die gewählten Vorgehensweisen bei der Erhebung und Korrelation modifiziert werden müssen. Die Richtungen dieser Modifikationen sind durch das SDK-Modell angedeutet worden.

Anmerkungen

1 Für viele wichtige Hinweise auf Unzulänglichkeiten bei einer ersten Version dieses Artikels möchte ich mich bei Dr. J. *Doll* und Dr. W. *Nowack* sehr herzlich bedanken.

2 Man erkennt schon bei diesen Formulierungen, daß die drei Aspekte (kognitiv, affektiv und konativ) nicht völlig zu trennen sind. Man kann nur jeweils das Gewicht auf einen dieser Aspekte legen.

3 Die hier naheliegende Methode der multiplen Regression ist nicht unproblematisch, weil die ß-Koeffizienten nur den Anteil an einem Prädiktor (Komponente) erfassen, der unabhängig von den anderen Prädiktoren ist. Diese Unabhängigkeit ist jedoch letztlich nur methodisch-technischer Art und hat keine psychologisch-inhaltliche Entsprechung. Deshalb sollte man die Einzelkorrelationen mit dem Kriterium, d.h. die Korrelationen jeder einzelnen der drei Komponenten mit der summarischen Bewertung als Gewichtsparameter verwenden. Ferner ist zu berücksichtigen, daß es nicht um eine optimale Vorhersage mit möglichst geringer Zahl von Prädiktoren

geht, sondern um die inhaltliche Beziehung einer globalen Bewertung mit Aspekten der Kognition, des Affektes und des Verhaltens. Alle drei Gesichtspunkte tragen mehr oder weniger zur Bewertung bei, aber es interessiert nicht etwa der durch die Methode auspartialisierte Anteil, der letztlich inhaltlich unbekannt ist und nur rechentechnisch eliminiert wurde.

4   Die Unterscheidung zwischen konjunktiver und disjunktiver Regel mag deshalb hier zu gewissen Problemen führen, weil wir von einer Elimination ausgehen. Prinzipiell kann man aber auch von einer positiven Auswahl bzw. Beibehaltung von Handlungen ausgehen. Das stimmt besser mit Ergebnissen z.B. aus der Prototypenforschung überein, nach denen vor allem positive Merkmale betrachtet werden (*Snyder & White* 1981).

Literatur

Abelson, R.P., A. Levi (1985): Decision making and decison theory. In: G. Lindzey, E. Aronson (Eds.): Handbook of Social Psychology. New York.

Ajzen, I. (1989): Attitude structure and behavior. In: A.R. Pratkanis et al. (Eds.): Attitude structure and function. Hillsdale.

Allport, F.H. (1924): Social psychology. Boston.

Anderson, N.H. (1981): Foundations of information integration theory. New York.

Anderson, N.H. (1982): Methods of information integration theory. New York.

Bem, D.J. (1972): Self-perception theory. In: L. Berkowitz (Ed.): Advances in Experimental Social Psychology. Vol. 6. New York.

Breckler, S.J. (1984): Empirical validation of affect, behavior, and cognition as distinct components of attitude. Journal of Personality and Social Psychology 47, 1191-1205.

Darwin, C. (1872): The expression of the emotion in man and animals. New York.

Doll, J. et al. (1991): Optimale Skalierung und Urteilsbildung in unterschiedlichen Einstellungsbereichen: Eine Reanalyse. Zeitschrift für Sozialpsychologie 22, 102-111.

Fazio, R.H. (1990): Multiple processes by which attitudes guide behavior: The MODE model as an integration framework. In: M.P. Zanna (Ed.): Advances in Experimental Social Psychology 23, 75-109.

Fisbein, M., I. Ajzen (1975): Belief, attitude, intention and behavior. Reading.

Fisher, R.J. (1990): The social psychology of intergroup and international conflict resolution. New York.

Groeben, N. et. al. (1988): Forschungsprogramm "Subjektive Theorien". Tübingen.

Jaspers, J., C. Fraser (1984): Attitudes and social representations. In: R.M. Farr & S. Moscovici (Eds.): Social Representation. London.

Markus, H., R.B. Zajonc (1985): The cognitive perspective in Social Psychology. In: G. Lindzey, E. Aronson (Eds.): Handbook of Social Psychology. New York.

McGuire, W.J. (1985): Attitudes and attitude change. In: G. Lindzey, E. Aronson (Eds.): Handbook of Social Psychology. Vol. II. New York.

McGuire, W.J. (1986): The vicissitudes of attitudes and similar representational constructs in twentieth century psychology. European Journal of Social Psychology 16, 85-130.

McGuire, W.J. (1989): The structure of individual attitudes and attitude systems. In: A.R. Pratkanis et. al. (Eds.): Attitude structure and function. Hillsdale.

Petty, E.R., J.T. Cacioppo (1986): The elaboration likelihood model of persuasion. In: L. Berkowitz (Ed.): Advances in Experimental Social Psychology. Vol. 19. New York.

Pratkanis, A.R. et. al. (1989): Attitude structure and function. Hillsdale.

Synder, M., K.G. DeBono (1989): Understanding the function of attidudes: Lessons from personality and social behavior. In: A.R. Pratkanis et al. (Eds.): Attitude structure and function. Hillsdale.

Thomas, W.I., F. Znaniecki (1918): The polish peasant in Europe and America. New York (2nd. ed. 1927).

Thompson, J.B. (1990): Ideology and modern culture. Stanford.

Thurstone, L.L. (1931): The measurement of social attitudes. Journal of Abnormal and Social Psychology 26, 249-269.

Weigel, R.H., L.S. Newman (1976): Increasing attitude-behavior correspondence by broadening the scope of the behavioral measure. Journal of Personality and Social Psychology 33, 793-802.

Wicker, A.W. (1969): Attitudes versus actions: The relationship of verbal and overt behavioral responses to attitude objects. Journal of Social Issues 25, 41-78.

Wilson, T.D. et al (1989): Introspection, attitude change, and attitude-behavior consistency: The disruptive effects of explaining why we feel the way we do. In: L. Berkowitz (Ed.): Advances in Experimental Social Psychology 22, 287-343.

Witte, E.H. (1989): Sozialpsychologie. Ein Lehrbuch. München.

Witte, E.H., H. Nisius (1990): Technologietransfer I: Die Einstellungen von Professoren naturwissenschaftlich-technischer Fachbereiche zum Technologietransfer und zum Technologietransfer-Beauftragten. Zeitschrift für Arbeits- und Organisationspsychologie 34, 66-73.

Witte, E.H., C.P. Malchow & H. Nisius (1990): Technologietransfer II: Die Einstellungen leitender Mitarbeiter von Klein- und Mittelbetrieben und ihr Vergleich mit den Einstellungen von Professoren. Zeitschrift für Arbeits- und Organisations- psychologie 34, 116-124.

Zanna, M.P., J.K. Rempel (1988): Attitudes: a new look at an old concept. In: D. Bar-Tal, A.W. Kruglanski (Eds.): The social psychology of knowledge. Cambridge.

THEORETISCHE ÜBERLEGUNGEN ZUR BEDEUTUNG UNTERSCHIEDLICHER EINSTELLUNGSGRUNDLAGEN: KOGNITIV-, AFFEKTIV-KONSTRUKTIV- UND AFFEKTIV-ERLEBNISBASIERTE EINSTELLUNGEN*

Jörg Doll

Zusammenfassung: Es wird die Verkürzung und Vernachlässigung von Ergebnissen der Emotionsforschung in der Einstellungsforschung am Beispiel der Drei-Komponenten-Konzeption und von *Rosenbergs* Zwei-Komponenten-Modell der affektiv-kognitiven Konsistenz (1956) diskutiert. Dann wird das sozial-kognitive Einstellungsstrukturmodell von *Pratkanis & Greenwald* (1989) als zur Zeit differenziertestes Einstellungsmodell dargestellt, das jedoch auch primär ein kognitives Modell ist und damit die emotionale Basiertheit von Einstellungen weitgehend vernachlässigt. Das sozial-kognitive Einstellungsmodell nimmt an, daß eine Einstellung im Gedächtnis repräsentiert ist (a) als Bezeichnung für das Einstellungsobjekt und Regeln, um die Bezeichnung anzuwenden, (b) als zusammenfassende Evaluation des Objekts und (c) als Wissensstruktur über das Objekt. Die so kognitiv repräsentierte Einstellung hat für eine Person die Funktion der adaptiven Informationsverarbeitung und Handlungsregulation in der sozialen Umwelt und die selbstwert-dienliche Funktion der Darstellung und Stabilisierung des Selbstkonzepts. Im folgenden Schritt werden Teile der sozial-konstruktiven Emotionstheorie *Averills* (1980, 1989, 1990) und der Selbstkonzepttheorie *Epsteins* (1990) herangezogen, um die Unterscheidung kognitiv- und affektiv-basierter Einstellungen theoretisch auszuarbeiten. Dies führt schließlich zur Unterscheidung von vier Einstellungsarten: einer primär kognitiv-basierten Einstellung, zweier primär affektiv-basierter Einstellungen, nämlich einer affektiv-konstruktivbasierten und einer affektiv-erlebnisbasierten Einstellung, und einer "doppelt" affektiv- und kognitiv-basierten Einstellung. Diese klassifikatorische Einteilung wird dann auf ausgewählte Ergebnisse zur Messung und Strukturanalyse von Einstellungen, zur Einstellungs-Verhaltens-Konsistenz und zur Einstellungsänderung angewendet.

1. Einleitung

Einstellungstheorien betonen zwar traditionell den affektiven Charakter von Einstellungen. Dies wird in den vielen Einstellungsdefinitionen deutlich, die sich auf Affekte, Emotionen oder Gefühle beziehen (z.B. *Fishbein & Ajzen* 1975; *Insko & Schopler* 1967; *Irle* 1975; *Petty & Cacioppo* 1981; *Rosenberg* 1956; *Stahlberg & Frey* 1990; *Witte* 1989). Trotz dieser zentralen Bedeutung von Affekten und emotionalen Prozessen für die Definition von Einstellungen berücksichtigen

---

* Ich danke Erich Witte für seine wertvollen Hinweise zu einer ersten Fassung dieses Manuskripts.

Einstellungstheorien emotionale Prozesse auf eine verkürzende Weise, indem sie sie in der Regel mit einem evaluativen Urteil gleichsetzen (*Simon* 1982). Dies hängt mit der nur unzureichenden Rezeption der Literatur zur Emotionsforschung durch die Einstellungsforschung zusammen und umgekehrt (*Breckler & Wiggins* 1989a). Diese gegenseitige Ignorierung ist auch aus der Perspektive der Emotionsforschung unverständlich, die Emotionen definiert als bewertende Reaktionen gegenüber Ereignissen, Akteuren oder Objekten mit besonderer Berücksichtigung der Situationsinterpretation, durch die emotionale Prozesse ausgelöst werden (z.B. *Frijda* 1988; *Ortony, Clore & Collins* 1988; *Ulich* 1989).

Die vorliegenden Überlegungen sollen dazu beitragen, diese gegenseitige Ignorierung abzubauen und Ergebnisse der Emotionsforschung für die Einstellungsforschung nutzbar zu machen.

2. Einstellungskomponenten oder Einstellungen als evaluative Kategorisierungen: ein Überblick

2.1. Die Drei-Komponenten-Konzeption

Die Drei-Komponenten-Konzeption ist die am häufigsten zitierte Einstellungsdefinition, die ihren historischen Ursprung in der Unterscheidung des Denkens, Fühlens und Wollens in der Philosophie hat. Als Beispiele seien die Definitionen von *Rosenberg & Hovland* (1960) und von *Krech, Crutchfield & Ballachey* (1962) genannt:

"We here indicate that attitudes are predispositions to respond to some class of stimuli with certain classes of responses and designate the three major types of response as cognitive, affective, and behavioral" (*Rosenberg & Hovland* 1960, 3)

"... attitudes (are) enduring systems of positive or negative evaluations, emotional feelings, and pro or con action tendencies with respect to social objects" (*Krech, Crutchfield & Ballachey* 1962, 139).

Obwohl diese Drei-Komponenten-Konzeption in der Vergangenheit kaum kritisiert worden ist, hat sie nicht zur Formulierung einer Einstellungstheorie geführt. Beispielsweise ist theoretisch nie spezifiziert worden, in welcher strukturellen Beziehung die Komponenten zueinander oder zu anderen Variablen stehen (*Tesser & Shaffer* 1990; *Zanna & Rempel* 1988). Dementsprechend sind die wenigen empirischen Studien zur Drei-Komponenten-Konzeption Validierungsstudien (z.B. *Breckler* 1984; *Kothandapani* 1971; *Ostrom* 1969), und die

Theorienbildung hat zu *Ein-Komponentenmodellen* wie dem kognitiven von *Fishbein* (1963) und dem affektiven von *Zajonc* (1980) und zu *Zwei-Komponentenmodellen* wie dem von *Rosenberg* (1956) geführt.

Problematisch ist die Drei-Komponenten-Konzeption aus mehreren Gründen: (1) Überlegungen zu unterschiedlichen Typen von Einstellungsobjekten machen deutlich, daß es nicht sinnvoll ist, für die Einstellung zu jedem sozialen Objekt alle drei Komponenten für relevant zu halten. Beispielsweise dürfte eine Einstellung gegenüber einem abstrakten Objekt wie dem "deutschen Einigungsvertrag" keine konative Komponente enthalten (die direkt auf das Objekt gerichtet ist). (2) Die konative Komponente stiftet theoretische Verwirrung (vgl. *Greenwald* 1989), da aufgrund der gewählten Operationalisierung nicht zwischen der konativen Komponente und dem durch diese Komponente gesteuerten Verhalten unterschieden werden kann. (3) Das zuletzt formulierte Argument führt dann zwangsläufig zur Kritik an der generellen Konsistenzannahme für die drei Komponenten vor dem Hintergrund der empirisch häufig gefundenen Inkonsistenz von Einstellung und Verhalten (*Zanna & Rempel* 1988). (4) Die Drei-Komponenten-Konzeption verengt schließlich die Perspektive auf die Analyse der drei Komponenten der Einstellung gegenüber einem Einstellungs- objekt und ignoriert die Bedeutung, die Einstellung für die Wahrnehmung und das Verhalten gegenüber anderen Objekten haben kann (*Greenwald* 1989).

Die Drei-Komponenten-Konzeption sollte also als unproduktiv aufgegeben werden und durch eine in eine Einstellungstheorie eingebettete Konzeption ersetzt werden, wie sie nachfolgend zum Beispiel im Rahmen des sozial-kognitiven Einstellungsmodells von *Pratkanis & Greenwald* vorgestellt werden wird (siehe auch *Witte*, der Argumente für die Drei-Komponenten-Konzeption nennt; in diesem Band).

2.2. Rosenbergs Modell der affektiv-kognitiven Konsistenz

Das Konzept der *affektiv-kognitiven Konsistenz* geht auf *Rosenberg*s (1956, 1960) Einstellungsstrukturtheorie zurück, nach der eine Einstellung aus einer affektiven und einer kognitiven Komponente besteht. Danach ist eine "gut artikulierte" (well-articulated) Einstellung bei hoher affektiv-kognitiver Konsistenz gegeben, eine "schlecht artikulierte" (poor-articulated) bei geringer affektiv-kognitiver Konsistenz. Das Konzept der affektiv-kognitiven Konsistenz ist nicht bereichsunabhängig für die Gesamtheit der Einstellungen einer Person definiert, sondern spezifisch für den jeweiligen Einstellungsbereich.

Mehrere Studien haben gezeigt, daß die affektiv-kognitive Konsistenz ein geeignetes Konzept ist, um eine "starke" Einstellung zu identifizieren. Das Konzept der *Einstellungsstärke (Fazio & Zanna* 1981; *Krosnick* et al. 1991; *Raden* 1985) soll alle jene Einstellungsqualitäten zusammenfassen, die eine Einstellung bezeichnen, die einen starken Einfluß auf das adaptive Urteilen und Handeln einer Person in der sozialen Umwelt ausüben. In diesem Sinne ließ sich zeigen, daß hohe affektiv-kognitive Konsistenz assoziiert ist mit Einstellungsstabilität (*Rosenberg* 1968), Einstellungs-Verhaltens-Konsistenz (*Norman* 1975), Widerstand gegenüber Persuasionsversuchen (*Rosenberg* 1968) und gegenüber Konformitätsdruck (*Norman* 1975). *Chaiken & Baldwin* (1981) konnten zeigen, daß einstellungsrelevante Hinweisreize Einstellungen mit hoher Konsistenz weniger änderten als solche mit geringer Konsistenz, und *Chaiken & Yates* (1985) erhielten den erwarteten stärkeren Polarisierungseffekt nach Verfassen eines einstellungsrelevanten Aufsatzes für Personen mit hoher affektiv-kognitiver Konsistenz.

Trotz dieser Belege für das Erklärungspotential des Konzepts der affektiv-kognitiven Konsistenz lassen sich *methodische* und *konzeptuelle* Probleme des Konzepts nachweisen. Auf methodischer Ebene fehlt ein einheitlicher Index der affektiv-kognitiven Konsistenz. In den meisten Arbeiten wird folgender, von *Rosenberg* (1956) formulierter Index berechnet:

$$K_{1p} = |RANG(AFF_p) - RANG(KOG_p)| \qquad (1)$$

K_{1p} - Konsistenzindex 1 der Person p
AFF_p - Ausprägung der Person p in der affektiven Variablen
KOG_p - Ausprägung der Person p in der kognitiven Variablen
$RANG$ - Rangbildungsfunktion (über eine Stichprobe)

Die Ausprägungen der Personen einer Stichprobe in der affektiven und der kognitiven Variablen werden unabhängig voneinander gerangreiht, und dann wird die absolute Differenz zwischen den beiden Rängen einer Person gebildet. Ein zweiter Index wird von *Wilson* et al. (1989) verwendet:

$$K_2 = \sum_{i=1}^{p} |z(AFF_p) - z(KOG_p)| \qquad (2)$$

K_2 - Konsistenzindex der Stichprobe
z - z-Funktion (über die Stichprobe)
(Die übrigen Variablen haben die gleiche Bedeutung wie oben.)

Die Variablen werden hier interindividuell z-transformiert und dann die absoluten Differenzen berechnet und über die Stichprobe summiert, da *Wilson* et al. (1989) nur an einem Gruppenindex interessiert sind.

Der einzige ausschließlich intraindividuell über mehrere Einstellungsobjekte berechnete Index wird von *Millar & Tesser* (1989) verwendet:

$$K_{3p} \quad = \text{RANGKOR(AFF,KOG)} \qquad\qquad (3)$$

RANGKOR - Rangkorrelation (berechnet über Einstellungsobjekte pro Person)

Zum anderen wird das Konzept der affektiv-kognitiven Konsistenz, das die Einstellungsstruktur einer Person charakterisieren soll, mit Ausnahme von *Millar & Tesser* (1989) immer interindividuell operationalisiert. Diese Vermischung von intraindividueller Konzeption und interindividueller Operationalisierung legt eine Fehlinterpretation des Indizes in den Gleichungen 1 und 2 nahe. Um dies zu verdeutlichen, soll der *Cattell*sche (1966) Ansatz der Zerlegung einer Datenmatrix verwendet werden. Es liegt demnach eine Datenmatrix mit den drei Dimensionen Einstellungsobjekte, Personen und Komponenten der Einstellungsstruktur vor. Die Gleichungen 1 und 2 präsentieren damit einen Index, der für ein Einstellungsobjekt und zwei Komponenten Konsistenz zwischen Personen erfaßt. D.h., der Konsistenzindex jeder Person hängt ab vom konsistenten Urteilsverhalten der anderen Personen in der Stichprobe.

Gleichung 3 präsentiert dagegen einen Index, der im Sinne der Datenmatrix für eine Person und zwei Komponenten Konsistenz zwischen unterschiedlichen Einstellungsobjekten erfaßt. Damit liegt ein Index individueller Konsistenz vor.

Neben diesen methodischen Problemen besteht das konzeptuelle Problem in der stark verkürzten, ja verfälschenden Erfassung emotionaler Reaktionen in der affektiven Komponente des Konzepts der affektiv-kognitiven Konsistenz. Die affektive Komponente wird, wiederum mit Ausnahme von *Millar & Tesser* (1986, 1989), die sie als Emotion konzeptualisieren und durch die freie Nennung von emotionalen Reaktionen erheben, durch ein globales evaluatives Rating (*Rosenberg* 1956) oder durch die evaluative Skala des Semantischen Differentials (*Wilson* et al. 1989) operationalisiert. Die kognitive Komponente wird in den meisten Arbeiten (für eine Übersicht vgl. *Doll* 1987) durch ein Produktsummenmodell aus Überzeugungsstärken (bei *Rosenberg* als Instrumentalitäten bezeichnet) und Überzeugungsbewertungen (bei *Rosenberg* sind es basale Werte) operationalisiert.

Diese Operationalisierungen machen deutlich, daß nicht die affektiv-kognitive Konsistenz, sondern die Konsistenz zwischen einer globalen Evaluation und einer auf Werten basierenden Variablen untersucht wurde. Neu analysiert, vor dem Hintergrund des nachfolgend skizzierten sozial-kognitiven Modells von *Pratkanis & Greenwald* (1989), mißt *Rosenberg*s globale evaluative Variable die zusammenfassende Evaluation und die wert-basierte Variable eine Eigenschaft der Wissensstruktur. Die Inkonsistenz dieser beiden Variablen kann damit unterschiedliche Gründe haben, von denen die von *Rosenberg* unterstellte stärkere emotionale Basis der globalen Evaluation nur einer ist. Ein anderer Grund besteht (a) in dem unterschiedlichen Spezifitätsniveau der globalen und der überzeugungsbasierten Evaluation. Eine differenzierte Einstellungsstruktur kann unter bestimmten Bedingungen durch die überzeugungsbasierte Evaluation zutreffender abgebildet werden als durch die globale (vgl. *Schlegel & DiTecco* 1982, für das Beispiel der Einstellung zum Marihuanarauchen). (b) Außerdem sollte Inkonsistenz dann auftreten, wenn eine "Pseudo-Einstellung" (*Rosenberg* 1960) erhoben wird. Eine Pseudo-Einstellung liegt vor, wenn eine Person vor der Befragung keine stabile Einstellung gegenüber dem Einstellungsobjekt formiert hat und deshalb bei der Befragung inkonsistent antwortet. (c) Enthält die überzeugungsbasierte Evaluation insaliente Überzeugungen bzw. Werte (vgl. *Fishbein & Ajzen* 1975, zum Salienzkonzept), so ist dies ein zentraler Grund für Inkonsistenz. (d) Außerdem kann Inkonsistenz darin begründet sein, daß die beiden Komponenten im Rahmen des sozial-kognitiven Strukturmodells unterschiedliche Funktionen erfüllen. Die zusammenfassende Evaluation ist mit der heuristischen Funktion verbunden, der Bereich der Wissensstruktur, den *Rosenberg* erfaßt, mit der wert-expressiven Funktion.

Zusammenfassend sei festgehalten, daß die Forschung zur affektiv-kognitiven Konsistenz eher zu einem Index der *evaluativen Integriertheit* als der affektiv-kognitiven Konsistenz geführt hat.

2.3. Das sozial-kognitive Modell der Struktur und Funktionen von Einstellungen von Pratkanis & Greenwald

Pratkanis & Greenwald (1989) unternehmen den Versuch, in ihrem sozial-kognitiven Modell den gegenwärtigen Stand der Einstellungsforschung (*Pratkanis, Breckler & Greenwald* 1989; *Tesser & Shaffer* 1990) theoriegeleitet zusammenzufassen. Dabei wollen sie durch ihr Modell vor allem zwei zentrale Probleme der traditionellen Einstellungsforschung überwinden: den ungenügenden theoretischen Gehalt der Drei-Komponenten-Konzeption von Einstellungen und die Einseitigkeit des Konsistenzprinzips als dem zentralen Funktionsprinzip von Einstellungen.

In Anlehnung an Modelle der Eindrucksbildung aus der sozialen Kognitions-forschung (*Wyer & Srull* 1984) ist im sozial-kognitiven Einstellungsmodell eine Einstellung im Gedächtnis repräsentiert
(1) durch eine Bezeichnung des Einstellungsobjekts und Regeln, diese Be-zeichnung anzuwenden,
(2) durch eine zusammenfassende Evaluation des Einstellungsobjekts, und
(3) durch eine Wissensstruktur, die die Evaluation des Einstellungsobjekts un-terstützt.

Eine auf diese Weise kognitiv repräsentierte Einstellung hat die allgemeine Funktion, eine Person in Beziehung zu ihrer sozialen Umwelt zu setzen. Dabei ist zum einen mit der zusammenfassenden Evaluation eine einfache Strategie der Bewertung von Einstellungsobjekten verbunden (*heuristische Funktion*), und zum anderen sind mit der Wissensstruktur komplexere Strategien der Organi-sation von Gedächtnisinhalten, der Selektion und Speicherung neuer Infor-mationen und der Handlungsregulation verbunden (*schematische Funktion*). Als dritte Einstellungsfunktion wird schließlich die Funktion des Ausdrucks und Erhalts des Selbstkonzepts eingeführt (*selbstwert-dienliche Funktion*). Vor allem diese selbstwert-dienliche Funktion von Einstellungen ermöglicht ein gewisses Maß an Toleranz gegenüber widersprüchlichen Inhalten, das als Zeichen von Intelligenz und als die Komplexität der Realität abbildend gelten kann (vgl. auch *Higgins & Bargh* 1987, die vom Menschen als "creature of compromise" aus-gehen, und *Mielke* 1990).

Mit diesen drei repräsentationalen Bestandteilen (Objektbezeichnung, Eva-luation, Wissensstruktur) und drei Funktionen (heuristisch, schematisch, selbst-wert-dienlich) einer Einstellung sind die theoretischen Elemente des sozial-kognitiven Einstellungsmodells beschrieben. Das weitere Vorgehen von *Prat-kanis & Greenwald* (1989) besteht darin, ausgewählte Ergebnisse der Einstel-lungsforschung vor dem Hintergrund ihrer drei Einstellungsfunktionen zu syste-matisieren und modellimmanent zu erklären. Dabei wird m.E. in den gewählten Beispielen die Unterscheidung zwischen der heuristischen und der schemati-schen Funktion teilweise unscharf. Die definitorische Unterscheidung beider Funktionen durch die Autoren ist jedoch eindeutig: Die heuristische Funktion bezeichnet die Anwendung einer einfachen generellen Regel zur einstellungs-gesteuerten Strukturierung von Informationsverarbeitungsprozessen. Die sche-matische Funktion ist dagegen in ihrer Wirkungsweise spezifischer und komple-xer. Ein Schema setzt sich zusammen aus Inhalten über einen Einstellungs-gegenstand (deklaratives Wissen) und Prozeduren zur Verwendung dieser Inhal-te beim Erwerb neuen Wissens und bei der Handlungsregulation (prozedurales Wissen).

Forschungsergebnisse, die *Pratkanis & Greenwald* mit der *heuristischen* Einstellungsfunktion erklären, sind u.a.: einstellungsgesteuerte Attributionsfehler
(die Tendenz, einer geschätzten Person fälschlicherweise eine mit der eigenen
Einstellung konsistente Einstellung zuzuschreiben), Halo-Effekte, logische Fehl-
schlüsse bei der Beurteilung der Korrektheit von Syllogismen, fälschliche Über-
schätzungen des Konsenses der eigenen Einstellungsposition mit den Einstellungen anderer und Wunschdenken (das Eintreten eines erwünschten Ereignis-
ses wird für wahrscheinlicher gehalten als das eines unerwünschten).

Zur *schematischen* Funktion wird angenommen, daß ein Schema die Enko-
dierung und das Retrieval einstellungsrelevanter Informationen beeinflussen
kann. Es konnten dementsprechend einstellungsselektive Lerneffekte nachgewiesen werden, allerdings ist der Forschungsstand hierzu widersprüchlich. Als
Versuch, diese Widersprüchlichkeit teilweise zu überwinden, führen *Pratkanis &
Greenwald* die zwei Schemaarten *bipolarer und unipolarer Wissensstrukturen* ein.
US-amerikanische Beispiele für Einstellungsobjekte mit bipolaren Wissensstrukturen sind Kernenergie, Abtreibung und Todesstrafe und für Einstellungsobjekte mit unipolaren Wissensstrukturen Sport und Musik. Bipolare Schemata
zeichnen sich dadurch aus, daß im Gedächtnis Überzeugungen, Argumente und
Erwartungen gespeichert sind, die die eigene Position unterstützen, aber auch
Überzeugungen und Argumente für die Gegenposition (die wiederum eventuell
zusammen mit entkräftenden Gegenargumenten gespeichert sind). Im Unterschied hierzu bestehen unipolare Schemata ausschließlich aus Überzeugungen
und Erwartungen, die die eigene Einstellungsposition unterstützen. Die Formierung der beiden Schemaarten soll dabei vor allem davon abhängen, inwieweit
Interessengruppen existieren, die für beide (oder eventuell mehr als zwei) Ein-
stellungspositionen oder nur eine der beiden Positionen eintreten. Erwartungsgemäß lassen sich empirisch einstellungsselektive Lerneffekte (d.h., einstel-
lungskonsistente Informationen werden besser behalten als inkonsistente) nur
für unipolare Schemata zeigen, für bipolare Schemata dagegen werden von Personen mit ausgeprägten Einstellungen Überzeugungen auf beiden Einstellungs-
polen gleich gut behalten.

Zum zweiten unterscheiden *Pratkanis & Greenwald* Wissensstrukturen nach dem
Umfang, in dem technisches und handlungsorientiertes Wissen über das Einstellungsobjekt repräsentiert ist. Nimmt man zusätzlich an, dieses Wissen sei in
der Form von Scripten (*Abelson* 1976, 1982) organisiert, dann lassen sich script-
haltige von script-losen Wissensstrukturen unterscheiden.

Zur Verbindung der dritten *selbstwert-dienlichen* Funktion von Einstellungen mit
den beiden anderen Funktionen machen die Autoren keine präzisen Annahmen. Aus ihren Beispielen läßt sich jedoch erschließen, daß die selbstwert-dien-

liche Funktion sowohl die schematische Funktion moderiert als auch die Informationsaufnahme und das Verhalten direkt beeinflußt. Zur weiteren Differenzierung werden eine private, eine öffentliche und eine kollektive Selbstfacette unterschieden. Diese Facetten sind ihrerseits mit einer wert-expressiven, einer sozial-adaptiven respektive einer Identifikation ermöglichenden Funktion verbunden. *Pratkanis & Greenwald* übernehmen hier die traditionellen Funktionsunterteilungen von *Smith, Bruner & White* (1956) und *Katz* (1960).

Zum einen beeinflussen diese selbstwert-dienlichen Funktionen, welche Inhalte in den Wissensstrukturen gespeichert werden. Die Wissensstruktur einer wert-expressiven Einstellung enthält Verknüpfungen mit anderen Einstellungen, Werten und dem Selbstkonzept, die einer sozial-adaptiven Einstellung Informationen über Einstellungen anderer Personen und die einer Identifikation stiftenden Einstellung Informationen über die Meinungen und Einstellungen wichtiger Referenzgruppen. Außerdem kann die selbstwert-dienliche Funktion einer Einstellung kognitive Inkonsistenzen erklären, wenn diese zur Erhöhung des Selbstwerts beitragen, und schließlich dürften selbstwert-dienliche Einstellungen mit einer größeren Überzeugtheit vertreten werden (z.B. *Abelson* 1988), d.h., daß sie sehr wichtig sind für die Regulation des Verhaltens einer Person in der sozialen Umwelt.

3. Ausgewählte Ergebnisse der Emotionspsychologie

3.1. Die sozial-konstruktive Emotionstheorie von Averill

Im folgenden werden zentrale Annahmen der sozial-konstruktiven Emotionstheorie von Jim *Averill* (1980, 1982, 1989, 1990) im Überblick dargestellt (für eine ähnliche soziologische Perspektive vgl. auch *Gerhards* 1988). *Averill* (1990) unterscheidet in seiner Emotionstheorie emotionale Syndrome, Zustände und Reaktionen. Diese drei Konzepte betrachtet er als hierarchisch organisiert. Auf der generellsten Ebene bezeichnet das emotionale Syndrom die Gesamtheit der Elemente, die zu einer Emotion (z.B. Furcht-Syndrom) gehören. Der konkrete emotionale Zustand (z.B. der Furcht) einer Person wird dann auf der nächst niederen Ebene als "episodische Disposition" betrachtet. Damit ist gemeint, daß eine Person, die sich in dem emotionalen Zustand der Furcht befindet, keine psychologischen oder physiologischen Furcht-Reaktionen zeigen muß, sondern daß sie die dispositionelle Bereitschaft hat, beim Vorliegen gegebener Umstände so zu reagieren, wie es dem Furcht-Syndrom entspricht. Eine Emotion unterscheidet sich als episodische Disposition von anderen Dispositionen durch ihren zeitlich befristeten Charakter. Auf der untersten Ebene erfolgt die emotionale Reaktion als aktuelle Manifestation der episodischen Disposition.

	Emotionales Schema	*Rationales Schema*
1.	Subjekt-Pol als Ursprung der Erfahrung repräsentiert	Objekt-Pol, worüber Erfahrung gewonnen wird, repräsentiert
2.	das Objekt hat sich dem Subjekt "anzupassen" (Wünsche)	das Subjekt hat sich dem Objekt "anzupassen" (Wissen)
3.	das Objekt wird definiert durch seine Beziehung zum Subjekt	das Objekt wird repräsentiert durch seine Beziehung zu anderen Objekten
4.	strukturiert Informationen von somatischen und Umweltveränderungen	strukturiert primär Informationen aus der Umwelt
5.	steuert Intensität und Stil des Verhaltens	steuert die Effizienz des Verhaltens zur Zielerreichung
6.	das Subjekt ist als passiv oder reaktiv und das Objekt als Grund des Verhaltens repräsentiert	das Subjekt ist als aktiv und das Objekt ist als Verhaltensziel repräsentiert
7.	verpflichtet eine Person zu zukünftigen Handlungen	enthält keine zukünftige Handlungsverpflichtung
8.	basiert auf moralischen und ästhetischen Normen	basiert auf Rationalitätsnormen
9.	trägt bei zur Entwicklung des Selbstkonzepts	trägt bei zum Verständnis der Welt

Tab. 1: Merkmale emotionaler und rationaler Schemata nach *Averill*

Averill (1989) beschreibt die Struktur einer episodischen Disposition durch ein *emotionales Schema*, das mit sozialen Regeln und Rollen verbunden ist, die das schema-bezogene Verhalten steuern. Dabei können sich Emotionen als episodische Dispositionen durch emotionale Reaktionen auf drei Ebenen manifestieren: auf senso-motorischer (aus Furcht zittern) und kognitiv-intentionaler Ebene (den Furcht vermittelnden Akteur meiden) und auf der Ebene des Selbstkonzepts (Furcht als generalisierte Disposition).

Für das hier verfolgte Ziel, verschiedene Einstellungsarten zu unterscheiden, sind vor allem die neun Merkmale *Averills* (1989) hilfreich, durch die er ein emotionales von einem rationalen Schema unterscheidet. Tabelle 1 zeigt die Definition eines emotionalen und eines rationalen Schemas durch diese neun Merkmale.

3.2. Zur kognitiv-erlebnisbasierten Selbstkonzepttheorie von Epstein

Epsteins (z.B. 1985, 1990) kognitiv-erlebnisbasierte Selbstkonzepttheorie (cognitive-experiential self-theory) enthält die allgemeine Annahme, daß Menschen Laientheorien über sich selbst, über die Welt und über sich in der Welt formieren, um auf diese Weise in einer als sinnhaft erlebten Welt zufrieden leben zu können.

Diese sinnhafte Strukturierung der Welt findet nach *Epstein* in zwei getrennten, aber miteinander verbundenen Systemen statt, die der Theorie ihren Namen geben und die als kognitiv-rationales (cognitive-rational system) und als erleb-

	Erlebnisbasiertes System	*Rationales System*
1.	holistisch	analytisch
2.	emotional (was ist angenehm)	logisch (was ist vernünftig)
3.	assoziative Verknüpfungen	Ursache-Wirkungs-Verknüpfungen
4.	Gültigkeit durch Selbstevidenz ("erleben ist glauben")	Gültigkeit durch Logik und Evidenz
5.	Kodierung der Umwelt in konkreten Bildern	Kodierung der Umwelt durch abstrakte Symbole
6.	Verhaltenssteuerung durch zurückliegende Erfahrung	Verhaltenssteuerung durch bewußte Situationsbewertungen
7.	passives Erleben (den eigenen Emotionen "ausgeliefert sein")	aktives Erleben (Kontrolle der eigenen Gedanken)
8.	Ziel ist unmittelbare Handlungsausführung (schnell)	Ziel ist verzögerte Handlungsausführung (langsamer)
9.	am Ergebnis orientiert	am Prozeß orientiert
10.	langsame Veränderung (Veränderung nach wiederholten oder intensiven Erfahrungen)	schnelle Veränderung in Abhängigkeit von den ablaufenden kognitiven Prozessen
11.	wenig differenziert	höher differenziert
12.	wenig integriert	höher integriert

Tab. 2: Merkmale des erlebnisbasierten und des rationalen Systems in der Selbstkonzepttheorie von *Epstein*

nisbasiertes System (experiential system) bezeichnet werden. Das erlebnisbasierte System ist dabei das System, dem die Entstehung von Emotionen und die Handlungsregulation durch Emotionen zugeordnet wird. Unter Rückgriff auf Ergebnisse der sozialen Kognitionsforschung über kognitive Prozesse bei emotional stark und wenig involvierenden Aufgaben und der Forschung zu kognitiven Heuristiken schlägt *Epstein* (1990) die in Tabelle 2 genannten Unterscheidungskriterien für beide Systeme vor.

Im folgenden werden die beiden letzten Unterscheidungskriterien der Tabelle 2 außer acht gelassen, da sie sich auf die Differenziertheit und Integriertheit beider Systeme insgesamt beziehen, und die verbleibenden 10 spezifischeren Merkmale mit den von *Averill* (vgl. Tab. 1) formulierten Kriterien zur Unterscheidung emotionaler und rationaler Schemata verglichen. Die Frage nach der Sinnhaftigkeit dieses Vergleichs zweier doch recht unterschiedlicher Ansätze ist dabei naheliegend. Trotzdem soll ein derartiger Vergleich unternommen werden, da beide Ansätze zumindest in ihrer allgemeinen Zielsetzung, der Abgrenzung eines emotionalen Schemas bzw. eines erlebnisbasierten Systems von einem rationalen Schema bzw. System übereinstimmen.

Es fällt auf, daß die Beschreibungen des rationalen Schemas und des rationalen Systems in vielen Punkten übereinstimmen. *Epstein*s erste vier Kriterien lassen sich als Erläuterungen der Rationalitätsnorm (Kriterium 8) *Averill*s auffassen; *Epstein*s Annahme über eine Kodierung durch abstrakte Symbole (Kriterium 5) hat eine Ähnlichkeit mit *Averill*s Repräsentation von Objekt-Objekt-Relationen (Kriterium 3); *Epstein*s Annahme zur Verhaltenssteuerung aufgrund von Situationsbewertungen (Kriterium 6) findet sich wieder in *Averill*s Effizienzkriterium (Kriterium 5), und schließlich betonen beide Ansätzen das aktive Subjekt (*Epstein*: Kriterium 7, *Averill*: Kriterium 6).

Ein Vergleich des emotionalen Schemas von *Averill* mit *Epstein*s erlebnisbasiertem System weist dagegen fast keine Übereinstimmungen (zum Teil sogar Gegensätze, vgl. *Epstein*s Kriterium 8 und *Averill*s Kriterium 7) auf, obwohl konstitutiver Bestandteil des erlebnisbasierten Systems seine emotionale Qualität ist. Offensichtlich vertreten *Averill* und *Epstein* zwei sehr unterschiedliche Emotionskonzeptionen. *Averill*s sozial-konstruktive Emotionskonzeption betont die soziale Entstehung und die sozial-regulative Bedeutung von Emotionen sowie ihre Steuerung durch moralische und ästhetische Normen, während *Epstein*s biologisch-evolutionäre Emotionskonzeption als funktionaler Ansatz das rasche zur Verfügung stellen von Verhaltensbereitschaften in (Problem-)Situationen betont.

In Anlehnung an diese beiden Emotionskonzeptionen sollen affektiv-konstruktiv-basierte und affektiv-erlebnisbasierte Einstellungen unterschieden werden.

3.3. Stimmung und Urteilsbildung

Unter Stimmung soll mit *Schwarz* (1987, 2) "die momentane, subjektiv erfahrene Befindlichkeit verstanden werden, die sich auf der Dimension Wohlsein-Unwohlsein beschreiben läßt ... Stimmungen in diesem Sinne sind atmosphärisch diffuse, ungegliederte Zustandserlebnisse ... von meist geringer Intensität".

Verschiedene Untersuchungen belegen, daß die Stimmung einer Person ihre Informationsaufnahme, Informationsintegration, Informationssuche und ihr Urteilsverhalten auf unterschiedliche Weise beeinflußt. Dabei können drei Erklärungen für diese Stimmungseinflüsse unterschieden werden, die *Schwarz* (1987) mit den Etiketten "*Stimmung als Information*", "*Stimmungseinflüsse auf die Verfügbarkeit von Informationen*" und "*direktive Stimmungseffekte*" voneinander abgrenzt.

"Stimmung als Information" bezeichnet die Annahme, daß die eigene Stimmung als interne Information zusammen mit externen Informationen über das zu beurteilende Objekt in die Urteilsbildung eingeht. Im Einklang mit dieser Annahme findet sich ein assimilativer Stimmungseinfluß auf die Urteilsbildung: Personen in positiver Stimmung bewerten beispielsweise ihre allgemeine Lebenszufriedenheit besser als Personen in negativer Stimmung (*Schwarz* 1987; *Schwarz & Clore* 1983), finden Produkte in Werbeanzeigen besser als schlecht gestimmte (*Srull* 1983) und gelangen zu positiveren Urteilen über fiktive Personen (*Forgas & Bower* 1987).

Mit "Stimmungseinflüssen auf die Verfügbarkeit von Informationen" haben sich vor allem *Bower* (1981) und *Isen* (1984) beschäftigt. Beide gehen übereinstimmend davon aus, daß gute oder schlechte Stimmung das Retrieval positiv respektive negativ getönten Materials im Gedächtnis begünstigt. *Bower*s Erklärungsansatz ist dabei der restriktivere, da er im Sinne des "state-dependent-learning" nur dann Stimmungseffekte erwartet, wenn das im Gedächtnis gespeicherte Material in derselben Stimmung enkodiert und reproduziert wird. *Isen* dagegen nimmt an, daß nur die Stimmung zum Zeitpunkt der Reproduktion relevant sei, die wie ein Kategorienname als Hinweisreiz für das im Gedächtnis gespeicherte positive bzw. negative Material wirke. Nach *Isen* ist es also "lediglich erforderlich, daß das Material denotativ oder konnotativ mit der Stimmung verbunden ist" (*Schwarz* 1987, 29).

Während die beiden bisher skizzierten Ansätze zur Erklärung von Stimmungseinflüssen auf die Informationsverarbeitung Stimmung entweder direkt als Information oder als Hinweisreiz zum stimmungskongruenten Informationsretrieval auffassen, impliziert die Annahme "direktiver Stimmungseffekte", daß Stimmungen, um es in der bildlichen Formulierung *Kuhl*s (1983) zu sagen, eine "Schaltfunktion" in der Informationsverarbeitung zukommt. Dabei unterscheidet *Kuhl* eine "intuitiv-holistische" Informationsverarbeitung in guter Stimmung von einer "sequentiell-analytischen" Verarbeitung in schlechter Stimmung. Die Unterscheidung dieser beiden Verarbeitungsmodi, die mit den von *Epstein* postulierten Verarbeitungsmodi übereinstimmen (vgl. Tab. 2), begründet *Kuhl* damit, daß negativ gestimmte Personen bemüht seien, nach einer Erklärung für ihre negative Stimmung zu suchen, um diese zu verändern. Für gut gestimmte Personen sei diese Erklärungsbedürftigkeit jedoch in viel geringerem Umfang gegeben, da eine gute Stimmung den erwünschten Normalzustand darstelle.

Faßt man die skizzierten Forschungsergebnisse zu Stimmungseinflüssen in ihrer Relevanz für die Formierung von Einstellungen zusammen, so können Stimmungen (1) als zusätzliche interne Informationen in das Einstellungsurteil integriert werden, (2) durch stimmungskongruentes Informationsretrieval das Einstellungsobjekt mit neuen im Gedächtnis gespeicherten Informationen verbinden und (3) unterschiedliche Informationsverarbeitungsmodi begünstigen.

Problematisch an der Forschung zu Stimmungseinflüssen ist allerdings folgende Prämisse, die *Bower & Cohen* (1982, 307) mit "social behavior is almost a blank canvas onto which perceivers project a picture according to their needs" metaphorisch umschreiben. Einstellungsurteile gegenüber sozialen Objekten als eine Form sozialen (Urteils-)Verhaltens werden m.E. durch die Metapher von der weißen Leinwand nicht korrekt beschrieben. Zutreffender ist m.E. die Metapher von einer Einstellung als einem strukturierten Bild, aus dem stimmungskongruent unterschiedliche Teile oder Farben hervorgehoben oder ignoriert werden können. Die Einschätzung der *Stärke* von Stimmungseffekten auf die Einstellungsformierung ist damit ungeklärt. Die bisherige Forschung zu Stimmungseffekten fand zwar Einflüsse auf das Urteilsverhalten von mittlerer Effektstärke, dies dürfte jedoch damit zusammenhängen, daß sehr wenig strukturiertes und vor allem emotional neutrales Stimulusmaterial verwendet wurde. Diese Ergebnisse lassen sich demnach nicht generalisieren auf ein per se stärker determiniertes Urteilsverhalten wie das evaluative Urteil über ein Einstellungsobjekt, sei es kognitiv- oder affektiv-basiert (für ein Beispiel unterschiedlicher Beeinflußbarkeit vgl. *Forgas & Moylan* 1987).

3.4. Resümee

Zusammenfassend soll eine Einstellung als eine Form im Gedächtnis gespeicherten sozialen Wissens definiert werden, das aus der Kategorisierung eines Einstellungsobjekts auf einer evaluativen Dimension besteht (*Pratkanis & Greenwald* 1989; *Zanna & Rempel* 1988). Um zu untersuchen, inwieweit derartige evaluative Kategorisierungen unterschiedliche Grundlagen haben können, wurden hierzu relevante Annahmen ausgewählter Einstellungs- und Emotionstheorien behandelt. Aufgrund dieser Überlegungen erscheint es sinnvoll, in Abhängigkeit von der Einstellungsbasis vier Einstellungsarten zu unterscheiden: kognitiv-basierte, affektiv-konstruktiv-basierte und affektiv-erlebnisbasierte Einstellungen und Einstellungen, die entweder sukzessive oder simultan affektiv- und kognitiv-basiert sind.

Faktoren, die die Basis einer Einstellung bestimmen, können vom all- gemeinsten Ansatz her in der *Situation*, in der *Person* oder im *Einstellungsobjekt* liegen. So kann beispielsweise der Zwang, eine Einstellung unter hohem Zeitdruck zu formieren, die Formation einer affektiv-erlebnisbasierten Einstellung begünstigen, oder eine situativ bedingte positive Stimmung kann die Verfügbarkeit bestimmter affektiver Informationen erhöhen. Außerdem können Persönlichkeitseigenschaften wie *Cacioppo & Pettys* "need for cognition" (1982) oder *Jungs* Unterscheidung eines "Denktypus" von einem "Fühltypus" (1921) erklären, warum für die Mehrzahl der Einstellungen einer Person der eine Einstellungsursprung dominiert.

In diesem Zusammenhang kann ebenfalls angenommen werden, daß die Einstellungen jüngerer Kinder primär affektiv-basiert sind, da sie noch nicht die entsprechenden kognitiven Strukturen formiert haben, die zur Formierung kognitiv-basierter Einstellungen nötig sind (für die entwicklungspsychologische Betrachtung der Relation von Emotion und Kognition vgl. *Izard* 1984).

Im folgenden soll versucht werden, trotz der angedeuteten situations- und personenspezifischen Einflüsse auf die Einstellungsbasis das taxonomische Potential der unterschiedlichen vier Einstellungsarten für *Einstellungsobjekte* zu belegen.

Affektiv-erlebnisbasierte Einstellungen sind Einstellungen, die über einen biologischen Ursprung verfügen und die sich weniger aus verbal repräsentierten Informationen über das Einstellungsobjekt, sondern vielmehr aus (multi-)sensorischen Eindrücken des Sehens, Hörens, Tastens, Schmeckens oder Riechens ableiten lassen. *Epstein* (1990), *Cohen* (1982) und *Baron* (1988) betonen in diesem Sinne die Bedeutung eines perzeptiv-erlebnisbasierten Erwerbs sozialen Wissens zusätzlich zu dem konstruktiv-schemabasierten Erwerb. In diese Einstellungsgruppe fallen Einstellungen zu Nahrungsmitteln, Getränken oder Genußmitteln, sexualitätsbezogene Einstellungen, Einstellungen aufgrund von Allergien (z.B. die negative Einstellung eines Pollenallergikers zu einer Sommerwiese) und im Kontext von Phobien; außerdem Einstellungen im Sinne eines ersten Eindrucks zum verbalen, mimischen und gestischen Verhalten einer anderen Person, aber auch Einstellungen zu multisensorisch präsentierten Ereignissen wie sie die Unterhaltungs- und Freizeitbranche vermittelt (z.b. Diskothekenbesuche, traditionelle Operninszenierungen, "Erlebnisbäder"; für weitere Beispiele aus dem Bereich des Konsumverhaltens vgl. auch *Holbrook & Hirschman* 1982).

Die zweite Gruppe primär *affektiv-konstruktiv-basierter* Einstellungen wird formiert im Kontext des jeweiligen emotionalen Syndroms. Dabei berücksichtigt *Averill* (1989) vorwiegend die emotionalen Syndrome der Liebe, des Ärgers, der Schuld, Trauer und der Furcht. Da sich die genannten Emotionen auf Personen, Gruppen, Minoritäten, Institutionen (z.b. Kirche, Parteien) und bestimmte (persönliche oder historische) Ereignisse beziehen, ist damit auch die Eingrenzung der möglichen Einstellungsobjekte gegeben. Allerdings ist alternativ anzunehmen, daß die genannten Einstellungen eher in die dritte Gruppe der *sowohl affektiv- als auch kognitiv-basierten* Einstellungen fallen. In diese Gruppe dürften vor allem Einstellungen zu kontroversen sozial-politischen Themen (z.B. Schwangerschaftsunterbrechung, Asylantengesetz), politischen Parteien, historischen Ereignissen (z.b. Holocaust, Golfkrieg, deutsche Vereinigung), Fernsehsendungen, Kunstobjekten (z.b. Bilder, Musikstücke, Theaterinszenierungen), Krankheiten (z.b. Krebs, AIDS), aber auch religiöse und rassistische Einstellungen fallen. Die kognitive Basis dieser Einstellungen kann daraus abgeleitet werden, daß zu ihnen entweder ein umfangreiches gesellschaftlich vermitteltes (z.b. sozial-politische Themen, AIDS) oder individuell erworbenes Wissen (z.b. Kunstobjekte) vorliegt, das orientiert an einer Rationalitätsnorm (z.b. Kosten-Nutzen-Maximierung) bewertet werden kann. Die affektive Basis der Einstellungen ergibt sich dagegen aus direkten Erfahrungen mit den Einstellungsobjekten, aus ihrer sozial-regulativen Bedeutung und aus der selbstwertdienlichen Funktion der Einstellungsobjekte.

Für diese "doppelt" basierten Einstellungen läßt sich die Frage nach den möglichen Relationen zwischen der affektiven und der kognitiven Einstellungsbasis stellen. Eine Möglichkeit besteht darin, daß affektive und kognitive Basis über die Zeit immer konsistenter werden. Beispielsweise kann man einer neuen Musikrichtung gegenüber eine ursprünglich affektiv-erlebnisbasierte negative Einstellung formieren, die sich nach eingehender Beschäftigung mit dieser Musikrichtung und ihren Kompositionsprinzipien hin zu einer affektiv-kognitivbasierten positiven Einstellung entwickelt. Denkbar ist jedoch auch die zweite

Möglichkeit, daß man eine Einstellung mit über die Zeit stabilen, aber im Widerspruch zueinander stehenden Einstellungsgrundlagen formiert. *Zanna & Rempel* (1988) sprechen dann von einer *ambivalenten Einstellung*. Aufgrund situativer Hinweisreize wird mal die eine, mal die andere Einstellungsbasis salient. Beispielsweise kann eine Person eine aus der Kindheit stammende affektiv-erlebnisbasierte positive Einstellung zur Kirche formiert haben, die immer dann salient ist, wenn die Person an einem Gottesdienst teilnimmt, der durch entsprechende Hinweisreize diese Einstellungsbasis salient macht. In den meisten anderen Situationen vertritt die Person eine kognitiv-basierte negative Einstellung zur Kirche. Und drittens ist auch denkbar, daß eine ursprünglich affektiv-kognitiv-basierte Einstellung zu einer affektiv-basierten Einstellung umstrukturiert wird, da entweder die kognitive Basis stärker in Vergessenheit gerät als die affektive (z.B. hat eine Person eine affektiv-konstruktiv-basierte negative Einstellung zum Völkermord an den Juden, verfügt aber kaum mehr über Kenntnisse der historischen Ereignisse des Holocaust) oder da das durch die Einstellung gesteuerte Verhalten über die Zeit automatisiert wird, so daß nur noch eine affektiv-erlebnisbasierte Einstellung im Gedächtnis repräsentiert ist (Beispiele sind Einstellungen zum Tragen von Sicherheitsgurten, zur Verwendung von Kondomen oder zur habituellen Ausübung einer ursprünglich primär gesundheitsbezogenen Sportart; vgl. auch *Zajonc & Markus* 1982, zu diesem Punkt). Denkbar ist aber auch der umgekehrte Fall, daß sich beispielsweise die affektiv-kognitiv-basierte Einstellung gegenüber einem Partner/einer Partnerin in einer Liebes- beziehung nach Beendigung dieser Beziehung zu einer rein kognitiv-basierten Einstellung in Form des rationalen Abwägens der Vor- und Nachteile dieser Person für spezifische Zielerreichungen umstrukturiert.

Die vierte Einstellungsgruppe besteht schließlich aus primär *kognitiv-basierten* Einstellungen. Hierunter sind Einstellungen zu Produkten des täglichen Bedarfs zu zählen (z.B. Kühlschrank, Radio), die, außer in einer bestimmten Hinsicht instrumentell zu sein, keine weitere Funktion haben, außerdem Einstellungen gegenüber Produkten, die mit Hilfe von Testberichten getroffen werden (z.B. Stiftung Warentest; *Silberer & Raffée* 1984), um eine Kosten-Nutzen-Maximierung zu erreichen, aber auch durch eine Gruppe unter Befolgen formalisierter Entscheidungsprozeduren zu formierende Einstellungen (z.B. Einstellungen gegenüber Unternehmen bei Entscheidungen über den Kauf eines neuen Tochterunternehmens oder Einstellungen gegenüber potentiellen neuen Mitarbeitern im Rahmen von Vorstellungsgesprächen; für die Bedeutung von Emotionen bei Gruppenentscheidungen vgl. allerdings auch *Janis* 1982).

Tabelle 3 (folgende Seite) faßt, ausgehend von den Merkmalen in den Tabellen 1 und 2, die typischen Merkmale zur Unterscheidung kognitiv-basierter, affektiv-konstruktiv-basierter und affektiv-erlebnisbasierter Einstellungen zusammen.

Die vierte Einstellungsart doppelt affektiv-kognitiv-basierter Einstellungen entsteht dann durch Kombination der kognitiv-basierten mit der affektiv-konstruktiv-basierten Einstellung. Affektiv-erlebnisbasierte Einstellungen werden dagegen wegen ihrer dominanten perzeptuellen Grundlage als nicht kombinierbar mit den beiden anderen Einstellungsarten betrachtet. Natürlich können *zeitlich nacheinander* gegenüber demselben Objekt (z.B. einem für Westdeutsche neuen Politiker wie etwa dem PDS-Vorsitzenden) erst affektiv-erlebnisbasierte und dann kognitiv-basierte Einstellungen formiert werden. Dabei sind

kognitiv-basierte Einstellung	affektiv-konstruktiv-basierte Einstellung	affektiv-erlebnisbasierte Einstellung*
1. Subjekt ist aktiv und Objekt ist als Verhaltensziel repräsentiert	Subjekt ist passiv und reaktiv und Objekt als Grund des Verhaltens repräsentiert	Subjekt ist passiv und reaktiv
2. basiert auf Rationalitätsnorm	basiert auf moralischen und ästhetischen Normen	perzeptuell gesteuert
3. Verständnis der Welt	Entwicklung des Selbstkonzepts	Dichotomisierung der Welt in angenehm und unangenehm
4. strukturiert Informationen der Umwelt	strukturiert somatische und Informationen der Umwelt	strukturiert somatische und sensorische Informationen
5. langsam	langsam	schnell
6. veränderbar durch kognitive Elaborationen	veränderbar durch somatische, moralische und Selbstkonzeptänderungen	veränderbar durch perzeptuelle Differenzierung und Segmentierung
7. steuert Effizienz des Verhaltens	steuert Intensität und Stil des Verhaltens	steuert Abruf automatisierter Verhaltensweisen
8. keine Handlungsverpflichtung	Handlungsverpflichtungen	keine Handlungsverpflichtung

Tab. 3: Merkmale unterschiedlicher Einstellungsarten

---

* Die vierte Einstellungsart entsteht durch Kombination der kognitiv- mit der affektivkonstruktiv basierten Einstellung

die aufgeführten Merkmale teilweise abhängig voneinander, und es muß keines der typischen Merkmale in allen Fällen vorliegen, und in den meisten Fällen sind auch immer nur einige Merkmale vorhanden, so daß vor allem die Konstellation jeweils vorhandener Merkmale charakteristisch für die vier Einstellungsarten ist (vgl. *Ulich* 1989, 33 ff.)

Es stellt sich die Frage, inwieweit die Unterscheidung der drei Einstellungsarten vereinbar ist mit den Annahmen des eingangs beschriebenen sozial-kognitiven Einstellungsmodells von *Pratkanis & Greenwald* (1989). Wegen des dominierenden kognitiven Charakters dieses Modells erweisen sich die beiden affektivbasierten Einstellungsarten als unvereinbar mit dem Modell. Allerdings bietet sich, ausgehend von der selbstwert-dienlichen Funktion von Einstellungen, eine Erweiterungsmöglichkeit, da ja gerade die Entwicklung des Selbstkonzepts auch ein charakteristisches Merkmal affektiv-konstruktiv-basierter Einstellungen ist. Es müßte dann zusätzlich zu der bereits im Modell enthaltenen Wissensstruktur als Einstellungsbasis die Repräsentation emotionaler Informationsklassen im Gedächtnis berücksichtigt werden und zusätzliche Annahmen über den Zusammenhang dieser beiden Einstellungsgrundlagen müßten getroffen werden. Nicht so offensichtlich erscheint die Möglichkeit, die affektiv-erlebnisbasierten Einstellungen mit dem sozial-kognitiven Modell von *Pratkanis & Greenwald* zu verbinden.

4. Anwendungen der klassifikatorischen Überlegungen auf die Einstellungsforschung

4.1. Einstellungsmessung

Bei der Konstruktion von Einstellungsskalen kann durch Hinweisreize in entsprechenden Instruktionen entweder die affektive oder die kognitive Basis einer Einstellung salient gemacht werden. So erhielten *Breckler & Wiggins* (1989a) unterschiedliche Einstellungsurteile in Abhängigkeit davon, ob sie in der Instruktion die Aufmerksamkeit der Befragten auf die Attribute der Einstellungsobjekte oder auf die Gefühle auslösenden Eigenschaften der Objekte fokussierten.

Außerdem lenken die unterschiedlichen Einstellungsarten die Aufmerksamkeit auf die Wichtigkeit von Einstellungsmessungen, die ohne verbal beschriebene Items und vorstrukturierte Antwortkategorien auskommen (für ausführliche Erörterungen siehe *Breckler & Wiggins* 1989b; *Roth & Upmeyer* 1990; *Tursky & Jamner* 1983). Hierzu gehört zum einen der nonverbale Ausdruck von Einstellungen in Gestik und Mimik (z.B. Facial Action Coding System von *Ekman &*

Friesen 1978, und elektromyographische Messungen z.B. von *McHugo* et al. 1985) und der verbale Ausdruck von Einstellungen durch die natürliche Sprache, die inhaltsanalytisch (z.B. *Klingemann* 1984) oder hinsichtlich von Merkmalen wie Lautheit oder Wörterfrequenz analysiert werden kann.

4.2. Einstellungsstrukturanalysen

Vor allem die Struktur affektiv-kognitiv-basierter Einstellungen sollte durch kognitive Ein-Komponentenmodelle (z.B. *Fishbein* 1963) nur unzureichend beschrieben werden. Positiv gewendet bedeutet dies, daß erst durch die Berücksichtigung der vernachlässigten "affektiven Informationsklassen" als Einstellungsursprung (vgl. *Zanna & Rempel* 1988) Einstellungsstrukturen adäquat erfaßt und erklärt werden können.

So enthalten Einstellungsstrukturen gegenüber US-amerikanischen Präsidentschaftskandidaten Annahmen über Persönlichkeitseigenschaften der Politiker und gefühlsmäßige Reaktionen ihnen gegenüber (*Abelson* et al. 1982; *McHugo* et al. 1985). Einstellungsstrukturen zur nationalen Wirtschaftslage in den USA (*Conover & Feldman* 1986) und zur persönlichen und gesellschaftlichen Lage im deutschen Einigungsprozeß (*Doll & Mentz* 1992) bestehen aus Annahmen über wichtige Aspekte bzw. wahrscheinliche Konsequenzen dieser Lagen und gefühlsmäßige Reaktionen zu diesen Lagen; Einstellungsstrukturen zu Produkten enthalten Annahmen über instrumentelle und expressive (d.h. Identifikation ermöglichende und erlebnisbezogene) Attribute (*Mittal, Ratchford & Prabhakar* 1990) und Einstellungsstrukturen zu Freizeitaktivitäten Annahmen zu instrumentell-leistungsorientierten und erlebnisorientierten Aspekten (*Ajzen* 1991; *Doll, Mentz & Orth* 1991).

Dabei ließ sich in den Arbeiten von *Conover & Feldman* (1986) sowie *Doll & Mentz* (1992) die affektive Informationsklasse übereinstimmend in einen positiven Emotionsfaktor (z.B. zufrieden, stolz) und zwei negative Emotionsfaktoren der Ärger- (z.B. ärgerlich, zornig) und Unsicherheitsemotion (z.B. unsicher, ängstlich) unterteilen. Während die positive Emotion durchgängig signifikante Varianzanteile der Einstellung aufklärte, zeigte sich für die beiden negativen Emotionsfaktoren das Muster, daß sich für die Einstellungen zur ökonomischen Lage in den USA (*Conover & Feldman* 1986) der Ärgerfaktor als wichtiger erwies, für die Einstellungen zur persönlichen und gesellschaftlichen Lage in der Bundesrepublik der Unsicherheitsfaktor. Dieses Ergebnis läßt sich mit den von *Weiner* (1986) postulierten Attributionsunterschieden in den Aspekten Ort der Kausalität und Kontrollierbarkeit zwischen den genannten Emotionen erklären. Danach reagieren Personen mit Ärger auf Ereignisse mit externer Ursachenzuschreibung und Kontrollierbarkeit und mit Unsicherheit auf Ereignisse mit externer Ursachenzuschreibung und fehlender Kontrollierbarkeit.

4.3. Einstellungs-Verhaltens-Konsistenz 1: Millar & Tessers Hypothese zur Kongruenz (matching) von Einstellungsbasis und Verhaltensziel

Millar & Tesser (1986, 1989) ließen Personen entweder über ihre emotionalen Reaktionen nachdenken und diese aufschreiben, die sie beim Verhalten gegenüber Einstellungsobjekten (Puzzle-Aufgaben) empfanden (affektiv-erlebnis-basierte Einstellung), oder über Gründe, warum sie ein Einstellungsobjekt gut oder schlecht fanden (kognitiv-basierte Einstellung), bevor sie ein Einstellungsurteil abgaben. Als zweite Manipulation wurde entweder das *instrumentelle Verhaltensziel* eingeführt, durch das Verhalten eine spezifische analytische Fähigkeit zu erwerben, oder es wurde kein Verhaltensziel spezifiziert. Im letzteren Fall wurde angenommen, daß die Person implizit das *konsumatorische Ziel* anstreben würde, möglichst viel Spaß zu haben. Die varianzanalytische Wechselwirkung für die abhängige Variable der Einstellungs-Verhaltens-Konsistenz von dominierend affektiv- versus kognitiv-basierter Einstellung und konsumatorisch versus instrumentell motiviertem Verhalten wurde erwartungsgemäß signifikant. Während die affektiv-basierte Einstellung nur für das konsumatorisch motivierte Verhalten leitend ist, ist die kognitiv-basierte Einstellung nur für das instrumentell motivierte Verhalten leitend. *Millar & Tesser* (1989) konnten dieses Ergebnis weiter spezifizieren, indem sie intraindividuell die Konsistenz zwischen der affektiven und der kognitiven Einstellungskomponente bestimmten (vgl. den Index in Gleichung 3). Sie erhielten für die abhängige Variable der Einstellungs-Verhaltens-Konsistenz die erwartete varianzanalytische Tripelinteraktion folgender drei Faktoren: der affektiv-kognitiven Konsistenz versus Inkonsistenz, der primär affektiv- versus kognitiv-basierten Einstellung und des konsumatorisch versus instrumentell motivierten Verhaltens. Die Interaktion von affektiv- versus kognitiv-basierter Einstellung und konsumatorisch versus instrumentell motiviertem Verhalten wurde in *Millar & Tesser* (1989) erwartungsgemäß nur für die Gruppe mit geringer affektiv-kognitiver Konsistenz signifikant. Der Frage, *weshalb* in *Millar & Tesser* (1989) bei identischer experimenteller Manipulation für alle Versuchsteilnehmer einige Personen Einstellungsstrukturen mit hoher affektiv-kognitiver Konsistenz formierten, andere solche mit geringer Konsistenz, gehen die Autoren leider nicht nach.

Es bleibt außerdem ungeklärt, ob die eingesetzten fokussierenden Manipulationen die Einstellungs-Verhaltens-Konsistenz im Vergleich mit einer unfokussierten Bedingung erhöhen, da eine Kontrollgruppe fehlt.

4.4. Einstellungs-Verhaltens-Konsistenz 2: Wilsons Konzept der "unterbrechenden Wirkung" des Nachdenkens über die eigene Einstellung

Wilson et al. (1989) haben die Ergebnisse von insgesamt fast 20 Einzelstudien zur *"unterbrechenden Wirkung"* (disruptive effect) des Nachdenkens über Gründe bei der Einstellungsformation, warum man ein Einstellungsobjekt gut oder schlecht findet, zusammenfassend dargestellt. Ihr typisches experimentelles Vorgehen besteht darin, daß die Mitglieder der Experimentalgruppe vor Abgabe der Einstellungsurteile über Gründe für diese Einstellungen nachdenken und die Gründe aufschreiben. Dies entspricht der Fokussierung auf die kognitive Einstellungskomponente bei *Millar & Tesser* (1986, 1989). Im Unterschied zu *Millar & Tesser* gibt es jedoch keine zweite Experimentalgruppe mit Fokussierung auf die affektive Einstellungskomponente, sondern eine Kontrollgruppe, die ihre Einstellungsurteile ohne vorherige Manipulation abgibt. Unmittelbar danach wird von Experimental- wie Kontrollgruppe ein Verhalten gegenüber dem Einstellungsobjekt bzw. den Objekten gezeigt, dessen Zielsetzung im Unterschied zu *Millar & Tesser* nicht experimentell festgelegt wird. Das experimentelle Vorgehen von *Wilson* und Mitarbeitern kontrolliert damit weniger Faktoren als das von *Millar & Tesser*, wodurch die zutreffendste Erklärung für die "unterbrechende Wirkung" des Nachdenkens über Gründe nicht sehr präzise ausfallen kann. Die "unterbrechende Wirkung" besteht darin, daß die Einstellungs-Verhaltens-Konsistenz in den Experimentalgruppen mit der Manipulation des Nachdenkens über Gründe, warum eine Einstellung vertreten wird, in fast allen Studien $r = .00$ beträgt, d.h. die Einstellungen leiten das Verhalten nicht, während die Einstellungs-Verhaltens-Konsistenz für die Kontrollgruppen im Mittel bei $r = .50$ liegt. Da diese "unterbrechende Wirkung" für Wilson und Mitarbeiter einen theoretisch nicht erwarteten Effekt darstellte, gehen sie zur Erklärung dieses Effektes induktiv vor. Sie führen eine Vielzahl von Studien durch, um Rahmenbedingungen zu spezifizieren, unter denen die "unterbrechende Wirkung" auftritt oder nicht, und um *Einstellungsqualitäten* zu identifizieren, die mit der "unterbrechenden Wirkung" kovariieren. Die "unterbrechende Wirkung" betrifft nur Einstellungen von Personen mit wenig Wissen über ein Einstellungsobjekt. Für Personen, die viel über ein Einstellungsobjekt wissen, bleiben die Einstellungen auch nach dem Nachdenken über Gründe verhaltensleitend. *Wilson* und Mitarbeiter untersuchen als weitere Einstellungsqualitäten die Sicherheit, mit der ein Einstellungsurteil abgegeben wird, die Urteilszeit, die zur Abgabe eines Einstellungsurteils benötigt wird, und die affektiv-kognitive Konsistenz im Sinne *Rosenberg*s (vgl. den Index in Gleichung 2). Nur für den letzten Index erhalten sie einen signifikanten Unterschied (allerdings von sehr geringer Effektstärke), der in die Richtung geht, daß die affektiv-kognitive Konsistenz nur für Personen mit wenig Wissen über ein Einstellungsobjekt beim Nachdenken über Gründe geringer ist als bei einer Kontrollgruppe mit ebenfalls wenig Wissen, die nicht über Gründe nachdenkt.

Wilson und Mitarbeiter erklären zusammenfassend die "unterbrechende Wirkung" des Nachdenkens über Gründe für eine Einstellung einstellungsstrukturell; die Mehrzahl der von ihnen untersuchten Einstellungen *sei affektivbasiert*. Die Instruktion zum Nachdenken über Gründe für eine Einstellung verändere die Einstellung zu einer kognitiv-basierten Einstellung und führe zu *kurzfristigen Einstellungsänderungen*. Da die kognitiv-basierte Einstellung jedoch nur *artifiziell* durch die experimentelle Instruktion formiert werde, werde sie im Moment der Verhaltensausführung leicht wieder von der affektiv-basierten Einstellung an Salienz übertroffen, wodurch die Einstellungsänderung wieder rückgängig gemacht und die affektiv-basierte Einstellung wieder verhaltensleitend werde (vgl. allerdings auch das nachfolgende Kapitel zu unterschiedlichen Wegen der Einstellungsänderung).

Aufgrund unserer klassifikatorischen Annahmen in Tabelle 3 können wir die von *Wilson* und Mitarbeitern untersuchten Einstellungen als dominierend affektiv-erlebnisbasiert (z.B. gegenüber Urlaubsbildern, Getränken, Postern) oder dominierend affektiv-konstruktiv-basiert (z.B. gegenüber Freunden, Denksportaufgaben mit Spielcharakter) einordnen und damit die teilweise recht spekulativen Annahmen von *Wilson* et al. unterstützen.

4.5. Persuasionsstrategien und kognitiv- versus affektiv-basierte Einstellungen

Ausgehend von den hier unterschiedenen vier Einstellungsarten (vgl. Tab. 3) stellt sich die Frage, ob unterschiedliche Prozesse bzw. "Routen" der Einstellungsänderung im Sinne von *Petty & Cacioppos* (1981) Modell der Elaborationswahrscheinlichkeit für die einzelnen Einstellungsarten gelten. Dabei wurde in Tabelle 3 bereits angenommen, daß sich kognitiv-basierte Einstellungen im Sinne des "cognitive response"-Ansatzes durch die aktive Elaboration einstellungsrelevanter Informationen verändern, daß sich affektiv-erlebnisbasierte Einstellungen durch perzeptuelle Differenzierung und Segmentierung verändern und daß sich affektiv-konstruktiv-basierte Einstellungen im Rahmen somatisch oder normativ begründeter Veränderungen oder durch Selbstkonzeptänderungen verändern. Allerdings ist mit Ausnahme der Furchtappellforschung (z.B. *Rogers* 1975) der Forschungsstand zur Vermittlung und Veränderung spezifischer Emotionen durch entsprechende Botschaften relativ begrenzt (vgl. *McHugo* et al. 1985; *Six & Schäfer* 1985; *Roseman, Abelson & Ewing* 1986). Die Dichotomie der zentralen versus peripheren Route der Einstellungsänderung bei *Petty & Cacioppo* (1981) wird also hier zugunsten dreier Wege der Einstellungsänderung aufgegeben. Dadurch erweist sich vor allem *Petty & Cacioppos* Postulat, daß eine substantielle über die Zeit stabile Einstellungsänderung ausschließlich über die zentralen Route ihres Modells verläuft, als zu einseitig. Zwar lassen sich die Veränderungen kognitiv-basierter Einstellungen zutreffend durch die zentrale Route im Modell der Elaborationswahrscheinlichkeit beschreiben, jedoch werden die in der vorliegenden Arbeit außerdem postulierten Veränderungswege für affektiv-basierte Einstellungen nicht in dem Modell berücksichtigt und lassen sich auch nicht mit der Veränderung auf der peripheren Route (z.b. durch die Wirkung von Merkmalen des Senders oder der Quelle) gleichsetzen, die nach *Petty & Cacioppo* (1981) nur zu instabilen Einstellungsverschiebungen führt.

Zur Frage der geeignetsten Persuasionsstrategie zur Veränderung kognitiv-versus affektiv-basierter Einstellungen sind Zeit zwei einander (scheinbar) widersprechende empirische Arbeiten von *Edwards* (1990) und *Millar & Millar* (1990) vorgelegt worden. *Edwards* vertritt die *Kongruenz-(matching-)Hypothese*, d.h., eine kognitiv-basierte Einstellung sei leichter durch rationale Persuasionsversuche zu verändern, eine affektiv-basierte durch emotionale. Sie entwickelt diese Hypothese aus der Perspektive funktionaler Einstellungstheorien, indem sie, ähnlich wie in Tab. 3 dieser Arbeit, postuliert, kognitiv-basierte Einstellungen würden aus dem Bedürfnis formiert, die Welt zu verstehen und zu ordnen. Affektiv-basierte Einstellungen würden dagegen im Kontext der Befriedigung oder Deprivation von Wünschen und Bedürfnissen formiert oder hingen eng mit dem Selbstkonzept zusammen. Aus dieser funktionalen Betrachtung der Einstellungsformierung heraus leitet *Edwards* dann die Annahme ab, daß auf die jeweilige Einstellungsfunktion gerichtete Persuasionsversuche am erfolgreichsten sein sollten. In zwei experimentellen Studien findet sie erwartungsgemäß, daß affektiv-basierte Einstellungen leichter durch emotionale als durch rationale Persuasion veränderbar sind, während sich jedoch für kognitiv-basierte Einstellungen der erwartete Unterschied nicht findet. Einstellungsobjekte in *Edwards* Experimenten sind den Vpn ursprünglich nicht bekannte Gegenstände (chinesische Kalligraphie, ein nicht käuflich erwerbbares Sportgetränk), und zur experimentellen Herstellung affektiv- und kognitiv-basierter Einstellungen wie auch zur Unterscheidung emotionaler respektive rationaler Persuasionsversuche wird die *Reihenfolge* verwendet, in der die die Einstellungsobjekte beschreibenden affektiven oder attributbezogenen Informationen präsentiert werden. Dabei soll die zuerst präsentierte Informationsklasse jeweils den Einstellungs- bzw. Persuasionstyp bestimmen.

Millar & Millar (1990) gehen dagegen vom "cognitive response"-Ansatz aus, der annimmt, daß Persuasionsversuche dann die *geringste* Wirkung haben, wenn vom Empfänger leicht Gegenargumente gegen die persuasive Botschaft formuliert werden können. Sie nehmen dann auch in ihrer *Inkongruenz-(mismatch-)Hypothese* an, daß affektiv-basierte Einstellungen leichter durch rationale Argumente und kognitiv-basierte Einstellungen leichter durch emotionale Persuasion beeinflußbar seien, weil es in diesen beiden Fällen schwerer sei, Gegenargumente gegen den Persuasionsversuch zu formulieren als in den Fällen, in denen Einstellungstyp und Persuasionstyp übereinstimmten. *Millar & Millar* verwenden in zwei ihrer drei Studien den Vpn gut bekannte Getränke (z.B. Milch, Orangensaft) als Einstellungsobjekte und in der dritten Studie erhalten die Vpn umfangreiche direkte Erfahrung mit den Einstellungsobjekten (Denksportaufgaben). Affektiv- versus kognitiv-basierte Einstellungen werden dadurch formiert, daß die Vpn in einer Studie eher gefühlsbetonte respektive attribut-bezogene Stellungnahmen zu den Getränken als für sich am zutreffendsten auswählten oder daß sie in einer zweiten Studie instruiert wurden, sich beim Spielen mit den Denksportaufgaben darauf zu konzentrieren, "wie" sie sich dabei fühlten respektive "warum" sie die Aufgaben interessant oder uninteressant fanden (analog zu *Millar & Tesser* 1986). Die affektiven Persuasionsversuche bestanden schließlich überwiegend aus Stellungnahmen, in denen erlebte emotionale Reaktionen oder ein affektives Adjektiv hervorgehoben wurden (z.B.: "Ich entspanne mich zunehmend, während ich die Denksportaufgabe bearbeite"), während die rationalen Persuasionsversuche vorwiegend attribut-bezogene Informationen vermittelten (z.B.: "Die Aufgabenbeschreibung ist klar. Die Aufgabe eignet sich für die meisten Studenten."). *Millar & Millar* fanden in ihren drei Studien überwiegend empirische Evidenz für ihre Inkongruenzhypothese. Außerdem fanden sie Evidenz für die Ableitung dieser Annahme aus dem "cognitive response"-Ansatz, da signifikant mehr Gegenargumente bei Kongruenz als bei Inkongruenz von Einstellungstyp und Persuasionstyp generiert wurden.

Aus dem bisher Gesagten wird deutlich, daß sich die Arbeiten von *Edwards* (1990) und *Millar & Millar* (1990) in mindestens drei zentralen Aspekten unterscheiden, wodurch ihre Vergleichbarkeit sehr erschwert wird: (1) *Edwards* verwendet unbekannte Einstellungsobjekte, zu denen auch in den Experimenten nur wenig direkte Information vermittelt wird, *Millar & Millar* dagegen verwenden entweder gut bekannte Einstellungsobjekte oder vermitteln experimentell direkte Erfahrung mit den Objekten; (2) *Edwards* verwendet die Präsentationsreihenfolge zur Formierung affektiv- respektive kognitiv-basierter Einstellungen, *Millar & Millar* eine fokussierende Instruktion vor der Einstellungsformierung, und schließlich (3) leiten beide Studien ihre Kongruenz- respektive Inkongruenzhypothese aus unterschiedlichen Theorien ab.

M.E. sind die Ergebnisse von *Millar & Millar* zur Inkongruenzhypothese die valideren, da sich in ihren Teilstudien das empirische Vorgehen mit der theoretischen Ausgangsposition des "cognitive response"-Ansatzes deckt und da sie für die als Kausalerklärung verwendete Anzahl der Gegenargumente zu einer persuasiven Botschaft empirische Evidenz erhalten. *Edwards* dagegen leitet zwar theoretisch die affektive respektive kognitive Basis von Einstellungen aus der unterschiedlichen Funktionalität dieser Einstellungen ab, formiert jedoch experimentell beide Einstellungstypen durch Präsentation derselben (affektiven und kognitiven) Informationen in unterschiedlicher Reihenfolge; ein Vorgehen, das ohne Bezug zu *Edwards* funktionaler Ausgangsposition ist. Versucht man, Kongruenz- und Inkongruenzhypothese vergleichend zu bewerten, so ist m.e. der Widerspruch zwischen beiden Hypothesen durch zwei Erweiterungen aufhebbar, die darin bestehen, wie in der vorliegenden Arbeit geschehen (vgl. Tab. 3), die *Einstellungsbasis* genauer zu analysieren und außerdem die *Einstellungsstärke* in die Hypothesenbildung mitaufzunehmen. Ausgehend von den in Tabelle 3 unterschiedenen vier Einstellungsarten und der zusätzlichen Unterscheidung zweier Einstellungsstärken (schwache und starke Einstellungen) erhält man acht Einstellungsarten. Von diesen sollte per definitionem die jeweilige schwache Einstellung immer leichter veränderbar sein als die jeweilige starke. Bezogen auf die Frage der Wechselwirkung von Einstellungs- und Persuasionstyp in Hinsicht auf die Veränderbarkeit von Einstellungen sollte die Kongruenzhypothese für dominierend affektiv- respektive dominierend kognitiv-basierte Einstellungen gelten und die Inkongruenzhypothese für sowohl affektiv- als auch kognitiv-basierte Einstellungen. Denn überhaupt nur dann, wenn eine "zweifache" Einstellungsbasis vorliegt oder möglich ist, kann durch Beeinflussung der aus welchen Gründen auch immer weniger salienten Einstellungsbasis eine effektivere Einstellungsänderung erreicht werden als durch Beeinflussung der salienten Basis. In diesem Sinne untersuchte *Edwards* (1990) schwache affektiv-erlebnisbasierte Einstellungen und *Millar & Millar* (1990) starke affektiv- und kognitiv-basierte Einstellungen.

4.6. Abelsons "Conviction"-Konzept

Robert *Abelson* (1988) hat das Conviction-Konzept, das hier mit "Überzeugtheit" übersetzt wird, als Sammelbegriff für Konzepte wie die Wichtigkeit oder die Zentralität einer Einstellung eingeführt (für eine Erweiterung vgl. *Gorsuch* 1989). Für die hier diskutierten unterschiedlichen Einstellungsgrundlagen sind vor allem *Abelson*s empirische Resultate interessant, da er in mehreren Studien zur Messung der Überzeugtheit mittels Fragebogenitems faktorenanalytisch drei positiv korrelierte Überzeugtheitsdimensionen findet, die er mit "*Emotional Commitment*", "*Ego Preoccupation*" und "*Cognitive Elaboration*" bezeichnet. Es findet sich also auch hier die Dichotomie einer eher affektiv-basierten und einer eher kognitiv-basierten Überzeugtheit. Beispiel-Items zum Emotional Commitment sind "My beliefs express the real me" und "I think my view is absolutely correct", zur Ego Preoccupation "I think about the issue often" und "I hold my views very strongly" und schließlich zur Cognitive Elaboration "I have held my views a long time compared to most people" und "I have more knowledge on the issue than the average person".

Abelson betont vor dem Hintergrund dieses Ergebnisses die Wechselwirkung von individuellem Informationsselektionsverhalten und gesellschaftlicher (d.h. massenmedialer) Präsentation sozialer Themen bei der Entwicklung der drei Überzeugtheits-Dimensionen und äußert die Vermutung, daß sich Ego Preoccupation und Cognitive Elaboration graduell entwickeln, während eine hohe Ausprägung auf der Dimension des Emotional Commitment häufig Ergebnis einer besonders intensiven Erfahrung sei. Bezogen auf die Einstellung zur Schwangerschaftsunterbrechung erhielt *Abelson* das Ergebnis (persönliche Mitteilung), daß Befürworter der Schwangerschaftsunterbrechung affektiv- und kognitiv-basierte Überzeugtheiten in ungefähr gleicher Stärke formiert hatten, während die Überzeugtheiten der Abtreibungsgegner stärker affektiv- als kognitiv-basiert waren.

Literatur

Abelson, R.P. (1976): Script processing in attitude formation and decision-making. In: J.S. Carroll, J.W. Payne (Eds.): Cognition and social behavior. Hillsdale, N.J., 33-45.

Abelson, R.P. (1982): Three modes of attitude-behavior consistency. In: M.P. Zanna, E.T. Higgins & C.P. Herman (Eds.): Consistency in social behavior. Hillsdale, N.J., 131-146.

Abelson, R.P. (1988): Conviction. American Psychologist 43, 267-275.

Abelson, R.P., D.R. Kinder, M.D. Peters & S.T. Fiske (1982): Affective and semantic components in political person perception. Journal of Personality and Social Psychology 42, 619-630.

Ajzen, I. (1991): The theory of planned behavior: some unresolved issues. Organizational Behavior and Human Decision Processes 50, 179-211.

Averill, J.R. (1980): A constructivist view of emotion. In: R. Plutchik, H. Kellerman (Eds.): Theories of emotion. New York, 305-340.

Averill, J.R. (1982): Anger and aggression: An essay on emotion. Heidelberg.

Averill, J.R. (1989): Emotions as episodic dispositions, cognitive schemas, and transitory social roles: steps toward an integrated theory of emotions. In: D. Ozer, J.M. Healy & A.J. Stewart (Eds.): Perspectives in Personality. Greenwich, Conn.

Averill, J. (1990): Emotions in relation to systems of behavior. In: N.L. Stein, B. Leventhal & T. Trabasso (Eds.): Psychological and biological approaches to emotion. Hillsdale, N.J.

Baron, R.B. (1988): An ecological framework for establishing a dual-mode theory of social knowing. In: D. Bar-Tal & A. Kruglanski (Eds.): The social psychology of knowledge. New York, 48-82.

Bower, G.H. (1981): Mood and memory. American Psychologist 36, 129-148.

Bower, G.H., P.R. Cohen (1982): Emotional influences in memory and thinking: Data and theory. In: M.S. Clark, S.T. Fiske (Eds.): Affect and cognition. Hillsdale, N.J., 291-331.

Breckler, S.J. (1984): Empirical validation of affect, behavior, and cognition as distinct components of attitude. Journal of Personality and Social Psychology 47, 1191-1205.

Breckler, S.J., E.C. Wiggins (1989a): On defining attitude and attitude theory: once more with feeling. In: A.R. Pratkanis, S.J. Breckler & A.G. Greenwald (Eds.): Attitude structure and function. Hillsdale, N.J, 407-428.

Breckler, S.J., E.C. Wiggins (1989b): Affect versus evaluation in the structure of attitude. Journal of Experimental Social Psychology 25, 253-271.

Cacioppo, J.T., R.E. Petty, (1982): The need for cognition. Journal of Personality and Social Psychology 42, 116-131.

Cattell, R.B. (1966): The data box: its ordering of total resources in terms of possible relational systems. In: R.B. Cattell (Ed.): Handbook of multivariate experimental psychology. Chicago.

Chaiken, S., M.W. Baldwin (1981): Affective-cognitive consistency and the effect of salient behavioral information on the self-perception of attitudes. Journal of Personality and Social Psychology 41, 1-12.

Chaiken, S., S. Yates (1985): Affective-cognitive consistency and thought-induced attitude polarization. Journal of Personality and Social Psychology 49, 1470-1481.

Cohen, J.B. (1982): The role of affect in categorization: toward a reconsideration of the concept of attitude. Advances in Consumer Research 9, 94-100.

Conover, P.J., S. Feldman (1986): Emotional reactions to the economy: I'm mad as hell and I'm not going to take it anymore. American Journal of Political Science 30, 50-78.

Doll, J. (1987): Die Analyse der Struktur von Einstellungen und der Relationen von Einstellungen und Verhaltensweisen im Rahmen des Komponentenmodells. Frankfurt a.M.

Doll, J., M. Mentz (1992): Kognitive und emotionale Informationsklassen als Einstellungsbasis: die Einstellung von DDR- und BRD-Bürgern zum deutschen Einigungsprozeß. Zeitschrift für Sozialpsychologie 23, 92-104.

Doll, J., M. Mentz & B. Orth (1991): Zur Vorhersage zielgerichteten Handelns: Einstellung, Subjektive Handlungskompetenz und Emotionen. Zeitschrift für experimentelle und angewandte Psychologie 38, 539-559.

Edwards, K. (1990): The interplay of affect and cognition in attitude formation and change. Journal of Personality and Social Psychology 59, 202-216.

Ekman, P., W.V. Friesen (1978): Facial action coding system. Palo Alto, C.A.

Epstein, S. (1985): The implications of cognitive-experiental self-theory for research in social psychology and personality. Journal for the Theory of Social Behavior 15, 283-310.

Epstein, S. (1990): Cognitive-experiental self-theory. In L.A. Pervin (Ed.): Handbook of Personality: Theory and Research. New York.

Fazio, R.H., M.P. Zanna (1981): Direct experience and attitude-behavior consistency. Advances in Experimental Social Psychology 14, 161-202.

Fishbein, M. (1963): An investigation of the relationships between beliefs about an object and the attitude toward that object. Human Relations 16, 233-239.

Fishbein, M., I. Ajzen (1975): Belief, attitude, intention, and behavior: An introduction to theory and research. Reading, M.A.

Forgas, J.P., G.H. Bower (1987): Mood effects on person-perception judgments. Journal of Personality and Social Psychology 53, 53-60.

Forgas, J.P., S. Moylan (1987): After the movies: transient mood and social judgments. Personality and Social Psychology Bulletin 13, 467-477.

Frijda, N.H. (1988): The laws of emotion. American Psychologist 43, 349-358.

Gerhards, J. (1988): Soziologie der Emotionen. Weinheim.

Gorsuch, R.L. (1989): Conviction and commitment. American Psychologist 44, 1158-1159.

Greenwald, A.G. (1989): Why are attitudes important? In: A.R. Pratkanis, S.J. Breckler & A.G. Greenwald (Eds.): Attitude structure and function. Hillsdale, N.J.

Higgins, E.T., J.A. Bargh (1987): Social cognition and social perception. Annual Review of Psychology 38, 369-425.

Holbrook, M.B., E.G. Hirschman (1982): The experiential aspects of consumption: consumer fantasies, feelings, and fun. Journal of Consumer Research 9, 132-140.

Insko, C.A., J. Schopler (1967): Triadic consistency: a statement of affective-cognitive-conative consistency. Psychological Review 74, 361-376.

Irle, M. (1975): Lehrbuch der Sozialpsychologie. Göttingen.

Isen, A.M. (1984): Toward understanding the role of affect in cognition. In: R.S. Wyer, T.K. Srull (Eds.): Handbook of social cognition, Vol. 3, Hillsdale, N.J.

Izard, C.E. (1984): Emotion-cognition relationships and human development. In: C.E. Izard, J. Kagan, & R.B. Zajonc (Eds.): Emotions, cognitions, and behavior. New York, 17-37.

Janis, I.L. (1982): Groupthink. Boston, M.

Jung, G.G. (1921): Psychologische Typen. Zürich.

Katz, D. (1960): The functional approach to the study of attitudes. Public Opinion Quarterly 24, 163-204.

Klingemann, H.-D. (Hrsg.) (1984): Computerunterstützte Inhaltsanalyse in der empirischen Sozialforschung. Frankfurt a.M.

Kothandapani, V. (1971): Validation of feeling, belief, and intention to act as three components of attitude and their contribution to prediction of contraceptive behavior. Journal of Personality and Social Psychology 19, 321-333.

Krech, D., R.S. Crutchfield & E.L. Ballachey (1962): Individual in society. New York.

Krosnick, J.A., D.S. Boninger, Y.C. Chuang & G.G. Carnot (1991): Attitude strength: one construct or many related constructs? (under review).

Kuhl, J. (1983): Emotion, Kognition und Motivation, II. Sprache und Kognition 4, 228-253.

McHugo, G.J., J.T. Lanzetta, D.G. Sullivan, R.D. Masters & B.G. Englis (1985): Emotional reactions to a political leader's expressive display. Journal of Personality and Social Psychology 49, 1513-1529.

Mielke, R. (1990): Kognitive Konzepte und die Konsistenz des sozialen Verhaltens. Habilitationsschrift. Universität Bielefeld.

Millar, M.G., K.U. Millar (1990): Attitude change as a function of attitude type and argument type. Journal of Personality and Social Psychology 59, 217-228.

Millar, M.G., A. Tesser (1986): Effects of affective and cognitive focus on the attitude-behavior relation. Journal of Personality and Social Psychology 51, 270-276.

Millar, M.G., A. Tesser (1989): The effects of affective-cognitive consistency and thought on attitude-behavior relations. Journal of Experimental Social Psychology 25, 189-202.

Mittal, B., B. Ratchford & P. Prabhakar (1990): Functional and expressive attributes as determinants of brand-attitude. Research in Marketing 10, 135-155.

Norman, R. (1975): Affective-cognitive consistency, attitudes, conformity, and behavior. Journal of Personality and Social Psychology 32, 83-91.

Ortony, A., G.L. Clore & A. Collins (1988): The cognitive structure of emotions. Cambridge, M.A.

Ostrom, T.M. (1969): The relationship between the affective, behavioral, and cognitive components of attitude. Journal of Experimental Social Psychology 5, 12-30.

Petty, R.E., J.T. Cacioppo (1981): Attitudes and persuasion: Classic and contemporary approaches. Dubuque, I.A.

Pratkanis, A.R., A.G. Greenwald (1989): A sociocognitive model of attitude structure and function. Advances in Experimental Social Psychology 22, 245-285.

Pratkanis, A.R., S.J. Breckler & A.G. Greenwald (Eds.) (1989): Attitude structure and function. Hillsdale, N.J.

Raden, D. (1985): Strength-related attitude dimensions. Social Psychology Quarterly 48, 312-330.

Rogers, R.W. (1975): A protection motivation theory of fear appeal and attitude change. Journal of Psychology 91, 93-114.

Roseman, S., R.P. Abelson & M.F. Ewing (1986): Emotion and political cognition: emotional appeals in political communication. In: R.R. Lau, D.O. Sears (Eds.): Political cognition. Hillsdale, N.J., 279-294.

Rosenberg, M.J. (1956): Cognitive structure and attitudinal affect. Journal of Abnormal and Social Psychology 53, 367-372.

Rosenberg, M.J. (1960): A structural theory of attitude dynamics. Public Opinion Quarterly 24, 319-340.

Rosenberg, M.J. (1968): Hedonism, inauthenticity, and other goals toward expansion of a consistency theory. In: R.P. Abelson, E. Aronson, W.J. McGuire, T.M. Newcomb, M.J. Rosenberg & P.H. Tannenbaum (Eds.): Theories of cognitive consistency: A sourcebook. Chicago, 73-111.

Rosenberg, M.J., C.I. Hovland (1960): Cognitive, affective, and behavioral components of attitudes. In: C.I. Hovland, M.J. Rosenberg (Eds.): Attitude organization and change. New Haven, C.T., 1-14.

Roth, H.-G., A. Upmeyer (1989): Behavior as an expressive function of attitudes. In: A. Upmeyer (Ed.): Attitudes and behavioral decisions. Heidelberg, 217-254.

Schlegel, R.P., D. DiTecco (1982): Attitudinal structures and the attitude-behavior relation. In: M.P. Zanna, E.T. Higgins & C.P. Herman (Eds.): Consistency in social behavior: The Ontario symposium (Vol. 2, 17-49). Hillsdale, N.J.

Schwarz, N. (1987): Stimmung als Information. Untersuchungen zum Einfluß von Stimmungen auf die Bewertung des eigenen Lebens. New York, Heidelberg.

Schwarz, N., G.L. Clore (1983): Mood, misattribution, and judgments of well-being: informative and directive functions of affective states. Journal of Personality and Social Psychology 45, 513-523.

Silberer, G., H. Raffée (Hrsg.) (1984): Warentest und Konsument. Frankfurt a.M.

Simon, H.A. (1982): Comments. In: M.S. Clark, S.T. Fiske (Eds.): Affect and cognition. Hillsdale, N.J., 333-342.

Six, B., B. Schäfer (1985): Einstellungsänderung. Stuttgart.

Smith, M.B., J.S. Bruner & R.W. White (1956): Opinions and personality. New York.

Stahlberg, D., D. Frey (1990): Einstellungen I: Struktur, Messung und Funktion. In: W. Stroebe, M. Newstone, J.-P. Codol & G.M. Stephenson (Hrsg.): Sozialpsychologie. Eine Einführung. Heidelberg.

Srull, T.K. (1983): Affect and memory: the impact of affective reactions in advertising on the representation of product information in memory. Advances in Consumer Research 10, 520- 525.

Tesser, A., D.R. Shaffer (1990): Attitudes and attitude change. Annual Review of Psychology 41, 479-523.

Traxel, W. (1983): Emotionsdimensionen. In: A. Euler, H. Mandl (Hrsg.): Emotionspsychologie. Ein Handbuch in Schlüsselbegriffen. München, 19-27.

Tursky, B., L.D. Jamner (1983): Evaluation of social and political beliefs: a psychophysiological approach. In: J.T. Cacioppo, R.E. Petty (Eds.): Social psychophysiology. New York, 102-121.

Ulich, D. (1989): Das Gefühl. 2.Aufl. München.

Weiner, B. (1986): An attributional theory of motivation and emotion. Heidelberg.

Wilson, T.D., D.S. Dunn, D. Kraft & D.J. Lisle (1989): Introspection, attitude change, and attitude-behavior consistency: the disruptive effects of explaining why we feel the way we do. Advances in Experimental Social Psychology 22, 287-343.

Witte, E.H. (1989): Sozialpsychologie. Ein Lehrbuch. München.

Wyer, R.S., T.K. Srull (1984): Handbook of social cognition. Hillsdale, N.J.

Zajonc, R.B. (1980): Feeling and thinking: preferences need no inferences. American Psychologist 35, 151-175.

Zajonc, R.B., H. Markus (1982): Affective and cognitive factors in preferences. Journal of Consumer Research 9, 123-131.

Zanna, M.P., J.K. Rempel (1988): Attitudes: A new look at an old concept. In: D. Bar-Tal & A. Kruglanski (Eds.): The social psychology of knowledge. New York, 315-334.

WERTE UND EINSTELLUNGEN

Helmut Klages

Zusammenfassung:
1. *Definitionsfragen*: Der Text nimmt seinen Ausgang bei einer "Einstellungs"-Definition von *Shaw & Wright*, in welcher Einstellungen und Wertorientierungen in eine sehr direkte Beziehung gebracht werden, so daß eine "bequeme" Relationierung der beiden Begriffe möglich erscheint. "Werte" stellen dementsprechend die allgemeiner gelagerten personinternen Bestimmungsgründe von Einstellungen dar.

2. *Operationalisierungs- und Messungsfragen*: In der Wertforschung werden bisher in der Regel Werte indirekt über Einstellungen gemessen, wobei ein Defizit an methodologischer Reflexion auffällt. Obgleich ein baldiges Abgehen von dieser Praxis unwahrscheinlich erscheint, sollte von der bisherigen Sorglosigkeit im Umgang mit der indirekten Wertemessung Abstand genommen werden. Eine iterativ über Serien von Zusammenhangsanalysen aufeinanderfolgender Erhebungen vorgehende Strategie der Verbesserung der Validität der Meßergebnisse stellt einen empfehlenswerten zukünftigen Diskussionsgegenstand der Wertforschung dar.

3. *Fragen der Erklärung des Wert(e)wandels*: In der Soziologie wird die Frage nach den Ursachen des Wertewandels in der Regel mit dem Hinweis auf den Modernisierungsprozeß beantwortet. Dieser Erklärungsansatz ist zwar nicht falsch, gleichzeitig aber auch für eine auf konkrete Weise verlaufsbezogene Ursachendeutung nicht ausreichend. Er vermag insbesondere nicht zu erklären, auf welchem Wege makrostrukturelle Wandlungen sozio-ökonomischer Art verhältnismäßig plötzlich auf der Mikroebene des individuellen Personsystems wirksam werden können. In dieser Richtung führen sozialpsychologische Theoreme weiter, die es allerdings gestatten müssen, Wertewandel als Folge vorangegangener Wandlungen auf der Handlungs- und Einstellungsebene zu verstehen. Das gängige, auch in der anfangs zugrunde gelegten Definition von *Shaw & Wright* auftretende Ausgangsverständnis des Verhältnisses von Werten und Einstellungen muß hierbei auf eine kontra-intuitive Weise "auf den Kopf" gestellt werden. Die an dieser Stelle erkennbar werdenden weiterführenden Fragestellungen der Wertforschung erhalten zusätzliche Nahrung durch die Entdeckung, daß dem Wertewandel eine interne Kontingenz anhaftet, die in der Existenz verschiedenartiger "Wertetypen" zum Ausdruck gelangt, die sich gängigen soziologischen Erklärungsmodellen gegenüber als unzugänglich erweisen. Auch die Sozialpsychologie stößt hier an Grenzen ihres Theorievorrats. Eine interdisziplinäre Forschungsarbeit und Theoriebildung zeichnet sich als Zukunftsperspektive von hoher Bedeutung ab.

1. Definitionsfragen

Es sei mit dem relativ Bekannten und im vorliegenden Zusammenhang besonders Naheliegenden begonnen, d.h. mit dem Einstellungsbegriff. Unter den zahlreichen in Frage kommenden Definitionsvarianten sei ohne weitere Umschweife eine Version ausgewählt, welche prima vista eine besonders "bequeme" Beziehung zum Wertbegriff anbietet, nämlich eine Formulierung von *Shaw & Wright*, die - auszugsweise wiedergegeben - wie folgt lautet: "Einstellungen sind ein relativ überdauerndes System bewertender Reaktionen, denen bewertende Konzepte oder Überzeugungen zugrundeliegen, die in den Reaktionen repräsentiert sind ..." (vgl. *Witte* 1989, 363).

Leistet man sich den ohne Zweifel legitimen Kunstgriff, die Begriffe "bewertendes Konzept" und "Wertorientierung" (oder "Wert") als synonym anzusehen, dann kann man erkennen, daß Einstellungen und Werte in dieser Definition in eine sehr direkte Beziehung gebracht werden. Die Einstellungen vermitteln dieser Definition zufolge, wie man interpretieren kann, zwischen den fundierenden Werten und den bewertungsfähigen Objekten in der Umwelt des Individuums. Sie transportieren, anders ausgedrückt, objektunspezifische Wertgehalte in die Richtung der bewertungsfähigen Objekte (im allgemeinsten Sinne des Wortes).

Die "Bequemlichkeit" dieser Definition ist evident, zumal sie sich mit einer Vielzahl von inzidenter vorgenommenen begrifflichen Zuordnungen begegnet, die sich verstreut in der Wertforschungs-Literatur auffinden lassen.

Als Sozialwissenschaftler fühlt man sich angesichts des Vertrautheitserlebnisses, das sich somit einstellt, in die Versuchung gebracht, unmittelbar zum Wertbegriff überzugehen und hierbei ohne weiteres den Aussagegehalt der vorstehenden Definition "rückwärts" zu lesen, d.h. also festzustellen, daß "Werte" (hier wie auch nachfolgend immer im Sinne individueller Wertorientierungen verstanden) der personinterne "input" von Einstellungen sind, die ihrerseits die Grenzinstanzen des individuellen Systems an der Schwelle zur gesellschaftlichen Umwelt darstellen.

Es wird an dieser Stelle davon ausgegangen, daß sich in der Tat - jedenfalls in erster Annäherung - auf diese Weise vorgehen läßt. Nichtsdestoweniger soll allerdings zunächst - und sei es auch nur aus Dokumentationsgründen - ein kurzer Nebenblick auf zwei andersartige "Wert"-Definitionen geworfen werden, die in der Werteforschung gängig sind, wobei rigoros davon Abstand genommen werden soll, denjenigen 180 Definitionen nachzugehen, die *Lautmann* bereits in einer Veröffentlichung aus dem Jahre 1969 registrieren konnte (*Lautmann* 1969, passim).

"Klassisch" und auch heute noch in Gebrauch ist die erste dieser beiden Definitionen, die von Clyde *Kluckhohn* im Jahr 1951 geprägt wurde. Dieser Definition zufolge ist ein Wert eine "Auffassung vom Wünschenswerten", die "explizit sowie für ein Individuum oder für eine Gruppe kennzeichnend ist und die Auswahl der zugänglichen Weisen, Mittel und Ziele des Handelns beeinflußt." (*Kluckhohn* 1951, 395)

Vergleichen wir diese Definition mit der von *Shaw & Wright*, dann können wir auf den ersten Blick erkennen, daß sie für den gegenwärtig angezielten Verwendungszweck, d.h. für die Inbeziehungsetzung von Einstellungen und Werten, schon deshalb viel weniger brauchbar ist, weil sie die Einstellungen implizite mit übergreift und unter die Werte subsumiert.

Dasselbe gilt aber auch, wie unmittelbar hinzugefügt werden kann, für die zweite zur Referierung anstehende Definition, die *Kmieciak* im Jahr 1976 aufstellte und der ebenfalls - zumindest im deutschen Sprachraum - eine besonders weite Verbreitung zuteil wurde.

Dieser zweiten Definition zufolge ist ein "Wert ... ein kulturell- und sozialdeterminiertes Ordnungskonzept als Orientierungsleitlinie, das den System-Input einer Person (Wahrnehmung) selektiv organisiert und akzentuiert, sowie ihren Output (Verhalten) reguliert, mithin eine ichdirigierte aktive Planung und Ausrichtung des Verhaltens über verschiedene Situationen hinweg ermöglicht." (*Kmieciak* 1976, 150)

Obgleich der Autor des vorliegenden Textes eingesteht, diese Definition von allem Anfang an aktiv mitgetragen und gegenüber der *Kluckhohn*schen Definition präferiert zu haben, muß sie im vorliegenden Zusammenhang wegen ihrer Indifferenz gegenüber der hier beabsichtigten Unterscheidung zwischen Einstellungen und Werten ausscheiden. Auch sie liefert für die im vorliegenden Zusammenhang intendierte Differenzierung keine unmittelbar geeignete Ausgangsbasis.

Kehren wir zu der in Angriff genommenen Umkehrung der Definition von *Shaw & Wright* zurück, so können wir unter Explizierung einiger dieser zuzurechnenden Implikationen festhalten, daß "Werte" offenbar allgemeiner gelagerte (d.h. aber auch notwendigerweise weniger zahlreiche) personinterne Bestimmungsgründe von "Einstellungen" darstellen.

Natürlich läßt eine solche Kurzdefinition relationaler Natur verschiedene Fragen offen, was uns jedoch an dieser Stelle nicht - oder, genauer gesagt, noch nicht - zu stören braucht. Es sollen im augenblicklichen Zusammenhang zunächst nur zwei Dinge ergänzend angesprochen werden, denen eine besondere Vorrangigkeit zugebilligt werden kann:

Erstens muß von allem Anfang an sehr deutlich betont werden, daß "Werte" keineswegs die einzigen "inputs" von Einstellungen sind. "Reaktionen" auf Umweltobjekte werden nicht nur von intrapersonalen Dispositionen, sondern auch von "Informationen" gesteuert, die zwar stets durch einen personinternen Wahrnehmungsfilter hindurchlaufen müssen, die jedoch nichtsdestoweniger eine externe Genesis und gewöhnlich auch eine von externer Subjektivität bestimmte "Prägung" oder Vorstrukturierung aufweisen, was dann besonders auffällig wird, wenn wir z.b. an die Erkenntnisse der modernen Medieninhaltsforschung denken (vgl. z.B. W. *Schulz* 1976, passim).

Zweitens sollte man aber auch die häufig antreffbare Auffassung, "Werte" seien in der Regel zeitlich überdauernder als Einstellungen, trotz aller noch ausstehenden empirischen Belege und ungeachtet der verschiedentlichen Inanspruchnahme des Merkmals der transsituativen Dauer auch für Einstellungen, keinesfalls "auf die leichte Schulter" nehmen. Zumindest sollte man an dieser Stelle eine empirische Forschungsfrage von einem erheblichen Gewicht registrieren, auf welche im übrigen nachfolgend nochmals zurückzukommen sein wird.

2. Operationalisierungs- und Messungsfragen

Es sei zunächst berichtet, daß man im Bereich der Wertforschung ursprünglich auf dem Standpunkt stand, naturgemäß sei für Werte - oder, genauer gesagt, für individuelle Wertorientierungen - ein spezieller Operationalisierungs- und Messungsansatz erforderlich. Dementsprechend ging z.B. *Kmieciak* in seiner bereits angeführten Studie mit großer Selbstverständlichkeit davon aus, daß der begrifflichen und theoretischen Abgrenzung zwischen Werten und Einstellungen gesonderte Operationalisierungsansätze entsprechen müßten. Er bezog sich in diesem Zusammenhang auf die Möglichkeit, Werte z.B. über die Simulierung von Konfliktsituationen zu erheben, die durch eine Entscheidung im Sinne der Abwägung zwischen verschiedenen Handlungsalternativen zu bewältigen seien (*Kmieciak* 1976, 252 ff.).

Die Praxis der Wertforschung hat sich nun allerdings nicht in der von *Kmieciak* unterstellten Richtung entwickelt. Vielmehr wurde ganz überwiegend der andersartige Weg eingeschlagen, Werte indirekt über Einstellungen zu messen.

Der Autor muß es dem Leser anheimstellen, es seiner persönlichen Verstrickt-
heit in die Thematik zugute zu halten, wenn er an dieser Stelle verhältnismäßig
unvermittelt in eine kritische Auseinandersetzung eintritt, die zugegebener-
maßen u.a. auch selbstkritischer Natur ist.

Zwar kann es - auf dem Hintergrund der angeführten Einstellungsdefinition von
Shaw & Wright und ihrer im vorliegenden Textzusammenhang vorgenommenen
Umkehrung - gar keinen Zweifel daran geben, daß ein solches indirektes Vorgehen legitim ist. Wenn man davon auszugehen hat, daß Einstellungen immer
auf "hinter" ihnen stehende Werte verweisen, dann läßt sich ohne weiteres
folgern, daß man auf operationaler Ebene von Einstellungen auf Werte
"schließen" kann. Von hier aus gesehen steht grundsätzlich gesehen auch der
Messungs-Praktikabilität nichts im Wege. Es läßt sich ohne weiteres sagen, daß
bereits bei der Nutzung verhältnismäßig anspruchsloser Analyseverfahren wie
z.B. der Faktorenanalyse ausreichend trennfähige Ansätze für die Identifizie-
rung der bestimmten Einstellungsgruppen zuzuordnenden Werte zur Verfügung
stehen.

Gegenüber der bis heute noch allenthalben geübten Praxis der indirekten Operationalisierung und Messung von Werten über Einstellungen müssen nichtsdestoweniger aber schon deswegen Vorbehalte geltend gemacht werden, weil
der Substitutionscharakter des eingeschlagenen Weges gewöhnlich nicht reflek-
tiert wird. Noch deutlicher ausgedrückt wird gemeinhin nicht beachtet, daß man
bei einer indirekten Wertemessung die Werte selbst grundsätzlich erst auf der
Ebene der Datenanalyse in den Blick bekommen kann. Man operiert in der
Wertforschung demgegenüber vielfach noch in einer verhältnismäßig sorglos
anmutenden Weise mit der Annahme, zwischen Werten und Einstellungen gebe
es allenfalls graduelle Abstufungen, so daß es bei einiger Großzügigkeit möglich
sei, mit den Mitteln der Einstellungsforschung ohne weitere Vorkehrungen unmittelbar auch an Werte heranzukommen. Die bei genauerem Zusehen höchst
unbefriedigende Folge ist die, daß sich die forschungspraktischen Grenzen
zwischen der Einstellungs- und der Wertforschung verwischen. Man operiert in
vielen Fällen mit Items, die je nach der präferierten Begrifflichkeit entweder als
"Werte" oder auch als "Einstellungen" bezeichnet werden können, ohne daß
hierüber allzu viele Worte verloren werden. Man braucht sich angesichts solcher
Entwicklungen nicht darüber zu wundern, daß bei manchen Beobachtern die
Wertforschung an Glaubwürdigkeit verliert und daß Zweifel darüber auftauchen, ob es überhaupt erforderlich und gerechtfertigt sei, von einer Wertforschung im Unterschied zur Einstellungsforschung zu sprechen.

Gewiß verkleinert sich der Abstand zwischen den beiden Meßbereichen, wenn
man Wertbezeichnungen wie z.B. "Schutz vor Ungerechtigkeit", "sinnvolle und

befriedigende Arbeit", "saubere Umwelt", "persönliche Unabhängigkeit" und "harmonisches Zusammenleben mit einem Partner" als Stimuli verwendet, die zumindest einem konventionellen Wortverständnis zufolge als Bezeichnungen für soziale Werte verstanden werden können. Streng genommen werden aber auch hierbei natürlich letztenendes nur Einstellungen zu Wertbezeichnungen gemessen, nicht die mit diesen Bezeichnungen angezielten Werte selbst. Die Frage, welche Validitätsniveaus der Wertemessung sich bei einer solchen Substitutionslösung erzielen lassen, muß grundsätzlich offenbleiben, solange hierüber keine verläßlichen Informationen vorliegen.

Hält man sich an die Werteforscher selbst, so erfährt man leider kaum etwas Greifbares zur Beantwortung dieser Frage, da das Problem von ihnen, wie schon gesagt, bisher noch kaum erkannt, geschweige denn erörtert worden ist. Zur Erklärung dieses für den Außenstehenden vermutlich höchst erstaunlich anmutenden Sachverhalts muß u.a. auf die ungewöhnliche und in mehrfacher Hinsicht problematische Rolle hingewiesen werden, welche *Inglehart* und die weitgehend auf ihn fixierte wissenschaftliche Diskussion im Bereich der gegenwärtigen Wertforschung spielen. Kurz gesagt befleißigte sich *Inglehart* hinsichtlich der indirekten Wertemessung einer ganz besonderen Sorglosigkeit, indem er sich für ein Meßinstrument entschied, das überwiegend politische "issues", wie z.B. "mehr Mitspracherechte am Arbeitsplatz", "starke Verteidigungskräfte", "Kampf gegen Verbrechen", "Wirtschaftswachstum" und "Kampf gegen steigende Preise" als Stimuli verwendet, ohne aber die hiermit verbundene Validitätsproblematik auch nur an einer einzigen Stelle seines inzwischen sehr umfangreich gewordenen Opus anzusprechen (*Inglehart* 1979, 279 ff.).

Angesichts der Nennung solcher Items finden wir Anlaß, an das zurückzudenken, was oben in Ergänzung zu der Umkehrung der Definition von *Shaw & Wright* hinsichtlich der Bedeutung von Informationen als input von Einstellungen gesagt wurde. Es wird uns hierbei zu Bewußtsein kommen müssen, daß z.B. der "Kampf gegen steigende Preise" in der Bevölkerung erfahrungsgemäß in sehr enger Verbindung mit den alltäglich erfahrbaren, bzw. von den Medien thematisierten faktischen Preissteigerungen problematisiert und als "wichtig" eingestuft wird, so daß man nicht überrascht zu sein braucht, wenn dieses Item über die Zeit hinweg betrachtet eine Schwankungscharakteristik aufweist, die verhältnismäßig exakt den Konjunkturverlauf abbildet.

In seinem neuen Buch "Kultureller Umbruch" ("Culture Shift") geht *Inglehart* zwar auf eine vermutliche Differenz zwischen der "latenten (Wert-)Disposition" und der "beobachteten Einstellung" ein. Er reduziert in diesem Zusammenhang die relevante Fragestellung jedoch ausschließlich auf technische Probleme der Messung und Zuverlässigkeit, die mit Erinnerungsschwächen der Probanden bei solchen Befragungen zusammenhängen, die sich in größeren Zeitabständen wiederholen. Diejenige grundsätzlicher gelagerte Validitätsproblematik, die sich aus der Substitution der direkten durch die indirekte Wertemessung über Einstellungen ergibt, bleibt weiterhin unbeachtet (*Inglehart* 1989, 141 ff.).

Was in diesem Zusammenhang als mehr oder weniger unbearbeitetes "Randproblem" ebenfalls offenbleibt, ist die Deutung derjenigen hohen Instabilität, die sich insbesondere seit der Mitte der siebziger Jahre in den Ergebnissen der Wertforschung sowohl auf individueller Ebene, wie auch - mit gewissen Abstrichen - auf der Aggregatebene erkennen ließ. Wenn man - wofür sehr vieles spricht - die seit dieser Zeit erkennbar werdenden verhältnismäßig starken zeitweiligen Schwankungen als Ausdruck realer Werte-Schwankungen interpretiert, so hat dies einsehbarerweise sehr schwerwiegende Rückwirkungen auf die Deutung der inneren Beschaffenheit der individuellen Wertesphäre unter den gegebenen gesellschaftlichen Bedingungen. Derjenige Werteforscher, der sich auf solche Schwankungsphänomene einläßt, kann dies unter den Bedingungen der gegenwärtigen Datenlage eigentlich nur mit einem virulenten Unbehagen angesichts der im Hintergrund stehenden ungelösten Operationalisierungs- und Meßprobleme tun. Er muß sich dessen bewußt sein, daß er mit einigem Mut zur Spekulation einen Vorgriff praktiziert, der im Grunde genommen nur im Wege einer sehr stark intensivierten vergleichenden Aufarbeitung des verfügbaren Materials einlösbar wäre.

Bei realistischer Betrachtung erscheint es allerdings kaum denkbar, die Praxis der indirekten Wertemessung über Einstellungen in der allernächsten Zukunft aufzugeben, obschon dies grundsätzlich gesehen eigentlich sehr wünschenswert wäre. Der entscheidende Grund hierfür ist darin zu suchen, daß bisher noch kaum irgendwelche Meßinstrumente zur Verfügung stehen, denen man ohne prohibitiven Aufwand einen validen direkten Zugriff auf "Wertorientierungen" im strengen Sinne des Wortes zutrauen dürfte.

Nichtsdestoweniger sollte jedoch von der bisherigen Sorglosigkeit im Umgang mit der indirekten Wertemessung Abstand genommen werden.

Eine erste mögliche Richtung des hierbei einzuschlagenden Weges wird erkennbar, wenn man sich die Möglichkeit vor Augen führt, sich den direkten Zugriff auf die "Werte selbst" durch eine zweckentsprechend gestaltete Formulierung der Fragevorgabe zu erschließen (dadurch also, daß man die Probanden expressis verbis nach denjenigen Wertorientierungen fragt, die sie jenseits augenblicklich aktueller Prioritäten "langfristig" oder "grundsätzlich", oder auf "ihr Leben insgesamt bezogen" besitzen). Wir selbst haben diese Richtung bei Befragungen in den Jahren 1988/89 eingeschlagen. Es erwies sich hierbei, daß die "zentralen" Werte über einen mittelfristigen Zeitraum hinweg "im Durchschnitt zwar unwesentlich, aber doch leicht stabiler" waren als "aktuelle" Werte (*Herbert* 1991, 185). Man wird dieses Ergebnis zwar kaum bereits als zufriedenstellend, andererseits aber doch als grundsätzlich ermutigend betrachten dürfen, so daß nichts dagegen spricht, in derselben Richtung weiterzuforschen, um evtl. noch geeignetere Formulierungs-"Schlüssel" aufzufinden.

Eine zweite mögliche Richtung des einzuschlagenden Weges wird durch die Tatsache markiert, daß - wie schon einmal angedeutet - z.B. die Faktorenanalyse die Erschließung der "hinter" Einstellungs-Items stehenden Wertekerne vermittelt und von daher auch die "Zuordnung" von Einstellungs-Items zu Werten gestattet. Eine Verbesserung unserer Instrumente der indirekten Werte-Erfassung läßt sich von hier aus - in Verbindung mit wiederholten Umfragen - auf dem Wege einer iterativen Itemanalyse konzipieren, die sich bei ihren Entscheidungen an den jeweiligen Faktorladungen der Einzel-Items orientiert, aus denen sich ablesen läßt, wie stark sie in den Kontext der betreffenden Faktoren (lies: Wertekerne) eingebunden sind. Man kann sich vorstellen, auf der Grundlage von Faktorenanalysen aufeinanderfolgender Erhebungen mit stufenweise revidierten Itemlisten - gleichsam im Wege eines evolutionären Selektionsprozesses - zu immer höheren Faktorladungen zu gelangen und sich hierdurch bei der indirekten Wertemessung sukzessive an hohe Validitätsniveaus heranzuarbeiten.

Man wird sich allerdings davor zu hüten haben, in eine solche Vorgehensweise allzu enthusiastische Erwartungen zu setzen. Einmal gibt es bei Wiederholungsbefragungen das legitime Interesse, durch eine möglichst unveränderte Beibehaltung des ursprünglich verwendeten Instruments die Vergleichbarkeit der Ergebnisse und damit auch die Durchführbarkeit intertemporaler Analysen sicherzustellen. Zum anderen muß aber auch davon ausgegangen werden, daß der Wertebestand in der Bevölkerung unter den gegenwärtigen Rahmenbedingungen eines erst kurze Zeit zurückliegenden Wertewandelsschubs und verhältnismäßig schwacher institutioneller Wandlungsbremsen auch auf der strukturellen Ebene in Bewegung ist, so daß durchaus mit Verschiebungen im Faktorenspektrum selbst zu rechnen ist.

Im Augenblick gibt es in der Profession noch keine ausreichend intensive Erörterung dieser für die Weiterentwicklung der Forschungspraxis entscheidend wichtigen Frage. Man muß somit hoffen, daß sich hier baldigst eine Änderung einstellt, zu der vielleicht auch die vorliegende Veröffentlichung einen Beitrag zu leisten vermag.

3. Fragen der Erklärung des Wert(e)wandels

3.1 Basisfragen der Ursachenerklärung

Die nunmehr anstehende Hinwendung zu Fragen der Erklärung des Wertewandels wird Gelegenheit und Anlaß bieten, noch einmal auf die vorangegangene definitorische Bestimmung des Verhältnisses von Werten und Einstellungen zurückzukommen und eine verhältnismäßig gravierende Erweiterung derjenigen Definitionsformel vorzunehmen, die oben auf der Grundlage der Ausgangsformel von *Shaw & Wright* vorgeschlagen worden war.

Zunächst soll allerdings eine kurze Einführung in die Ausgangslage, d.h. in die Faktizität des Wertewandelsschubs in der Bundesrepublik Deutschland seit der Mitte der 60er Jahre angeboten werden. Zu diesem Zweck werden nachfolgend zwei Langzeitreihen vorgestellt, die von Karl-Heinz *Reuband* unter Verwendung der Datenbestände des Zentralarchivs für empirische Sozialforschung zusammengestellt wurden (siehe Abb. 1).

Es wird hier die zeitliche Entwicklung des Ausmaßes der Bejahung zweier gegensätzlicher Erziehungsziele in der Bevölkerung der Bundesrepublik Deutschland zwischen 1951 und 1987 dargestellt.

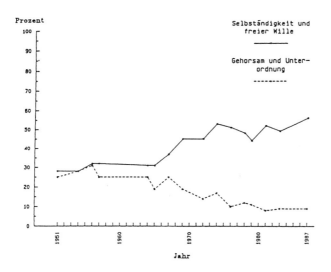

Abb. 1: Erziehungsziele im Zeitverlauf (in %) (*Reuband* 1988, 79)

Die unmittelbare Relevanz der Daten im vorliegenden Zusammenhang rührt erstens daher, daß die Erziehungsziele Indikatoren für den zur Debatte stehenden Wertewandel liefern, die sich auf der Grenzlinie zwischen Einstellungen und Wertorientierungen bewegen und deren Validität in Anbetracht der vergleichsweise geringeren Qualität zahlreicher anderer vorliegender Daten als verhältnismäßig hoch zu veranschlagen ist. Zweitens bieten gerade diese Daten aber auch den angesichts weithin fehlender Zeitreihenanalysen unschätzbaren Vorteil einer lückenlosen Intertemporalität.

Sie bilden darüber hinaus nicht nur denjenigen Zeitraum ab, der für den Wertewandel seit den 60er Jahren selbst zu veranschlagen ist, sondern auch dessen zeitliches Vorfeld und Hinterland, so daß seine Beschaffenheit im Kontrast zu vorangehenden und nachfolgenden Perioden deutlicher erfaßbar wird.

Bei der Interpretation der Verläufe ergibt sich das folgende Bild:

Bis gegen Mitte der 60er Jahre bestand eine ausgeprägte Wertekonstanz. Es stellte sich jedoch um diese Zeit verhältnismäßig plötzlich, ohne gleitenden Übergang, eine dramatische Scherenbewegung ein, in deren Verlauf sich die Stärkeverhältnisse zwischen den beiden Erziehungszielen fortwährend verschoben. Es fand, mit anderen Worten, ein stürmisch ablaufender und einschneidender Wert(e)wandelsschub statt, dessen Generallinie sich mittels der abkürzenden Formel "von Pflicht- und Akzeptanzwerten zu Selbstentfaltungswerten" kennzeichnen läßt. Gegen Mitte der 70er Jahre setzte dann eine rückläufige Bewegung ein, die es erlaubt, von einem Ende dieses Wertewandelsschubs zu sprechen. Ab 1979 (mit völliger Sicherheit ab 1983) erfolgte dann der Übergang zu einer Fortsetzung des Wertewandels, die noch bis in die allerletzte Zeit hinein anhielt und die es erlaubt, von einem "zweiten Wertewandelsschub" zu sprechen.

Es soll nun allerdings an dieser Stelle nicht der Verlauf des Wertewandels, sondern vielmehr die Frage nach seinen Ursachen erörtert werden. Selbst wenn dies im Augenblick noch nicht erkennbar sein mag, wird uns der nunmehrige Übergang zu dieser Frage wieder zum zentralen Thema des vorliegenden Textes, d.h. zum Verhältnis zwischen Werten und Einstellungen zurückführen.

Zunächst muß an dieser Stelle verhältnismäßig pauschal berichtet werden, daß die Frage nach den Ursachen des Wertewandels dort, wo sie bisher aufgeworfen wurde, im allgemeinen mit dem Hinweis auf den gesellschaftlichen "Modernisierungsprozeß" beantwortet wurde.

Für diese Antwort gibt es, um allen Mißverständnissen vorzubeugen, eine Reihe von guten Gründen. Vor allem die erste Hälfte der 60er Jahre war reich an sozio-ökonomischen Struktur-"Revolutionen", die dem Plausibilitätsurteil, daß die bisherige Vorherrschaft der Pflicht- und Akzeptanzwerte "unzeitgemäß" wurde, so daß ein "Wert(e)wandel - aus objektiven Gründen - in der Luft lag, eine komfortable Grundlage vermitteln.

Der Soziologe neigt - aufgrund eines Fortwirkens materialistisch-kollektivistischer Theorietraditionselemente - im allgemeinen dazu, an diesem Punkt ein unmittelbares "Evidenzerlebnis" zu haben und auf weitere Fragen zu verzichten.

Der sozialpsychologisch orientierte Leser wird allerdings inzwischen mit einer gewissen Wahrscheinlichkeit bereits aufgemerkt haben und zu einem "hinterfragenden" Nachdenken übergegangen sein. Er - oder sie - mag sich vielleicht sagen: Nun gut, in der ersten Hälfte der 60er Jahre erweiterten sich bekanntermaßen die Sozialchancen zunehmend großer Teile der Bevölkerung der Bundesrepublik auf eine eklatante Weise. Es gab - aufgrund einer anhaltenden Prosperität und des wachsenden Nettoeinkommens auch der breiten Bevölkerungsschichten - vorher ungeahnte Konsumchancen, wie auch in Verbindung hiermit ein Umkippen des bis dahin vorherrschenden "Produzentenmarktes" in den "Konsumentenmarkt" (man denke nur an den damals auftauchenden Slogan "Der Kunde ist König", über den bezeichnenderweise nie gelacht wurde). Es gab - in unmittelbarer Verbindung hiermit - gleichzeitig aber auch vorher ungeahnte Möglichkeiten der "freien Berufswahl" auf den Arbeitsmärkten, die - unter Verwendung der alltagsgängigen Terminologie der Epoche ausgedrückt - permanent "leergefegt" waren.

Damit aber nicht genug. Es gab weiterhin vorher ungeahnte Bildungschancen, wie auch bis dahin unbekannte Informationsmöglichkeiten aufgrund der in dieselbe Periode fallenden stürmischen Entwicklung der Massenmedien. Es gab, darüber hinaus, aber auch ungeahnte Freizeitchancen und - aufgrund der "Vollmotorisierung" - vorher ungeahnte Möglichkeiten einer "freien" Bewegung im Raum. All dies konnte sicherlich von Menschen mit vorherrschenden Pflicht- und Akzeptanzwerten aufgrund interner Reaktanzneigungen nicht voll genutzt werden, sondern mochte von ihnen eher als Trend zur Verschwendungs- und Wegwerfgesellschaft, als "Konsumterror" und verdeckte kapitalistische Ausbeutung kritisiert werden.

Die Frage, wieso es nichtsdestoweniger zum "Wert(e)wandel", d.h. also letztlich zu einer Anpassung der Werte an die erweiterten und der Individualitätssphäre größeren Spielraum anbietenden Sozialchancen kam, wird dem vorstehend unterstellten "hinterfragenden" Sozialpsychologen nun aber aufgrund solcher

Hinweise noch keineswegs als beantwortet erscheinen können. Dies wird natürlich vor allem dann der Fall sein müssen, wenn er - oder sie - von dem Grundverständnis ausgeht, Werte seien die fundierenden Kerne derjenigen Einstellungen, mit denen Menschen auf Objekte in der Umwelt reagieren.

Die Werte werden in dieser Formel ersichtlicherweise als die zumindest relativ konstanten Elemente des Individualsystems vorausgesetzt, was letztlich auch zwingend zu sein scheint, denn wie anders wäre denn eine strukturierte, von personalen Binnenfaktoren her gesteuerte "Reaktion" der Menschen auf Umweltsachverhalte überhaupt denkbar?

Von daher wäre bei einem "revolutionären" Wandel der sozialen Verhältnisse allerdings eher Reaktanz angezeigt - es sei denn, den neuen Sozialchancen hätten in den existierenden, an und für sich wandlungsresistenten Wert- und Einstellungsstrukturen bestimmte "Einfallstore" zur Verfügung gestanden, über welche hinweg sie Nutzungsmotive und -rechtfertigungen auslösen konnten, die ihrerseits sukzessive innere Umorientierungsbewegungen ingang setzten, welche zunächst Einstellungsänderungen und endlich, in deren Gefolge, einen Wertewandel hervorriefen. Mit anderen Worten würde bei einer solchen Deutung davon auszugehen sein, daß den "revolutionären" sozio-ökonomischen Chancenangeboten der 60er Jahre aufgrund vorhandener Einfallstore (oder "Offenheiten", "Mehrdeutigkeiten", oder "Indeterminiertheiten" im Bereich der geltenden Werte) Attraktivitäten oder Anreizqualitäten antinomischer Art zufielen, die den Menschen eine verhältnismäßig konfliktfreie Chancennutzung gestatteten, woraus sich in der Folge kumulative, d.h. immer weitere Kreise ziehende innere Umsteuerungsprozesse ableiteten, denen mit der Zeit ein zunehmendes Momentum zuwuchs, die also gewissermaßen eskalierten und die dann endlich in einem bestimmten "kritischen" Augenblick diejenige Kraft besaßen, die nötig war, um in die Wertesphäre selbst "einzubrechen" und sie zu einer Umorganisation zu veranlassen.

Tatsächlich wird man, wenn man als Soziologe nach solchen "Einfallstoren" zu suchen beginnt, in einem reichlichen Maße fündig. Grundsätzlich gesehen fand sich in der Gruppe der Pflicht- und Akzeptanzwerte stets eine handfeste "Materialismus"-Komponente, die von *Inglehart* sogar zu einem Hauptmerkmal dieser Wertegruppe emporgehoben werden konnte, was allerdings sicherlich eine grobe Übertreibung bedeutete. Weiter war z.B. zu Beginn der 60er Jahre die herkömmliche Maxime "Schuster bleib bei deinen Leisten" schon längst durch zunehmende Interessen am sozialen Aufstieg relativiert worden, die sich zwangsläufig insbesondere aus der betrieblichen Situation der stark anwachsenden Sozialgruppe der Angestellten ableiteten. In der Arbeiterschaft waren Prozesse der beruflichen Differenzierung in Gang gekommen, welche die zeitweilige Klassensolidarität aufgesprengt und Interessen am individuellen Weiterkommen einen breiten Spielraum verschafft hatten. In den großstädtischen Nachbarschaften war die vormals so wirkungskräftige gegenseitige Sozialkontrolle zu Beginn der 60er Jahre aufgrund der immer wiederholten Erfahrung der Menschen außer Kraft gesetzt worden, daß die Maßstäbe der Lebensstil- und Verhaltensbewertung nicht mehr übereinstimmten. Selbst gegenüber dem sozialen Kontakt in der Nachbarschaft gab es in dieser Zeit bereits deutliche Zurückhaltungs- und Distanzmotive, die auf derselben Grundlage aufruhten (*Klages* 1992).

Es war, mit anderen Worten, um diese Zeit bereits eine "Entnormativierungs"-Bewegung (*Nunner-Winkler* 1988, 235 ff.) und Individualisierungstendenz in den Realitätswahrnehmungen und Verhaltensweisen in Gang gekommen, welche zahlreiche Einzelbereiche des individuellen Einstellungsuniversums betraf. Von daher gesehen könnte es angezeigt erscheinen, nicht nur von "Einfallstoren" zu sprechen, sondern einen dynamischeren Terminus zu gebrauchen und z.B. von breiten "Einfallsstraßen" oder "-bahnen" zu reden, auf denen sich insbesondere kognitive Prozesse der Einstellungsänderung entfalten konnten.

3.2 Erklärungsfragen auf faktennäherer Ebene

Sehr auffällig bleiben bei alledem natürlich das plötzliche Einsetzen und der Schub-Charakter des Wertewandels selbst im Anschluß an eine Periode relativer Veränderungslosigkeit. Geht man im Anschluß an das eben Gesagte davon aus, daß es bereits im Vorfeld des Wandels kumulative Einstellungs- und Verhaltensänderungen gegeben hatte, dann muß man eine längerfristige Resistenz-Disposition im Bereich der Werte unterstellen, die sie zunächst an einem graduellen "Mitgehen" mit den sich wandelnden Einstellungen und Verhaltensweisen hinderten, die jedoch nachfolgend in einem "kritischen" Augenblick, d.h. vermutlich nach der Überschreitung eines Schwellenwerts, "schlagartig" in Wegfall geriet.

Es spricht nichts dagegen, auf diesen letzteren Vorgang ein "katastrophentheoretisches" Deutungsmodell anzuwenden, wie es von *Witte* zur Erklärung abrupter Veränderungen von Handlungsweisen auf dem Hintergrund gewandelter Einstellungen bereits eingeführt wurde (*Witte* 1989, 380).

Allerdings müßte diese Erklärungsperspektive im Fall des Wertewandelsschubs gewissermaßen auf den Kopf gestellt werden. Es müßte ja davon ausgegangen werden, daß eine kumulative Änderungstendenz im Bereich eng miteinander verbundener Verhaltensweisen und Einstellungen zunächst eine wachsende Diskrepanz im Verhältnis zu verharrenden und sich abschirmenden Werten erzeugte, die bei der Erreichung eines kritischen Spannungsniveaus aber nicht etwa zum plötzlichen Zusammenbruch dieser Tendenz, sondern umgekehrt zu einer Anpassungsmutation im Bereich der Werte führte.

Eine solche Deutung müßte möglicherweise mit dem Zusatz versehen werden, daß die gekennzeichnete Entwicklung über einen "Bifurkations"-Punkt hinweg verlief, an welchem zunächst zwei höchst unterschiedliche Wandlungstendenzen, die einer Wiederdurchsetzung der bisherigen Werte und die einer Durchsetzung der neuen Einstellungs- und Verhaltenstendenz gegenüber den Werten nämlich, gleichermaßen im Bereich des Möglichen lagen. Mit anderen Worten müßte der katastrophentheoretischen Deutung noch eine "chaostheoretische" Komponente hinzugefügt werden.

All dies ist vorerst noch Spekulation und insofern im gegenwärtigen Augenblick auch noch verhältnismäßig schutzlos der kritischen Diskussion überantwortet.

Es ergibt sich aus dieser Überlegung nichtsdestoweniger aber die Folgerung, daß die relationale Umkehrdefinition von Werten und Einstellungen, die eingangs im Anschluß an *Shaw & Wright* vorgetragen wurde, dringend erweiterungsbedürftig erscheinen muß. "Werte" sind dann nämlich nicht mehr unter allen empirisch infragekommenden Umständen die "fundierenden" Bestimmungsgrößen von Einstellungen. Vielmehr handelt es sich bei einer solchen Formulierung dann um die Festhaltung einer Kausalbeziehung, mit welcher man zwar "in der Regel" rechnen kann, die sich jedoch im "Ausnahmefall" auch umzukehren vermag. In diesem - naturgemäß höchst bedeutsamen - Ausnahmefall würden kontra-intuitiverweise Einstellungen - in Verbindung mit Verhaltensweisen - zu den fundierenden Bestimmungsgrößen von Werten, oder, etwas offener formuliert, zu ihren Prädiktorvariablen werden.

Wenn man die Dinge so sieht, dann ergibt sich natürlich sofort die Folgefrage nach der kategorialen Bestimmung derjenigen Bedingungen, unter denen dieser den Wertewandel auslösende Ausnahmefall erwartbar ist.

Diese für die Weiterentwicklung der Wertforschung ausgesprochen strategische Frage soll an dieser Stelle zunächst nur vermerkt, nicht jedoch bereits einer Beantwortung zugeführt werden.

Es soll im vorliegenden Zusammenhang vielmehr noch eine weitere Frage sichtbar gemacht werden, die mit der vorstehenden in einem engen Zusammenhang steht und die vermutlich in einer engen Gemeinsamkeit mit ihr der Bearbeitung zuzuführen sein wird. Es muß zu diesem Zweck zunächst noch einmal zu der Darstellung der Ausgangslage des Wertewandels zurückgekehrt werden, der nunmehr noch einige weiterführende Informationen hinzuzufügen sein werden.

Wenn man genauer auf die Fakten hinblickt, dann kann man erkennen, daß die Formel "von Pflicht- und Akzeptanzwerten zu Selbstentfaltungswerten" gewissermaßen nur die "Generallinie" (oder: den "Megatrend") des Wertewandels wiedergibt. Diese Formel bilanziert die in der Wirklichkeit insgesamt stattfindenden Wandlungsbewegungen und sie weist genaugenommen nur denjenigen Saldo aus, den man erhält, wenn man danach fragt, welches Nettoergebnis "unter dem Strich" aus der Gesamtheit dieser Bewegungen resultiert.

Geht man nun aber den umgekehrten Weg, fragt man also mit einer differenzierungsfreudigeren Optik nach dem Charakter der Einzelbewegungen, die "über dem Strich" stehen, dann wird man eines weiteren kontra-intuitiven Erlebnisses teilhaftig. Man stellt dann nämlich fest, daß in der Wirklichkeit alle überhaupt nur denkbaren Kombinationen der - logisch betrachtet Gegenpole darstellenden - Pflicht- und Akzeptanzwerte und der Selbstentfaltungswerte vorkommen. Zwar gibt es Menschen, bei denen in der Tat ein "Wertumsturz" vorliegt, bei denen also niedrig ausgeprägte Pflicht- und Akzeptanzwerte mit hoch ausgeprägten Selbstentfaltungswerten kombiniert sind, und somit die Generallinie des Wertewandels unmittelbar verkörpern. Daneben stehen aber Menschen, bei denen beide Wertepole niedrig ausgeprägt sind, weiter aber auch Menschen, bei denen beiden Wertegruppen mittelstark ausgeprägt sind und endlich auch Menschen, bei denen beide Wertegruppen überraschenderweise sehr stark ausgeprägt sind (*Klages* 1988, 118 ff.).

Prüft man nun nach, ob sich diese unterschiedlichen "Wertetypen" auch auf der Einstellungs- und Verhaltensdispositionsebene unterscheiden, so kommt man zu einem überraschend klaren und höchst eindeutigen Ergebnis, das nachfolgend anhand von Tabelle 1 (siehe folgende Seite) veranschaulicht wird, die Teilergebnisse aus einer neueren Umfrage ausweist.

Die in der Tabelle auftretenden Plus- und Minuszeichen symbolisieren Abweichungen vom jeweiligen Mittelwert; die Bezeichnungen in der Kopfzeile weisen auf diejenigen vier "Wertetypen" hin, die zum Zeitpunkt der Untersuchung (1989) ermittelt werden konnten.

Was beim Lesen der Tabelle sofort ins Auge fällt, ist naturgemäß die Prägnanz, mit der sich die Einstellungsprofile der erfaßten vier Wertetypen voneinander abheben.

	Wertetypen			
	Typ 1	Typ 2	Typ 3	Typ 4
Zufriedenheitsdisposition	+ +	+	−	− −
Anpassungsbereitschaft = Autonomieverzicht	+ +	−	+	− −
Durchsetzungsfähigkeit	−	+ +	− −	+
Eigeninitiative	−	+ +	− −	+
Selbstzuschreibung hoher Arbeitsleistung	+ +	+ +	− −	− −
Interesse an vermehrter Leistung	−	+ +	−	+
Interesse an sinnvoller Arbeit	−	+ +	−	+ +
Bereitschaft zu Mehrarbeit bei erhöhter Bezahlung	+ +	+	−	− −
Interesse an verkürzter Arbeitszeit bei verminderter Bezahlung	− −	−	+	+ +
Interesse an handlungsfähiger, kompetenter Führung	+ +	+ +	+	−
Gesellschaftspolitisches Engagement	−	+	− −	+ +
Interesse an gesellschaftlichen Änderungen (+ Bereitschaft, hierfür einzutreten)	−	+	−	+ +
Bereitschaft, aktiv für eigene Interessen zu kämpfen	− −	+	−	+
Interesse an sozialer Sicherheit	+ +	+ +	+ +	−

Tab. 1: Typenspezifische Profile: Einstellungen und Verhaltensdispositionen (*Klages, H., G. Franz & W. Herbert* 1985).

Die Fragestellung, der in diesem Augenblick nachgegangen werden soll, betrifft nun allerdings gar nicht diese für sich betrachtet erstaunliche Entdeckung, sondern vielmehr die vorgelagerte - und keineswegs ohne weiteres verständliche - Basistatsache, daß die vorhin auf hypothetischer Ebene angesprochene Anpassungsmutation der Werte im Wertewandelsschub dermaßen unterschiedliche Qualitäten annehmen konnte. Die mit dieser Anpassungsmutation erreichte Spannungsreduktion im Verhältnis von Einstellungen und Verhaltensweisen auf der einen Seite und Werten auf der anderen Seite setzte, wie sich zeigt, nicht unbedingt einen Werte-Umsturz in Gang, sondern war auch alternativ in der Form einer Werte-Balancierung im Mittelfeld der Pflicht- und Akzeptanzwerte und der Selbstentfaltungswerte, wie auch im Sinne einer Werte-Depression am unteren Ende der beiden Werte-Skalen, wie letztlich auch im Sinne einer Werte-Synthese im oberen Grenzbereich der beiden Werte-Skalen möglich.

Es wird an dieser Stelle deutlich, daß der in der Soziologie übliche Hinweis auf den "Modernisierungs"-Prozeß als Ursache des Wertewandels seine Erklärungskraft zumindest teilweise verliert, sobald man sich von der Makroebene der

Aggregatbetrachtung auf die Mesoebene der Analyse konkreter Ausprägungs-
formen des Wandels bei einzelnen Bevölkerungsgruppen begibt.

Die Schwierigkeit und Offenheit der bei einem solchen Ebenenwechsel auftauchenden Erklärungsprobleme wird noch deutlicher erkennbar, wenn man
sich bei einer Kontrolle der Soziodemographie der Wertetypen der Tatsache
vergewissert, daß bei einem derartigen Vorgehen keine eindeutigen Differenzierungen erzielbar sind. Zwar lassen sich zwischen den Typen graduelle Alters-,
Bildungs-, Geschlechts- und Schichtungsunterschiede feststellen, die aber
letztlich doch zu schwach sind, um die fragliche Varianz ausreichend zu erklären. Der "rein soziologisch" vorgehende Erklärungsansatz stößt somit auf ein
erhebliches Maß an "Kontingenz", so daß ein Akt der interdisziplinären Grenzüberschreitung in Richtung der Sozialpsychologie nahegelegt erscheint, die
offensichtlich einen Vorrat an zusätzlichen Erklärungspotentialen bereithält.

Es wird bei einer solchen Grenzüberschreitung zunächst erforderlich sein, sich
der obigen Bemerkung zu vergewissern, daß der Wertewandel mit einer
gewissen Wahrscheinlichkeit über einen "Bifurkationspunkt" verlief, so daß
sowohl Reaktanz- wie auch Adaptions- bzw. Innovationsreaktionen im Bereich
des Möglichen lagen. Unter der Voraussetzung, daß eine solche Annahme
zutrifft, kann davon ausgegangen werden, daß den Besonderheiten der auf der
individuellen Ebene vorhandenen und möglicherweise als "Auslöser" wirkenden
"Situationen" mit ihrer verhältnismäßig großen Streubreite, wie auch den interindividuellen Unterschieden im Bereich interner Bestimmungsgrößen des Personsystems eine verhältnismäßig große Einwirkungschance offenstand (und vermutlich noch immer offensteht). Faßt man den in diesem weiten Feld insgesamt
verfügbaren sehr großen Vorrat an potentiell erklärungskräftigen Theoremen
ins Auge, dann kann man zu der Folgerung gelangen, daß der anfängliche
Eindruck des Soziologen, einen Mangel an Deutungsmöglichkeiten gegenüber-
zustehen, letztlich nichts anderes war als der Niederschlag einer partiellen Seh-
schwäche aufgrund einer unidisziplinären Introversion. Das ursprünglich ange-
nommene Suchproblem tranformiert sich dann unversehens in ein Problem der
Auswahl unter den verfügbaren Erklärungsmöglichkeiten, d.h. aber letztlich in
ein Problem der Beschaffung einer ausreichend differenzierten Menge zusätzlicher Daten und somit wiederum mit einer Aufgabe zusätzlicher empirischer
Forschung.

Immerhin erlauben die bisher vorliegenden empirisch gesicherten Erkenntnisse
aber erstens bereits heute die Feststellung, daß z.B. das Auftreten von "kritischen Lebensereignissen" dazu beitragen kann, den Standort von Individuen
im Typenspektrum zu verändern, d.h. z.B. einen Zugang zur "Wertesynthese"
wie auch ihren Verlust hervorzurufen (*Franz & Herbert* 1987, 55 ff.). Es

verbindet sich hiermit die aufregende Entdeckung der Möglichkeit individueller Werte-Karrieren, die sich mit völliger Sicherheit zu einem sehr großen Teil innerhalb übergreifender Rahmenbedingungen des Wertewandels auf der Makro- und Mesoebene vollziehen, die jedoch unter bestimmten Bedingungen auch den Wertewandel selbst zu modifizieren und - zum Teil - zu tragen vermögen.

Zweitens erlauben die bisher vorliegenden empirischen Erkenntnisse aber auch die Feststellung, daß das Spektrum der Wertetypen selbst in Bewegung ist. Die Entstehung zumindest eines "neuen" Wertetyps gegen die Mitte der 80er Jahre konnte in einigen Untersuchungen bereits mit ausreichender Eindeutigkeit nachgewiesen werden (*Herbert* 1988, 140 ff.).

Die vorliegenden empirischen Erkenntnisse erlauben endlich in Verbindung hiermit drittens die Feststellung, daß die "älteren" Wertetypen offenbar bestehen bleiben, wenngleich sich ihre Mengenanteile zu verändern vermögen, so daß sich insgesamt eine Entwicklung in Richtung einer zunehmenden Differenzierung des Wertetypen-Spektrums, d.h. also eine Werte-"Pluralisierung", abzeichnet.

Es darf darüber spekuliert werden, ob diese Differenzierungsbewegung, die sich mit einer verhältnismäßig hohen Fluktuation der Typenzugehörigkeit der Individuen verbindet, eine Auflösung der in der bisherigen Geschichte vorherrschenden gesellschaftlichen "Werte"-Steuerung und -Prägung zu Gunsten einer hochgradig individuierten und "flüssigen" Gestaltnahme von Wertungen darstellt und welche Folgerungen dies im gesamtgesellschaftlichen Zusammenhang hat. Der auf der Ebene der Makrobetrachtung identifizierbare "Megatrend" des Wertewandels könnte sich dann zunehmend als ein idealtypisches Konstrukt erweisen, dessen heute schon absehbare soziale Institutionalisierung der Gesellschaft dann einen gleichsam "ideologischen" Überbau (oder auch: ein ins Normative gewendetes Selbstbild) überstülpen würde.

Die Wertforschung gewinnt durch solche Perspektiven eine enorme Faszination, wie auch einen unübersehbar breiten und tiefen Tätigkeitsspielraum. Es ist zu hoffen, daß die hier auf ihre Lösung harrenden Forschungsaufgaben diejenige kontinuierliche interdisziplinäre Zuwendung erfahren werden, die ihnen zukommt.

Literatur

Franz, G., H. Willi (1987): Werte zwischen Stabilität und Veränderung: Die Bedeutung von Schichtzugehörigkeit und Lebenszyklus. In: H. Klages, G. Franz & W. Herbert (Hrsg.): Sozialpsychologie der Wohlfahrtsgesellschaft. Zur Dynamik von Wertorientierungen, Einstellungen und Ansprüchen. Frankfurt a.M.

Herbert, W. (1988): Wertwandel in den 80er Jahren. Entwicklung eines neuen Wertmusters? In: H.O. Luthe, H. Meulemann: Wertwandel - Faktum oder Fiktion? Bestandsaufnahmen und Diagnosen aus kultursoziologischer Sicht. Frankfurt a.M.

Herbert, W. (1991): Dynamik von Wertänderungen. Abschlußbericht des DFG-Projekts "Dynamik von Wertänderungsprozessen. Intraindividuelle Wertinstabilitäten, Prozesse von Wertsteuerungen auf dem Hintergrund situativer Kontexte". Speyer (unveröffentl. Manuskript)

Inglehart, R. (1979): Wertwandel in den westlichen Gesellschaften: Politische Konsequenzen von materialistischen und postmaterialistischen Prioritäten. In: H. Klages, P. Kmieciak: Wertwandel und gesellschaftlicher Wandel.

Inglehart, R. (1989): Kultureller Umbruch. Wertwandel in der westlichen Welt. Frankfurt a.M.

Klages, H. (1988): Wertedynamik. Über die Wandelbarkeit des Selbstverständlichen. Zürich.

Klages, H. (1992): Verlaufsanalyse eines Traditionsbruchs. Untersuchungen zum Einsetzen des Wertewandels in der Bundesrepublik Deutschland in den 60er Jahren (noch unveröffentl. vervielfältigtes Manuskript).

Klages, H., G. Franz & W. Herbert: Wertwandel in der Jugend. Neue Herausforderungen für die Unternehmensführung. In: Personal 2/85, März 1985.

Kluckhohn, C. (1951): Values and Value Orientations in the Theory of Action. An Exploration in Definitions and Classifications. In: T. Parsons, E.A. Shils (eds.): Toward a Theory of Action.

Kmieciak, P. (1976): Wertstrukturen und Wertwandel in der Bundesrepublik Deutschland. Göttingen.

Lautmann, R. (1969): Wert und Norm. Begriffsanalysen für die Soziologie. Köln, Opladen.

Nunner-Winkler, G. (1988): Entwicklungslogik und Wertwandel: Ein Erklärungsansatz und seine Grenzen. In: H.O. Luthe, H. Meulemann (Hrsg.): Wertwandel - Faktum oder Fiktion? Bestandsaufnahmen und Diagnosen aus kultursoziologischer Sicht. Frankfurt a.M.

Reuband, H.K. (1988): Von äußerer Verhaltenskonformität zu selbständigem Handeln: Über die Bedeutung kultureller und struktureller Einflüsse für den Wandel in den Erziehungszielen und Sozialisationsinhalten. In: H.O. Luthe,

H. Meulemann (Hrsg.): Wertwandel - Faktum oder Fiktion? Bestandsaufnahmen und Diagnosen aus kultursoziologischer Sicht. Frankfurt a.M.

Schulz, W. (1976): Die Konstruktion von Realität in den Nachrichtenmedien. Analyse der aktuellen Berichterstattung, Freiburg, München.

Witte, E.H. (1989): Sozialpsychologie. Ein Lehrbuch. München.

IST DER EINSTELLUNGSBEGRIFF ÜBERFLÜSSIG?
DIE NICHT-VERWENDUNG DES EINSTELLUNGSKONZEPTS IN DER ETHNOLOGIE

Rolf Wirsing

Zusammenfassung: Der Begriff der Einstellung als eine zwischen Individuen variierende und vom Forscher beobachtete Haltung ist kein ethnologischer Begriff. Für diesen Begriff ist im wissenschaftlichen Begriffsgebäude der Ethnologie kein Platz vorgesehen, er zeigt teilweise jedoch auch Ähnlichkeit mit dem ethnologischen Begriff der Kultur und seinem Wissen, seinen Werten und Normen. Der Begriff der Einstellung scheint in der Ethnologie überflüssig, weil erstens der Forschungsgegenstand und das Erkenntnisinteresse der Ethnologie nicht auf Individuen, sondern auf Kulturen ausgerichtet ist, und zweitens weil die ethnologische Feldforschung ihre Informanten weniger als selbstbestimmte Individuen, sondern eher als "kollektivistische" und kulturgeformte Träger und Vermittler ihrer Kultur betrachtet.

1. Die Nicht-Verwendung des Einstellungskonzepts in der Ethnologie

Ist der Begriff der Einstellung entbehrlich? Diese Frage thematisiert einen Begriff, den Ethnologen offenbar nicht als Teil des wissenschaftlichen Vokabulars ihrer Disziplin betrachten. Mit dem Begriff der Einstellung werden eher solche Disziplinen wie Soziologie und Psychologie und weniger die Ethnologie assoziiert. Ich kann mich auch nicht entsinnen, diesen Begriff in meiner Disziplin verwendet gesehen zu haben: weder während meiner formalen Ausbildung zum Kulturanthropologen in den USA, noch in namhaften deutsch- oder englischsprachigen ethnologischen Abhandlungen. Nur um mich noch einmal zu vergewissern, habe ich nach diesem Begriff in den Einträgen ethnologischer Wörterbücher (*Hirschberg* 1988, *Streck* 1987, *Panoff* u.a. 1982, *Seymorer-Smith* 1986) gesucht. Mein o.g. Eindruck von der Nichtverwendung dieses Begriffs hat sich bestätigt, was die deutsche Literatur angeht. Ich habe jedoch in einem englischsprachigen Wörterbuch (*Seymorer-Smith* 1986, 19) den Begriff des "Systems von Einstellungen" entdeckt. Mit diesem, vom geistigen Vater des Funktionalismus, *Radcliffe-Brown* geprägten Begriff sollte in der Verwandtschaftsforschung der Satz der Rechte, Pflichten und Gefühle bezeichnet werden, der charakteristisch für die Beziehungen zwischen zwei konkreten Klassen von Verwandten - wie z.b. zwischen Vätern und Söhnen - in einer konkreten Kultur ist. Solche kulturell erwarteten, zwischen Individuen unterschiedlicher Verwandtschaftsklassen zu beobachtende Verhaltensweisen, wie z.B. Respekt oder gegenseitige Meidung, würden heute wahrscheinlich weder von Soziologen und Psychologen noch von Ethnologen als Einstellungen bezeichnet werden. Ich bin sicher, daß Ethnologen hier eher von einem System verwandtschaftsspezifischer Normen oder Werte sprechen würden.

2. Das wissenschaftliche Paradigma der Ethnologie

Wie können nun die Ethnologen ohne den Begriff der Einstellung auskommen? Der Begriff der Einstellung, so wie ich ihn aus meiner Kenntnis der soziologischen und psychologischen Forschung verstehe, ist eine zwischen den untersuchten Subjekten variierende, in der Regel verbal geäußerte Haltung gegenüber kulturell konstruierten Klassen von Personen, Objekten, oder Handlungen. Wichtig für mich ist, daß die Träger von Einstellungen Individuen sind und daß diese Individuen untereinander eine hohe Varianz gegenüber dem Gegenstand der Einstellung zeigen. Der Gegenstand der Einstellung wird den Befragten in der Regel als ein abstrakter Begriff (z.B. als eine kulturell konstruierte Klasse von Personen) und nicht als eine konkrete Erscheinung präsentiert, wobei - wie z.B. *Witte* (1989, 362) ausführt - die Mutterrolle, bzw. die Klasse "Mütter" ein solcher Gegenstand der Einstellung sein kann, nicht aber die eigene Mutter. Von einer solchen, in einer kontrollierten Forschungssituation erhobenen Haltung gegenüber dem Einstellungsgegenstand wird angenommen, daß sie sowohl erlern- als auch veränderbar ist, als auch Voraussagen über das konkrete Verhalten des Befragten gegenüber dem Einstellungsgegenstand erlaubt.

Von einem so verstandenen Einstellungsbegriff versprechen sich die Ethnologen, wenn ich einmal für sie sprechen darf, offenbar keinen großen Nutzen. Die Gründe für ihr Desinteresse lassen sich durch einen Verweis auf das in der Ethnologie dominierende wissenschaftliche Paradigma und das daraus abgeleitete Forschungshandeln zeigen. Der wichtigste Grund für das Desinteresse der Ethnologen scheint aber der zu sein, daß ihr Interesse menschlichen Gesellschaften mit meist "kollektivistischen" Neigungen gilt, die ihnen die Annahme der Homogenität der Kultur dieser Gesellschaften erleichtern. Der Kulturbegriff der Ethnologen scheint aber die gleiche Rolle und Bedeutung einzunehmen, die der Einstellungsbegriff - so wie er von *Witte* (1989) dargestellt wird - bei den Sozialpsychologen hat. Ich möchte zuerst die letzte Behauptung durch eine Darstellung der strukturellen und funktionalen Ähnlichkeiten der Begriffe von Kultur und Einstellung belegen und erst dann auf den erstgenannten Grund des ethnologischen Desinteresses eingehen.

3. Kultur und Einstellung

Der Forschungsgegenstand eines Ethnologen ist die Kultur einer ihm fremden menschlichen Gesellschaft, die er in der Regel als eine Lebens-, Denk- und Sprechgemeinschaft konstruiert. Obwohl seine Disziplin sich in der Definition dieses Konstrukts nicht festlegen möchte, gilt doch als augenblicklicher Konsens, daß sich jede Kultur durch die kognitive, evaluative und normative Welt ihrer Mitglieder beschreiben und charakterisieren läßt. Der kognitive Aspekt der Kultur bezieht sich auf das strukturierte Wissen einer Gruppe und auf den Konsens darüber, wie die Wirklichkeit wahrzunehmen sei. Die Struktur dieses Wissens, das sich z.b. in unterschiedliche Wissensdomänen (z.b. Wissen über Menschen, Tiere, Pflanzen) aufteilen ließe, wird dabei im einfachsten Fall als eine Taxonomie von Begriffen gesehen. Der evaluative Aspekt der Kultur sagt, inwieweit die so erkannte und benannte Wirklichkeit zu bewerten ist, d. h. ob sie gut oder schlecht, wünschens- bzw. erstrebenswert ist oder nicht. Normen geben Hinweise darauf, wie auf die Realität zu reagieren und wie erstrebte Ziele zu erreichen sind (vgl. auch *Kluckhohn* 1951).

Der Forschungsgegenstand "Kultur" teilt vergleichbare Dimensionen mit dem der "Einstellung", von denen *Witte* (1989, 361 f.) nämlich sagt, daß sie aus den kognitiven, affektiven und konativen "Subsystemen" bestünden. Ein Unterschied zeigt sich allerdings darin, daß Ethnologen die im Einstellungsbegriff angesprochene affektive Komponente vernachlässigen und durch die evaluative Dimension ersetzen, von der angenommen werden kann, daß sie eine generalisierte Form affektiver Haltungen ist. Mehr Ähnlichkeit besteht bei den Funktionen, die beiden Begriffen zugeschrieben werden: bei beiden wird die Aufgabe der Komplexitätsreduktion und Anpassung betont.

Der wichtige Unterschied zwischen "Kultur" und "Einstellung" ist der, daß sich "Kultur" auf die gesamte, von allen Mitgliedern einer Gruppe geteilte und tradierte Erfahrung bezieht, während "Einstellung" sich nur auf die Haltung einer Person und nur auf einen allgemeinen Begriff oder Erfahrungsbereich stützt. Kultur ist die Summe des gesamten Wissens über die erfahrbare Welt und die von der Tradition her begründete Haltung zum Leben, unabhängig von ihren konkreten Mitgliedern. Einstellung ist hingegen die momentane Haltung eines spezifischen Individuums zu einer einzigen Klasse von Objekten.

Eine weitere wichtige Annahme des Ethnologen ist die der Homogenität der Kultur, d.h. die Annahme, daß - trotz der vom Forscher wahrgenommenen Variabilität - in jedem Bereich der Kultur bzw. in jeder kulturellen Domäne ein Muster dominiert, das als Orientierung für das Verhalten aller betrachtet werden kann. Für ihn ist demnach jeder Informant zuerst einmal Produkt, Träger

und Vermittler seiner eigenen Kultur und im Prinzip als Informant austausch-
bar. Die wichtigste Information für den Ethnologen ist also die, die er von jedem
Mitglied der gleichen Kultur erfahren könnte. Diese Information wird mosaik-
artig zur Konstruktion eines dominanten kulturellen Wissens und eines Satzes
geteilter Werte und verbindlicher Normen verwandt. Da jede Kultur als einzig-
artig und homogen gesehen wird, wird Variation eher zwischen als innerhalb
von Kulturen erwartet. Dies zeigt Parallelen zur Einstellung: Die Einstellung
eines jeden Individuums gilt ebenfalls als homogen - sprich reliabel - d.h., sie
sollte möglichst wenig Test-Retest-Variabilität, aber umso mehr Variabilität zwischen den Individuen zeigen.

4. Methoden zur Erfassung von Kultur und Einstellung

Weitere Unterschiede zwischen Kultur und Einstellung betreffen die zu ihrer
Erfassung verwandten Methoden. Die wichtigsten empirischen Verfahren, fremde Kulturen zu beschreiben und zu verstehen, stellen für den Ethnologen die
Feldforschung und die teilnehmende Beobachtung dar. Bei der Anwendung dieser Methoden begibt sich der Feldforscher in Situationen, über die er als Frem-
der unter Fremden keine systematische Kontrolle hat. Er kann sich in diesen
Situationen nicht auf Vertrautes verlassen und hat keine Chance, eine Forschungssituation zu schaffen und zu erhalten, die den anerkannten Kriterien
naturwissenschaftlichen Forschens entspricht. Mit diesem Vorgehen unterscheidet sich der Ethnologe grundlegend von den üblichen Ansätzen seiner soziologischen oder psychologischen Kollegen. Letztere arbeiten in ihrer eigenen Gesellschaft und nutzen die in unserer Kultur bekannte Forscherrolle, um For-
schungssituationen zum Zweck der theoriengeleiteten Datengewinnung zu
schaffen und in ihrem Sinne zu manipulieren. Der Ethnologe kann nur die in
der Kultur bekannten Rollen, wie die des diskreten Fremden, des Freundes
oder des Pseudoverwandten nutzen und hoffen, daß er in den alltäglichen Situationen, an denen er zwar teilnehmen, die er aber nur im engen Rahmen seiner
Rolle beeinflussen kann, möglichst viel über die für ihn fremde Kultur lernt.

5. Kollektivistische und individualistische Perspektiven

Der Forschungskontext des Ethnologen unterscheidet sich in einer weiteren
Hinsicht von dem des Sozialpsychologen: er tendiert dazu, "kollektivistisch" - im
Gegensatz zu "individualistisch" - zu sein. Obwohl die Menschen in allen Gesell-
schaften sowohl kollektivistische als auch individualistische Neigungen zeigen, so
kann doch gesagt werden, daß die Mitglieder kleiner und überschaubarer, von
Ethnologen bevorzugt untersuchter Gesellschaften "kollektivistisch" denken, d.h.

sich eher als ein von anderen abhängiger Teil einer Gruppe denn als unabhängige Individuen sehen. Diese Einsicht hat Konsequenzen für das Verhalten von Individuen und für die Bedeutung, die der Forscher entweder der Kultur oder der inidividuellen Einstellung für die Vorhersage des Verhaltens von Individuen gibt. So sagt z.B. *Triandis* (1990, 45 ff.), daß in kollektivistischen Kulturen das Verhalten hauptsächlich durch die in einer Gruppe geltenden Normen, d.h. durch kulturelle Konventionen reguliert sei, während in individualistischen Kulturen das Verhalten stark durch persönliche Zuneigungen oder Abneigungen, d.h. durch individuelle Einstellungen bestimmt sei. Der Ethnologe erfährt deshalb nur selten von seinen Informanten "Einstellungen", die nicht gleichzeitig Ausdruck oder Resultat des in der Gruppe geteilten Wissens, der Werte und der kulturellen Normen sind. Für den Ethnologen wird deshalb individuelles Verhalten als ein von "außen", d.h. von der Kultur gesteuertes Handeln gesehen. Der Sozialpsychologe hofft hingegen, daß er individuelles Verhalten von "innen", d.h. durch die ausschließliche Berücsichtigung individueller Einstellungen vorhersagen kann. Daß er oft damit scheitert, zeigen die von *Witte* (1989, 382 ff.) berichteten Inkonsistenzen zwischen Einstellung und konkretem Verhalten und die - als Konsequenz darauf - entwickelten komplexeren Modelle, in der auch "äußere", d.h. kulturelle Faktoren mit berücksichtigt werden. Diese komplexeren Modelle, die zu einer Verbesserung der Vorhersage des Handelns führen sollen, berücsichtigen fast immer die kulturellen Normen, die die frei wählbaren Handlungsalternativen stark einschränken und deshalb von jedem in der Kultur als "selbstverständlich" oder "normal" angesehen werden (z.B. *Triandis* 1990). Typisch für kollektivistische Kulturen sei zudem der "geringe individuelle Handlungsspielraum", dessen Vernachlässigung eine geringe Verhaltensvorhersage aus der persönlichen Einstellung erlaube (*Witte* 1989, 388).

6. Zusammenfassung und Ausblick

Der Begriff der Einstellung ist im wissenschaftlichen Begriffsgebäude der Ethnologie nicht vorgesehen, er zeigt jedoch teilweise Parallelen mit dem ethnologischen Begriff der Kultur und seinem Wissen, seinen Werten und Normen. Die Sozialpsychologie und die Ethnologie gehen hier von entgegengesetzten Erkenntnisinteressen aus. Die Sozialpsychologie zielt auf das Individuum in seiner Einmaligkeit, also in seiner einmaligen Einstellung zu einem konkreten Objekt. Die Ethnologie zielt ab auf die Einmaligkeit der Kultur einer Gesellschaft, deren Individuen als Träger und Vermittler dieser Kultur betrachtet werden. Ich könnte noch hinzufügen, daß sich der Ethnologe für die Gemeinsamkeiten zwischen den Individuen, also für das Abstraktum ihrer Einstellungen interessiert.

Es ist möglich, daß mit der Zuwendung der Ethnologie zu komplexeren und
eher "individualistischen" gesellschaftlichen Gruppierungen und mit ihrer ver-
mehrten Anwendung strukturierter Instrumente, der Einstellungsbegriff - als
Indikator für subkulturelle Werte und Normen, z.b. - an theoretischer Bedeutung gewinnen wird. Damit soll aber nicht gesagt werden, daß selbst in diesem
Fall alle Ethnologen einer kritiklosen Verwendung dieses Begriffs zustimmen
würden. Dafür scheint der Einstellungsbegriff zu stark von einem atomistischen
Gesellschaftsbild auszugehen, in dem eine Anhäufung selbstbewußter Individuen unbeirrt von situativen und kulturellen Gegebenheiten ausschließlich auf
der Grundlage ihrer individuellen Einstellungen handeln. Der Vorschlag der
Ethnologie an die Sozialpsychologie wäre es, ein Individuum - auch das einer
komplexen Gesellschaft - als Teil eines sozialen Netzes und mehrerer Referenzgruppen zu betrachten und die mit dem Gegenstand der interessierenden "Einstellung" verknüpften subkulturellen Wissensinhalte, Werte und Verhaltens-
normen der jeweiligen Gruppierungen mit allen verfügbaren Methoden der
Feldforschung zu studieren.

Literatur

Hirschberg, W. (Hrsg.) (1988): Neues Wörterbuch der Völkerkunde.
Kluckhohn, C. (1951): Values and value orientation in the theory of action. In:
    T. Parsons, A. Shils (Hrsg.): Toward a General Theory of Action. Cambridge,
    Mass.
Panoff, M., M. Perrin (1982): Taschenwörterbuch der Ethnologie. Berlin.
Seymorer-Smith, C. (1986): Macmillan dictionary of anthropology. London.
Streck, B. (Hrsg.) (1987): Wörterbuch der Völkerkunde. Köln.
Triandis, H.C. (1990): Theoretical concepts that are applicable to the analysis of
    ethnocentrism. In: R.W. Brislin (Hrsg.): "Applied cross-cultural psychology".
    London, 34-55.
Witte, E.H. (1989): Sozialpsychologie. München. (Kapitel B.4: Einstellungen,
    359-387).

EINE IDEALISIERTE, STRUKTURALISTISCHE VORSTELLUNG VON ERFAHRUNGSWISSEN ALS GRUNDLAGE FÜR DIE THEORIEBILDUNG IN DER EINSTELLUNGSPSYCHOLOGIE*

Uwe Konerding

Zusammenfassung: Bei theoretischen Diskussionen in der Einstellungs-psychologie wird meistens nicht von einer explizit formulierten Vorstellung darüber ausgegangen, was gut funktionierendes Erfahrungswissen und damit eine erfahrungswissenschaftliche Theorie im allgemeinen ausmacht. Infolge-dessen sind die Kriterien, die zur Analyse und Bewertung theoretischer Ansätze verwendet werden, meistens nur schwach begründet und häufig sehr autoren-spezifisch. In diesem Artikel wird deshalb eine mögliche Vorstellung über die wesentlichen Merkmale gut funktionierenden Erfahrungswissens formuliert. Dabei wird von den Ergebnissen der wissenschaftstheoretischen Analysen ausge-gangen, die im Rahmen des von *Sneed* begründeten Strukturalismus angestellt worden sind. Die Merkmale jedoch, die entscheidend für die optimale Gestal tung von Erfahrungswissen sind, werden zweckorientiert begründet.

1. Einleitung

Die theoretische Diskussion in der Einstellungspsychologie ist durch ein Neben-einander einer Vielzahl theoretischer Ansätze gekennzeichnet. Damit verbun-den ist eine fast ebenso große Vielzahl unterschiedlicher Vorstellungen vom Einstellungsbegriff. Bereits vor über zwanzig Jahren hat *Ostrom* (1968) 34 unter-schiedliche Theorien mit den dazugehörigen Einstellungsbegriffen identifiziert, und in aktuellen Übersichtsartikeln zur Einstellungspsychologie (*Chaiken & Stangor* 1987; *Upmeyer & Six* 1989; *Tesser & Shaffer* 1990) ist die Zahl der dort er-wähnten unterschiedlichen Ansätze nicht kleiner geworden.

Eine solche Vielzahl unterschiedlicher Ansätze ist sicherlich ein Zeichen für ein hohes Maß an Produktivität und Kreativität in diesem Forschungsbereich. Für die Weiterverwendung der Forschungsergebnisse außerhalb der Wissenschaft führt diese Vielfalt aber durchaus zu Problemen. Für jemanden, der lediglich daran interessiert ist, mit Hilfe einstellungspsychologischer Theorien empirische

* Die vorliegende Arbeit wurde von der Deutschen Forschungsgemeinschaft im Rahmen Projektes Üp 7/2-8 unter der Leitung von Prof. Dr. Arnold Upmeyer gefördert. Für eine kritische Durchsicht des Manuskriptes, sowie für die Anfertigung der Abbildungen bedanke ich mich sehr herzlich bei Frau Dipl. Psych. Ute Schmid.

Phänomene bestmöglich vorherzusagen, zu erklären oder zu beeinflussen, erhöht jeder zusätzliche Ansatz den Aufwand, der zur Bearbeitung des vielfältigen Theorienangebotes getrieben werden muß. Zur Minimierung dieses Aufwandes wäre es notwendig, die bisher vorgeschlagenen Ansätze sinnvoll zu ordnen, die Güte der verschiedenen Ansätze zu prüfen und die weniger guten dieser Ansätze zu verwerfen. Solche Integrationsversuche werden zwar in nahezu jedem Lehrbuch der Sozialpsychologie und in jedem Übersichtsartikel zur Einstellungspsychologie unternommen; die Ergebnisse dieser Versuche sind aber im allgemeinen sehr autorenspezifisch. Zur Vielfalt der unterschiedlichen theoretischen Ansätze kommt damit zusätzlich eine Vielfalt unterschiedlicher zusammenfassender Betrachtungen.

Ein wesentlicher Teil der Schwierigkeiten, die sich in diesem Zusammenhang offensichtlich ergeben, wird hier auf die Art und Weise zurückgeführt, mit der theoretische Diskussionen in der Einstellungspsychologie geführt werden. So wird dort höchst selten von einer explizit formulierten Vorstellung darüber ausgegangen, was denn überhaupt die entscheidenden Merkmale einer gut funktionierenden erfahrungswissenschaftlichen Theorie sind. Dieser Mangel erschwert zum einen die rationale Auseinandersetzung über verschiedene mögliche Theorieverständnisse in der Einstellungspsychologie, und zum anderen verhindert er die Entwicklung sinnvoller Regeln, nach denen innerhalb eines bestimmten Theorieverständnisses inhaltlich unterschiedliche theoretische Ansätze in einheitlicher Form analysiert, geordnet und bewertet werden können. Theoretische Diskussionen in der Einstellungspsychologie könnten möglicherweise erheblich rationaler und effektiver geführt werden, wenn es begleitend dazu eine metatheoretische Diskussion gäbe und wenn beide Diskussionen aufeinander bezogen werden würden.

Dieser Artikel soll im wesentlichen einen Beitrag zur metatheoretischen Diskussion leisten. Dazu wird ein mögliches Verständnis der wesentlichen Merkmale funktionierenden Erfahrungswissens und damit auch funktionierender erfahrungswissenschaftlicher Theorien vorgestellt. Das vorrangige Anliegen ist dabei, die Diskussion über mögliche Verständnisse anzuregen. Sofern aber das hier vorgestellte Verständnis akzeptiert wird, könnte es auch als Grundlage für die Theorie- und Begriffsbildung in der Einstellungspsychologie dienen.

2. Der wissenschaftstheoretische Hintergrund

2.1 Analytische Wissenschaftstheorie und die Entwicklung von Idealvorstellungen

Die nächstliegende Strategie, einen allgemeingültigen Begriff von funktionierendem Erfahrungswissen zu gewinnen, besteht darin, bereits existierendes, funktionierendes Wissen zu analysieren und das Ergebnis dieser Analyse als Begriffsdefinition zu verwenden. Am leichtesten läßt sich diese Strategie realisieren, indem man dabei auf die Ergebnisse der analytischen Wissenschaftstheorie zurückgreift. Der Vorteil dieser Strategie besteht darin, daß die auf diese Weise gewonnene Vorstellung auf einer bewährten Grundlage ruht. Der Nachteil ist aber, daß man damit die Vorstellung von Erfahrungswissen möglicher Weise so einschränkt, daß der Blick für sinnvolle oder sogar notwendige Weiterentwicklungen verstellt ist.

Ein alternatives Vorgehen könnte darin bestehen, daß man sich erst überlegt, welchen Zwecken Erfahrungswissen dienen soll und daß man dann ohne Berücksichtigung bereits existierenden Wissens den Begriff so festlegt, daß er optimal diesen Zwecken dient. Der Vorteil dieses Vorgehens würde darin bestehen, daß der Gesichtskreis nicht unzulässiger Weise eingeschränkt werden würde. Der Nachteil wäre allerdings der extrem hohe Aufwand, der dieses Vorgehen von vornherein zum Scheitern verurteilen würde.

Aus diesem Grund soll hier ein Mittelweg beschritten werden. Der grundlegende Teil der Vorstellung von funktionierendem Erfahrungswissen wird aus wissenschaftstheoretischen Analysen übernommen. Die Aspekte aber, die entscheidend für die Optimierung dieses Wissens sind, werden dagegen zweckorientiert begründet. Dabei wird davon ausgegangen, daß der Zweck einer erfahrungswissenschaftlichen Theorie letztendlich darin besteht, einen Anwender[1] in die Lage zu versetzen, mit möglichst wenig Aufwand empirische Phänomene möglichst zutreffend vorherzusagen und zu erklären und sie möglichst zielsicher zu beeinflussen.

2.2 Grundgedanken des Strukturalismus

Die umfassendsten und systematischsten Betrachtungen über die Funktionsweise erfahrungswissenschaftlicher Theorien sind bisher im Rahmen des wissenschaftstheoretischen Ansatzes des Strukturalismus (*Sneed* 1971, *Balzer, Moulines & Sneed* 1987) angestellt worden. Eine ganz entscheidende Leistung dieses Ansatzes besteht darin, daß ein analytisches Begriffssystem entwickelt worden ist, mit dem verschiedene Theorien in einheitlicher Weise, exakt und zutreffend beschrieben werden können. Die ersten Theorien, die mit Hilfe dieses Begriffssystems rekonstruiert worden sind, sind Theorien der Physik. Mittlerweile gibt es aber auch schon eine beachtliche Anzahl strukturalistischer Rekonstruktionen psychologischer Theorien (*Westmeyer* 1989). Die Grundgedanken des strukturalistischen Theorieverständnisses, insbesondere in der Version von *Balzer, Moulines & Sneed* (1987), werden hier übernommen, um darauf aufbauend die Merkmale optimal funktionierender Theorien zu formulieren.

Der strukturalistische Ansatz beruht auf einem sehr allgemeinen Grundgedanken, von dem auch in anderen Ansätzen ausgegangen wird. Dementsprechend besteht eine erfahrungswissenschaftliche Theorie aus zwei Teilen, nämlich einer mathematischen Struktur und einem Geltungsbereich. Dabei setzt sich der Geltungsbereich aus den Ausschnitten der Realität zusammen, auf die die Theorie angewendet werden kann, während die mathematische Struktur das enthält, was laut Theorie in diesen Ausschnitten gilt. Die einzelne Ausschnitte der Realität, die den Geltungsbereich einer Theorie bilden, werden im strukturalistischen Sprachgebrauch als Intendierte Anwendungen der Theorie bezeichnet.

Ein weiterer Grundgedanke, der nun allerdings für den Strukturalismus spezifisch ist, besagt, daß eine erfahrungswissenschaftliche Theorie kein einheitliches Ganzes, sondern ein Komplex mehr oder minder zusammenhängender Einzelteile ist. Diese Einzelteile, die sogenannten Theorieelemente, bestehen ebenfalls wieder aus einem Geltungsbereich und einer mathematischen Struktur. Sie bilden so etwas wie die kleinsten, halbwegs autonom funktionierenden Einheiten erfahrungswissenschaftlicher Theorien. Ihre Funktionsweise ist die Grundlage für das Funktionieren ganzer Theorien, sowie für die Interaktion verschiedener Theorien.

Ein weiterer für den Strukturalismus spezifischer Gedanke besagt, daß eine erfahrungswissenschaftliche Theorie nicht mit einem ganz bestimmten Geltungsbereich und einer ganz bestimmten mathematischen Struktur zu identifizieren ist. Sowohl Änderungen der Ausdehnung der Menge der Intendierten Anwendungen, als auch der mathematischen Struktur sind möglich, ohne daß die Theorie ihre Identität verliert. Dementsprechend wird eine Theorie nicht mit einer bestimmten empirischen Behauptung identifiziert, sondern als ein Instrument verstanden, um solche Behauptungen aufzustellen.

2.3 Der Strukturalismus und die Entwicklung von Idealvorstellungen

Die Zielsetzungen des strukturalistischen Ansatzes bestehen nun darin, für die tatsächlich existierende Wissenschaft zu klären, wie einzelne Theorieelemente funktionieren, auf welche Weise mehrere Theorieelemente in einer Theorie zusammengefaßt sind und wie verschiedene Theorien zusammenwirken. Dabei interessiert sowohl der Zustand der wissenschaftlichen Erkenntnis zu einem bestimmten Zeitpunkt, als auch die Entwicklung dieser Erkenntnis über die Zeit. Im Gegensatz dazu soll im Rahmen dieser Abhandlung überlegt werden, welche allgemeinen Merkmale Theorieelemente, Theorien und ganze Systeme von Theorien haben müssen, damit sie optimal funktionieren. Dabei interessiert hier im wesentlichen der Zustand zu einem bestimmten Zeitpunkt.

Bei der Darstellung dieser Idealvorstellung von Erfahrungswissen wird im folgenden mit dem Elementaren begonnen und dann zum Globalen übergegangen; d.h. es werden erst Theorieelemente, dann Theorien und dann Systeme von Theorien betrachtet. Auf jeder Stufe werden einige speziellere Gedanken des Strukturalismus übernommen. Der Anteil dessen, was auf Grund normativer Überlegungen modifiziert oder ergänzt wird, steigt dabei allerdings mit jeder Stufe. Im Falle der Theorieelemente kann die auf analytischem Wege gewonnene Konzeption der Strukturalisten nahezu ohne Änderung als allgemeine Beschreibung eines optimal funktionierenden Theorieelementes verwendet werden. Die charakteristischen Merkmale, die hier für Theorien und Theoriesysteme formuliert werden, unterscheiden sich allerdings ein wenig von dem, was im Rahmen der analytischen Betrachtungen des Strukturalismus zu diesem Thema gesagt wird.

Jeder der drei Komplexe von Erfahrungswissen wird unter zwei verschiedenen Aspekten diskutiert. Als erstes werden die mathematische Strukturen für sich genommen betrachtet und als zweites in Verbindung mit den Beschreibungen der Intendierten Anwendungen. Im ersten Fall interessiert, welche Merkmale mathematische Strukturen haben müssen, damit man mit ihnen sinnvolle empirische Behauptungen aufstellen und fruchtbare empirische Forschungsprogramme initiieren kann. Im zweiten Fall interessiert, welche Merkmale die jeweilige Verbindung aus mathematischen Strukturen und Beschreibungen von Intendierten Anwendungen haben sollten, um einem Anwender bei der Vorhersage, Erklärung und Beeinflussung empirischer Phänomene optimal dienen zu können.

3. Die mengentheoretische Darstellungsweise

3.1 Das Begriffsinventar

Genau wie in den meisten strukturalistischen Abhandlungen wird auch hier zur Charakterisierung mathmatischer Strukturen die informelle Mengenlehre von *Bourbaki* (1968) verwendet. Dabei wird davon ausgangen, daß sich die Intendierten Anwendungen als Mengen von Objekten auffassen lassen. Entsprechend wird der Geltungsbereich eines Theorieelementes, also die Menge der Intendierten Anwendungen, als eine Menge von Mengen verstanden. Axiomatische Darstellungen der mathematischen Struktur eines Theorieelementes haben dann die Form von Definitionen mengentheoretischer Prädikate.

Zur Formulierung dieser Definitionen können drei verschiedene Typen formaler Grundbausteine verwendet werden. Als erstes sind dies die sogenannten Basismengen, d.h. die Mengen der Objekte, über die in dem Theorieelement geredet wird. Als zweites sind dies die sogenannten Hilfsbasismengen, d.h. rein mathematische Mengen, wie z.B die Mengen der natürlichen oder die der reellen Zahlen. Als drittes sind dies Relationen und Funktionen, die auf oder zwischen den verschiedenen Basis- und Hilfsbasismengen definiert sind. Mit Hilfe solcher Relationen und Funktionen, können die Begriffe, mit denen über die Objekte geredet wird, formal dargestellt werden.

Ein Beispiel

Eine solche mengentheoretische Axiomatisierung soll hier am Beispiel eines sehr rudimentären Theorieelementes, das als Einstellungs-Verhaltens-Theorieelement (EVTE) bezeichnet wird, erläutert werden. Die Definition zumindest eines wesentlichen Teils der mathematischen Struktur dieses Elementes könnte dann wie folgt aussehen:

x ist ein aktuales Modell des EVTE, genau dann wenn ein $\underline{B}$, ein $\underline{sel}$ und ein $\underline{att}$ existieren, so daß gilt

1) $x = \langle B, sel, att \rangle$;
2) $B = \{b_1, .. b_i, ... b_n\}$ ist eine endliche Menge mit mindestens zwei Elementen (Menge der Verhaltensweisen);
3) $\underline{sel}$ ist eine Funktion mit $sel : B \rightarrow \{0,1\}$ (Verhaltensauswahlfunktion);
4) $\underline{att}$ ist eine Funktion mit $att : V \rightarrow$ Menge der reellen Zahlen (Einstellung zur Verhaltensweise);
5) $sel (b_i) = 1$ gdw $att(b_i) = \max \{ att(b_j) \mid b_j \in B \}$.

Gegenstand dieses Theorieelementes sind Situationen, in denen eine Person eine aus mindestens zwei zur Verfügung stehenden Verhaltensweisen auswählen muß. Inhaltlich wird durch die Axiomatisierung lediglich zum Ausdruck gebracht, daß jeweils immer die Verhaltensweise gewählt wird, zu der die Einstellung am positivsten ist.

Zur formalen Darstellung dieses Gedankens werden eine Basismenge, zwei Hilfsbasismengen und zwei Funktionen benötigt. Die einzige Basismenge ist hier die Menge der Verhaltensweisen, die in der jeweils betrachteten Situation zur Verfügung stehen, also die Menge $\underline{B}$. Die beiden Hilfsbasismengen sind erstens eine Menge, die lediglich aus den Zahlen null und eins besteht, und zweitens die Menge der reellen Zahlen. Die beiden Funktionen sind beide auf der Menge der Verhaltensweisen definiert und haben jeweils eine der beiden Hilfsbasismengen als Bildbereich. Die erste Funktion, also die Funktion sel, wird hier benötigt, um das Auswählen der Verhaltensweisen zu charakterisieren, während die zweite Funktion, also die Funktion att zur Darstellung eines Begriffes verwendet wird, der hier mit "Einstellung zur Verhaltensweise" bezeichnet wird.

Jeder theoretische Ansatz läßt sich auf ähnliche Weise mit Hilfe der Mengenlehre formalisieren. Die einzige Voraussetzung dafür ist, daß in der rein sprachlichen Darstellung des jeweiligen Ansatzes klar gesagt wird, worüber in diesem Ansatz geredet wird, welche Begriffe dabei verwendet werden und welche Beziehung laut Ansatz zwischen diesen Begriffen gelten soll. Dies kann und sollte auch auf noch sehr vorläufige, lediglich qualitativ formulierte Ansätze zutreffen.

3.2 Die sprachunabhängige Darstellung mathematischer Strukturen

Beim Vergleich verschiedener Theorieelemente stellt sich das Problem, daß ein und dasselbe auf verschiedene Weise gesagt werden kann. Um mit diesem Problem sinnvoll umgehen zu können, wird bei der mengentheoretischen Sichtweise zwischen der mathematischen Struktur "an sich" und deren Beschreibung in Form eines mengentheoretischen Prädikates unterschieden. Die mathematische Struktur "an sich" ist identisch mit der Menge der Entitäten, für die das jeweilige mengentheoretische Prädikat erfüllt ist. Eine solche Menge wird im allgemeinen auch als Menge der Modelle für dieses Prädikat bezeichnet. Zwei sprachlich unterschiedliche Axiomatisierungen, die dieselbe Menge von Modellen beschreiben, sind in diesem Sinne Darstellungen derselben mathematischen Struktur und damit äquivalent. Die verschiedenen Begriffe zur Charakterisierung mathematischer Strukturen werden deshalb immer unter Bezugnahme auf Modellmengen definiert.

4. Theorieelemente

4.1 Aktuale Modelle

Die mathematische Struktur jedes Theorieelementes läßt sich in verschiedene Bestandteile zerlegen, die bei jedem Theorieelement dieselbe Funktion ausüben. Der erste und wichtigste dieser Bestandteile ist die Menge der aktualen Modelle des Theorieelementes. Jede Entität, für die all das gilt, was laut Theorieelement für jede einzelne Intendierte Anwendung gelten sollte, ist solch ein aktuales Modell. Die Axiomatisierung, die im vorangegangenen Kapitel als Beispiel einer mengentheoretischen Axiomatisierung vorgestellt worden ist, kann hier auch als Beispiel für die Definition der aktualen Modelle des EVTE betrachtet werden.

4.2 Potentielle Modelle

Der nächste Bestandteil der mathematischen Struktur ist die Menge der potentiellen Modelle. Das Konzept des potentiellen Modells ist in Abgrenzung zu dem des aktualen Modells definiert. Dabei beruht die Abgrenzung darauf, daß bei der Definition eines aktualen Modells im allgemeinen zwei Arten von Axiomen verwendet werden, die qualitativ völlig unterschiedliche Funktionen erfüllen. Zum einen sind dies Axiome, die lediglich zur formalen Einführung der in dem jeweiligen Theorieelement verwendeten Begriffe dienen, und zum anderen Axiome, mit denen Zusammenhänge zwischen den Begriffen formuliert werden. In der oben vorgestellten Axiomatisierung des EVTE gehören die ersten vier Axiome zur ersten und lediglich das fünfte Axiom zur zweiten Art. Die potentiellen Modelle eines Theorieelement sind all jene mengentheoretischen Gebilde, die man genau mit jenen Begriffen beschreiben kann, die in diesem Theorieelement verwendet werden. Dabei ist es gleichgültig, welche Zusammenhänge zwischen ihnen bestehen.

Die Definition für die potentiellen Modelle eines bestimmten Theorieelementes erhält man, indem man alle Zusammenhangspostulate aus der Definition für die aktualen Modelle streicht. Im Fall des EVTE ergibt sich dann:

$\underline{x}$ ist ein potentielles Modell des EVTE, genau dann wenn ein $\underline{B}$, ein $\underline{sel}$ und ein $\underline{att}$ existieren, so daß gilt

1) $x = <B,sel,att>$;
2) $B = \{b_1,..b_i,...b_n\}$ ist eine endliche Menge mit mindestens zwei Elementen (Menge der Verhaltensweisen);

3) sel ist eine Funktion mit sel : B $\to$ {0,1} (Verhaltensauswahlfunktion);
4) att ist eine Funktion mit att : V $\to$ Menge der reellen Zahlen
(Einstellung zur Verhaltensweise).

Jedes aktuale Modell ist auch ein potentielles Modell. In umgekehrter Richtung gilt diese Beziehung im allgemeinen nicht. Zum Verständnis der Funktionsweise eines Theorielementes ist das Konzept des potentiellen Modells insofern wichtig, als es nur für potentielle Modelle Sinn macht zu prüfen, ob dort auch die in der Beschreibung der aktualen Modelle postulierten Zusammmenhänge zwischen den Begriffen gelten.

4.3 Partiell potentielle Modelle

Ein weiterer wichtiger Bestandteil der mathematischen Struktur eines jeden Theorieelementes ist die Menge der partiell potentiellen Modelle. Das Konzept des partiell potentiellen Modells ist in Abgrenzung zu dem des potentiellen Modells definiert. Die Abgrenzung beruht darauf, daß bei der Definition eines potentiellen Modells zwei Arten von Begriffen verwendet werden können, die ebenfalls völlig unterschiedliche Funktionen erfüllen. So gibt es entsprechend strukturalistischer Sichtweise Begriffe, die theoretisch, und solche, die nicht-theoretisch in bezug auf die Theorie sind, in der sie verwendet werden.

Die Auffassungen darüber, was genau unter den Begriffen "theoretischer Begriff" und "nicht-theoretischer Begriff" zu verstehen ist, gehen in der strukturalistischen Literatur ein wenig auseinander (vgl. *Stegmüller* 1986, Kapitel 6). Die Auffassung, die hier vorgeschlagen wird, ähnelt sehr stark der ursprünglich von *Sneed* (1971) entwickelten Vorstellung. Dementsprechend ist ein Begriff theoretisch in bezug auf eine bestimmte Theorie, wenn seine Bedeutung erst durch die Formulierung dieser Theorie festgelegt wird. Etwas exakter gesagt, ist ein Begriff dann theoretisch in bezug auf eine bestimmte Theorie, wenn bei jeder möglichen Meßmethode, die in Darstellungen dieser Theorie für diesen Begriff erwähnt wird, die Gültigkeit dieser Theorie vorausgesetzt wird.

Im EVTE könnte man beispielsweise den Begriff, der dort mit "Einstellung zur Verhaltensweise" bezeichnet wird, als theoretisch auffassen. Man würde dann mit diesem Begriff genau die mentale Instanz meinen, die die Auswahl einer Verhaltensweise reguliert, sofern eine Wahlmöglichkeit besteht. Unter diesen Umständen bestünde die einzige Möglichkeit, Einstellung zur Verhaltensweise zu messen darin, daß man das Verhalten beobachtet und davon auf die Einstellung zurückschließt. Dies wäre dann gleichbedeutend damit, daß man das, was in diesem Theorieelement postuliert wird, als gültig vorausgesetzt.

Um die Funktionsweise von Theorieelementen unter Berücksichtigung des Unterschiedes zwischen theoretischen und nichttheoretischen Begriffen formal darstellen zu können, wird das Konzept des partiell potentiellen Modells eingeführt. Jedes mengentheoretische Gebilde, das *ausschließlich* mit den nichttheoretischen Begriffen des jeweiligen Theorieelementes beschrieben werden kann, ist ein partiell potentielles Modell dieses Elementes. Die Definition für die partiell potentiellen Modelle eines bestimmten Theorieelementes erhält man, indem man aus der Definition für die potentiellen Modelle alle theoretischen Begriffe und alle Axiome, mit denen theoretische Begriffe eingeführt werden, streicht. Im Falle des EVTE erhält man:

$\underline{x}$ ist ein partiell potentielles Modell des EVTE, genau dann wenn ein $\underline{B}$ und ein $\underline{sel}$ existieren, so daß gilt

1) $x = < B,sel >$;
2) $B = \{b_1,..b_i,...b_n\}$ ist eine endliche Menge mit mindestens zwei Elementen (Menge der Verhaltensweisen);
3) $\underline{sel}$ ist eine Funktion mit $sel : B \twoheadrightarrow \{0,1\}$ (Verhaltensauswahlfunktion).

Ein Theorieelement braucht nicht unbedingt theoretische Begriffe zu enthalten. Lediglich nicht-theoretische Begriffe müssen vorhanden sein. Anderenfalls wäre das Theorieelement ein rein metaphysisches Gebilde. Wenn keine theoretischen Begriffe in einem Theorieelement enthalten sind, ist die Menge der partiell potentiellen Modelle mit der Menge der potentiellen Modelle identisch. Anderenfalls sind beide Mengen disjunkt. Es existiert dann aber eine Funktion, die jedem potentiellen Modell eindeutig das partiell potentielle Modell zuordnet, das durch Weglassen der theoretischen Begriffe entsteht. In jedem Fall sind bei einem funktionierenden Theorieelement alle Intendierten Anwendungen unmittelbar als partiell potentielle Modelle darstellbar[2].

Die Vorgehensweisen bei der empirischen Prüfung von Theorieelementen unterscheiden sich stark in Abhängigkeit davon, ob bei der Formulierung der Theorieelemente theoretische Begriffe verwendet werden oder nicht. Wenn ausschließlich nicht-theoretische Begriffe verwendet werden, besteht der Prüfprozeß darin, erst die nicht-theoretischen Begriffe zu messen und dann zu prüfen, ob die Zusammenhangspostulate empirisch erfüllt sind. Wenn zusätzlich theoretische Begriffe verwendet werden, müssen ebenfalls im ersten Schritt die nicht-theoretischen Begriffe gemessen werden. Der zweite Schritt besteht dann allerdings darin, zu untersuchen, ob sich solche Werte für die theoretischen Begriffe finden lassen, daß die Zusammenhangspostulate erfüllt sind. In strukturalistischer Redeweise heißt das dann, daß versucht wird, das vorgefundene partiell potentielle Modell so durch Funktionswerte für die theoretischen Begriffe zu einem potentiellen Modell zu ergänzen, daß ein aktuales Modell entsteht.

Vergleicht man zwei Theorieelemente miteinander, deren formale Strukturen sich lediglich dadurch unterscheiden, daß im ersten Element alle Begriffe nicht-theoretisch sind, während im zweiten Element einer der Begriffe als theoretisch gehandhabt wird, dann ist das zweite Element im allgemeinen empirisch deutlich weniger restriktiv als das erste. Bestenfalls und nur in sehr kon- struierten Fällen können beide Elemente unter diesen Umständen dieselbe Restriktion ausüben. Im Fall des EVTE geht beispielsweise jede empirische Restriktion, die bei der Betrachtung einzelner Intendierter Anwendungen ausgeübt wird, verloren, wenn die Einstellung zur Verhaltensweise als theoretischer Begriff gehandhabt wird. Betrachtet man nämlich eine Person lediglich in einer Verhaltenswahlsituation, dann wird es immer möglich sein, dieser Person zu unterstellen, daß sie zu der Verhaltensweise, die sie auswählt, auch die positivste Einstellung hat.

4.4 Einschränkende Querverbindungen

Die Funktion von Theorieelementen ist im allgemeinen nicht auf die Betrachtung einzelner Intendierter Anwendungen beschränkt. Sie können viel mehr auch dazu verwendet werden, empirische Behauptungen für ganze Komplexe Intendierter Anwendungen aufzustellen. In solchen Fällen werden oft zusätzliche Annahmen über Zusammenhänge zwischen den Geschehnissen in den verschiedenen Intendierten Anwendungen getroffen. Wenn beispielsweise ein und dasselbe Objekt in verschiedenen Intendierten Anwendungen vorkommt, könnte per Annahme gesetzt werden, daß die Ausprägung der theoretischen Begriffe für dieses Objekt konstant bleibt. Im Falle des EVTE würde das heißen, daß sich die Einstellung zu den Verhaltensweisen über verschiedene Wahlsituationen nicht ändert. Annahmen dieser Art werden im strukturalistischen Sprachgebrauch als einschränkende Querverbindungen (constraints) bezeichnet. Sie bilden einen weiteren wichtigen Bestandteil der mathematischen Struktur eines Theorieelementes. Mengentheoretisch können sie als Teilmengen der Potenzmenge der Menge der potentiellen Modelle dargestellt werden.

Die Verwendung einschränkender Querverbindungen vergrößert die empirische Restriktivität, die durch das Theorieelement auf Komplexe von Intendierten Anwendungen ausgeübt wird, im allgemeinen ganz erheblich. Würde man beispielsweise das EVTE auf ein vollständiges Paarvergleichssystem von Verhaltensweisen anwenden, dann würde aus der Annahme, daß die Einstellungen zu den Verhaltensweisen über die verschiedenen Wahlsituationen gleichbleiben, folgen, daß die Bevorzugungen bei den Verhaltenswahlen transitiv sind. Auf Grund dieser Zusatzannahme ist das EVTE also empirisch restriktiv für Komplexe von Intendierten Anwendungen, während es für einzelne Intendierte Anwendungen überhaupt nicht restriktiv ist.

4.5 Bedeutungsfestlegende Bindeglieder

Im allgemeinen wird die Bedeutung der nicht-theoretischen Begriffe in Theorieelementen einer anderen Theorie festgelegt. Im Fall des EVTE könnte das zum Beispiel eine explizit formulierte oder auch nur implizit gedachte Theorie sein, in der festgelegt wird, was unter einer Verhaltensweise zu verstehen ist und wann eine Verhaltensweise als ausgeführt zu betrachten ist. Der empirische Gehalt eines Theorieelementes wird damit entscheidend durch seine Beziehung zu Theorieelementen aus anderen Theorien festgelegt. Beziehungen dieser Art werden im strukturalistischen Sprachgebrauch als bedeutungsfestlegende Bindeglieder (links) bezeichnet. Mengentheoretisch lassen sie sich als Teilmengen des karthesischen Produktes der Mengen der potentiellen Modelle der beiden beteiligten Theorieelemente auffassen. Sie bilden den letzten Bestandteil der mathematischen Struktur eines Theorieelementes.

4.6 Theorieelement und empirische Behauptung

Die strukturalistische Konzeption von den strukturellen Merkmalen eines Theorieelementes läßt sich nun zusammenfassend darstellen. Wie bereits weiter oben erwähnt, ist ein Theorieelement entsprechend dieser Vorstellung ein Paarling, der aus einer Menge von Intendierten Anwendungen und einer mathematischen Struktur besteht. Diese mathematische Struktur wird in der strukturalistischen Redeweise auch als Kern des Theorieelementes bezeichnet. Es sei nun TE ein Theorieelement, I die Menge der Intendierten Anwendungen und K der Kern eines Theorieelementes. Ein Theorieelement läßt sich dann mengentheoretisch wie folgt charakterisieren:

$$TE = <K, I>.$$

Der Kern kann weiter in die fünf eben beschriebenen Bestandteile zerlegt werden. Diese fünf Bestandteile sind die Menge der aktualen Modelle (M), die Menge der potentiellen Modelle (Mp), die Menge der partiell potentiellen Modelle (Mpp), die Schnittmenge aller einschränkenden Querverbindungen (GC = general constraint) und die Schnittmenge aller bedeutungsfestlegenden Bindeglieder (GL = general link). Mengentheoretisch läßt sich der Kern dann also wie folgt charakterisieren:

$$K = < M, M_p, M_{pp}, GC, GL >.$$

Der Zweck dieser Strukturbestandteile besteht darin, so etwas wie eine Menge der theorieelementkonformen Konstellationen partiell potentieller Modelle festzulegen. Diese Menge bildet den empirischen Gehalt (content) des Strukturkerns (vgl. *Balzer, Moulines & Sneed* 1987, Kap. 2.5). Das Theorieelement bewährt sich genau dann bei einer bestimmten Zusammenstellung Intendierter Anwendungen, wenn die dazugehörige Zusammenstellung partiell potentieller Modelle Element des empirischen Gehaltes ist. Die Bezeichnung "empirischer Gehalt" wird im Strukturalismus also ganz anders gebraucht als bei *Popper* (1969). Im strukturalistischen Sprachgebrauch bedeutet ein kleiner empirischer Gehalt große empirische Restriktivität; beim *Popper*schen Sprachgebrauch gilt das Umgekehrte.

4.7 Merkmale eines idealen Theorieelementes

Die auf analytischem Wege gewonnene strukturalistische Vorstellung von den definierenden Merkmalen eines Theorieelementes bedarf nur weniger Ergänzungen, um daraus die Vorstellung von den wesentlichen Merkmalen eines optimal funktionierenden Theorieelementes zu bilden. Die Bedingungen, die zu diesem Zweck ergänzt werden müssen, sind nicht neu und bereits an anderer Stelle diskutiert worden. Sie sollen hier trotzdem der Vollständigkeit halber erwähnt werden. Außerdem soll dabei geklärt werden, wie diese Bedingungen innerhalb des strukturalistischen Begriffsapparates verstanden werden können.

Der Kern eines optimal funktionierenden Theorieelementes muß im wesentlichen zwei Bedingungen erfüllen. Beide Bedingungen betreffen die Ausdehnung des empirischen Gehaltes. Entsprechend der ersten Bedingung muß ausgeschlossen sein, daß durch zulässige Skalentransformationen eine elementkonforme Konstellation partiell potentieller Modelle in eine elementdiskonforme Konstellation und umgekehrt verwandelt werden kann. Eine Verletzung dieser Bedingung würde zur Folge haben, daß empirische Entscheidungen von völlig willkürlichen Setzungen abhängen würden. Auf der Ebene der Beschreibung der mathematischen Struktur läuft diese Forderung darauf hinaus, daß alle Zusammenhangspostulate empirisch bedeutsame Aussagen im meßtheoretischen Sinne sein müssen (vgl. *Orth* 1974, 1985; *Roberts* 1985).

Die zweite notwendige Bedingung für das optimale Funktionieren eines Theorieelementes hat zum Inhalt, daß der empirische Gehalt des Kerns nicht identisch mit der leeren Menge sein sollte. Bei Verletzung dieser Bedingung würde es prinzipiell unmöglich sein, irgendeine Intendierte Anwendung zu finden, für die sich das Theorieelement empirisch bewährt. Auf der Ebene der Beschreibung der mathematischen Struktur läuft diese Forderung unter anderem darauf hinaus, daß es keine Widersprüche zwischen den einzelnen Axiomen geben darf.

Die Menge der Intendierten Anwendungen darf, wie schon weiter oben erwähnt worden ist, lediglich Entitäten enthalten, die problemlos als partiell potentielle Modelle des Theorieelementes dargestellt werden können. Zusätzlich wird hier gefordert, daß diese Menge möglichst umfassend ist und trotzdem nur solche Entitäten enthält, für die sich das Theorieelement empirisch bewährt. Diese Forderung ist gleichbedeutend damit, daß die Merkmale zur Kennzeichnung genau der Ausschnitte der erfahrbaren Welt bekannt sein müssen, die solch eine Menge bilden. An Hand dieser Merkmale kann dann in der praktischen Anwendung entschieden werden, ob das fragliche Theorieelement im gegebenen Fall tatsächlich zur Vorhersage, Erklärung oder Beeinflussung der vorliegenden empirischen Phänomene genutzt werden kann oder nicht. Aus demselben Grund wird hier auch gefordert, daß die Merkmale bekannt sein sollten, mit denen Komplexe Intendierter Anwendungen identifiziert werden können, für die die einschränkenden Querverbindungen gelten.

Es kann im allgemeinen nicht auf analytischem Wege bestimmt werden, welche Merkmale die Ausschnitte der Realität kennzeichnen, für die das Theorieelement voraussichtlich zutreffend ist. Diese Merkmale zu finden, ist die wesentliche Aufgabe der empirischen Arbeit, die bezogen auf das betreffende Theorieelement geleistet werden muß.

5. Theorien

5.1 Spezialisierungen

Die Frage ist nun, was unter einer Theorie zu verstehen ist. Weiter oben ist dazu bereits gesagt worden, daß eine Theorie im allgemeinen ein Komplex aus mehreren Theorieelementen ist. Aus den Überlegungen zu den allgemeinen Merkmalen von Theorieelementen ergibt sich als weiteres wichtiges Merkmal, daß dieser Komplex dazu geeignet sein sollte, die Bedeutung theoretischer Begriffe festzulegen. Zur weiteren Präzisierung des Theorieverständnisses muß deshalb geklärt werden, welche Beziehungen zwischen einzelnen Theorieelementen bestehen müssen, damit ein solcher Komplex entsteht.

Balzer, Moulines & Sneed diskutieren in diesem Zusammenhang das Konzept der Spezialisierung (*Balzer, Moulines & Sneed* 1987, Kap 4.1). Etwas bildlich gesprochen, ist unter einer Spezialisierung eine Beziehung zwischen zwei Theorieelementen zu verstehen, bei der eines der beiden Elemente so etwas wie einen gedanklichen Rohling darstellt, aus dem das andere Element gebildet wird. Etwas formaler ausgedrückt, ist ein Theorieelement genau dann eine Spezialisierung eines allgemeineren Elementes, wenn es die drei folgenden Merkmale erfüllt: erstens muß es mit genau denselben nicht-theoretischen und genau denselben theoretischen Begriffen formuliert sein wie das allgemeinere Element, zweitens muß der empirische Gehalt eine echte oder unechte Teilmenge des empirischen Gehaltes des allgemeineren Elementes sein, und drittens muß die Menge der Intendierten Anwendungen eine echte oder unechte Teilmenge der Menge der Intendierten Anwendungen des allgemeineren Elementes sein.

Im Sinne dieser Definition ist also unter anderem jedes Theorieelement eine Spezialisierung seiner selbst. Der nichttriviale Fall besteht aber darin, daß der Geltungsbereiches des spezielleren Elementes einen Ausschnitt des Geltungsbereich des allgemeineren darstellt und daß das speziellere Element empirisch restriktiver als das allgemeinere ist. Die Vergrößerung der empirischen Restriktivität kann dabei auf drei verschiedenen Wegen erreicht werden: zum einen können die Zusammenhangspostulate in der Beschreibung der aktualen Modelle des allgemeineren Elementes verschärft oder durch zusätzliche Postulate ergänzt werden, zum zweiten können die einschränkenden Querverbindungen verschärft oder ergänzt werden, und zum dritten können bei der Messung der Begriffe speziellere Meßmodelle verwendet werden. Der dritte Weg, eine Spezialisierung zu bilden, besteht in strukturalistischen Worten ausgedrückt also darin, Theorieelemente, in denen die Bedeutung nicht-theoretischer Begriffe festgelegt wird, durch Spezialisierungen zu ersetzen.

Der offenkundigste und möglicher Weise auch wichtigste Fall der Spezialisierung wird dadurch erzeugt, daß die Zusammenhangspostulate ergänzt oder verschärft werden. Ein klassisches Beispiel dafür sind einige der Fälle von Thurstones Gesetz vom Vergleichsurteil (*Thurstone* 1927). In der allgemeinsten Version dieses Gesetzes, in Fall I, wird eine Beziehung zwischen einem nicht-theoretischen und mehreren theoretischen Begriffen postuliert. Der nicht-theoretische Begriff ist dabei die relative Häufigkeit, einen Reiz in bezug auf ein bestimmtes Kriterium vor einem anderen Reiz zu bevorzugen. Die theoretischen Begriffe sind zum ersten die über die Zeit gemittelten Empfindungen für diese Reize, also die sogenannten "psychologischen Skalenwerte", zum zweiten die Streuungen der temporären Empfindungen und zum dritten die Korrelation zwischen den temporären Empfindungen.

Eine Spezialisierung dieses Gesetzes wird dadurch erzeugt, daß die Korrelation für alle betrachteten Reizpaare gleich null gesetzt wird. Dadurch entsteht Fall III des Gesetzes vom Vergleichsurteil. Eine weitere Spezialisierung, nämlich Fall

V, wird dadurch erzeugt, daß zusätzlich die Gleichheit der Streuungen postuliert wird. Fall V ist damit sowohl eine Spezialisierung von Fall I als auch von Fall III.

5.2 Spezialisierungsnetze

Mit Hilfe des Begriffes der Spezialisierung lassen sich verschiedene Begriffe zur Beschreibung von Komplexen von Theorieelementen definieren. *Balzer, Moulines & Sneed* definieren zu diesem Zweck einen Begriff, der hier als verbundenes Spezialisierungsnetz bezeichnet wird[3]. Eine Menge von Theorieelementen ist genau dann ein verbundenes Spezialisierungsnetz, wenn die beiden folgenden

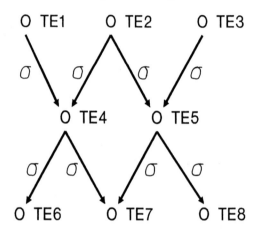

Abb. 1: Ein verbundenes Spezialisierungsnetz
TE1 bis TE8 sollen echt verschiedene Theorieelemente sein. Die mit σ bezeichneten Pfeile stellen Spezialisierungsbeziehungen zwischen direkt benachbarten Theorieelementen dar. Die Spezialisierungsbeziehungen, die sich wegen Transitivität zwischen weiter entfernten Theorieelementen ergeben, sind, aus Gründen der Übersichtlichkeit nicht eingetragen. So ist beispielsweise TE6 auch eine Spezialisierung von TE1 und TE2, nicht aber von TE3.

Merkmale erfüllt sind: zum einen muß jedes Theorieelement dieser Menge mit mindestens einem anderen Element der Menge direkt in der einen oder der anderen Richtung in einer Spezialisierungsbeziehung stehen, und zum anderen muß jedes Element mit jedem anderen Element der Menge durch eine Folge von Spezialisierungsbeziehungen in beliebiger Richtung verbunden sein (siehe Abbildung 1). Ein Beispiel für solch eine Struktur sind die Fälle I, III und V von *Thurstones* Gesetz vom Vergleichsurteil. Das verbundene Spezialisierungsnetz ist die Zusammenstellung von Theorieelementen, die nach Meinung von *Balzer, Moulines & Sneed* am ehesten dem entspricht, was empirisch arbeitende Wissenschaftler unter einer Theorie verstehen.

Ein besonderer Fall einer solchen Struktur ist das baumartige, verbundene Spezialisierungsnetz[4]. Ein verbundenes Spezialisierungsnetz ist genau dann baumartig, wenn es in diesem Netz ein ganz besonders grundlegendes Theorieelement gibt, so daß sich alle anderen Theorieelemente des Netzes als Spezialisierungen dieses grundlegenden Elementes auffassen lassen (siehe Abbildung 2). Solch ein grundlegendes Element wird im strukturalistischen Sprachgebrauch als Basiselement bezeichnet. Es enthält im allgemeinen die grundlegende Idee, die in den verschiedenen anderen Elementen des Netzes für bestimmte Teile des Geltungsbereiches konkretisiert wird. Die Fälle I, III und V von *Thurstones* Gesetz

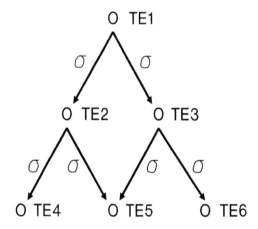

Abb. 2: Ein baumartiges, verbundenes Spezialisierungsnetz
TE1 bis TE6 sollen echt verschiedene Theorieelemente sein. Die mit σ bezeichneten Pfeile stellen Spezialisierungsbeziehungen zwischen direkt benachbarten Elementen dar. TE1 ist das Basiselement dieses Spezialisierungsnetzes.

vom Vergleichsurteil sind damit auch ein Beispiel für ein baumartiges, verbundenes Spezialisierungsnetz. Nach Meinung von *Balzer, Moulines & Sneed* nehmen ausgereifte erfahrungswissenschaftliche Theorien im allgemeinen die Gestalt von baumartigen, verbundenen Spezialisierungsnetzen an.

5.3 Differenzierungen

Das über das Konzept der Spezialisierung geprägte Theorieverständnis von *Balzer, Moulines & Sneed* hat unter anderem zum Inhalt, daß sich alle Theorieelemente einer Theorie auf dieselbe Menge partiell potentieller Modelle beziehen. Das bedeutet, daß im Rahmen ein und derselben Theorie nur sehr gleichartige Ausschnitte der erfahrbaren Welt betrachtet werden können.

Infolgedessen können auch nur sehr gleichartige Ausschnitte der erfahrbaren Welt zur Bedeutungsfestlegung theoretischer Begriffe verwendet werden.

Der Theoriebildung in der Psychologie, und dabei insbesondere in der Einstellungspsychologie, wird diese Einschränkung möglicher Weise nicht gerecht. In vielen der bisher vorgeschlagenen Einstellungstheorien wird beispielsweise das Konstrukt, das dort mit "Einstellung" bezeichnet wird, als etwas verstanden, das sich in sehr verschiedenen Phänomenen ausdrückt, wie unter anderem Kreuzchen auf einem Fragebogen, mimischen Reaktionen oder handfesten Tätlichkeiten gegenüber dem Einstellungsobjekt (*Roth & Upmeyer* 1985, *Upmeyer* 1981). Es dürfte deshalb sehr schwer fallen, alle im Rahmen dieser Ansätze relevanten Situationen mit demselben nicht-theoretischen Begriffsinventar zu beschreiben. Aus diesem Grund soll hier ein erweitertes Theorieverständnis entwickelt werden, das auf einer allgemeineren Form der Beziehung zwischen Theorieelementen als der der Spezialisierung beruht. Diese allgemeinere Beziehung wird hier als Differenzierung bezeichnet[5].

Genau wie im Fall der Spezialisierung beziehen sich die definierenden Merkmale für die Differenzierung auf das in beiden Theorieelementen verwendete Vokabular, auf den empirischen Gehalt der mathematischen Struktur und auf den Geltungsbereich. Für das Vokabular muß dabei gelten, daß alle nicht-theoretischen Begriffe des differenzierteren Elementes auch nicht-theoretische Begriffe des undifferenzierteren Elementes sind. Ebenso müssen alle theoretischen Begriffe des undifferenzierteren Elementes auch theoretische Begriffe des differenzierteren Elementes sein[6]. Umgekehrt ist es aber durchaus möglich, daß das differenzierte Element nicht-theoretische oder theoretische Begriffe enthält, die im undifferenzierteren Element nicht enthalten sind.

Die Bedingung, die für den empirischen Gehalt beider Elemente gelten muß, ist etwas umständlich zu formulieren. Sie beruht darauf, daß man jedem partiell potentiellen Modell des differenzierteren Elementes dadurch eindeutig ein partiell potentielles Modell des undifferenzierteren Elementes zuordnen kann, indem man einfach die zusätzlich hinzugekommen nichttheoretischen Begriffe wieder wegläßt. Auf diese Weise läßt sich auch dem empirischen Gehalt des differenzierteren Elementes eindeutig eine Teilmenge der Potenzmenge der partiell potentiellen Modelle des undifferenzierteren Elementes zuordnen. Damit nun das differenziertere Element tatsächlich eine Differenzierung des undifferenzierteren ist, muß gelten, daß die durch diese Zuordnung erzeugte Menge eine echte oder unechte Teilmenge des empirischen Gehaltes des undifferenzierteren Elementes ist.

Für den Geltungsbereich beider Elemente muß analog zur Definition der Spezialisierung gelten, daß die Menge der Intendierten Anwendungen des differenzierteren Elementes eine echte oder unechte Teilmenge der Intendierten Anwendungen des undifferenzierteren Elementes ist.

Entsprechend dieser Definition ist also analog zur Spezialisierung jedes Theorieelement eine Differenzierung seiner selbst. Außerdem ist auch jede Spezialisierung eine Differenzierung; das Umgekehrte gilt allerdings nicht. Ein wichtiger Fall einer Differenzierung, die keine Spezialisierung ist, besteht darin, daß nicht-theoretische und theoretische Begriffe, sowie Zusammenhangspostulate ergänzt werden. Eine solche Differenzierung soll hier am Beispiel vorgestellt werden.

Als Beispiel wird ein Theorieelement verwendet, das durch Differenzierung aus dem EVTE entsteht. Dieses neue Element wird hier als Theorieelement des vernünftigen Verhaltens (TEVV) bezeichnet. Eine gewisse Ähnlichkeit mit Teilen von *Fishbein* und *Ajzen*s theory of reasoned action (*Fishbein & Ajzen* 1975) ist dabei durchaus nicht unbeabsichtigt. Um allerdings die hier wichtigen Aspekte demonstrieren zu können, müssen auch einige Abweichungen von dieser Theorie hingenommen werden. Aus demselben Grund beschränkt sich die Darstellung des Beispieles auch nicht allein auf die Beschreibung der aktualen Modelle des differenzierteren Elementes, sondern es werden nacheinander die Beschreibungen der partiell potentiellen, der potentiellen und der aktualen Modelle des TEVV vorgestellt und erläutert.

Die Definition für die partiell potentiellen Modelle ist:

x ist ein partiell potentielles Modell des TEVV, genau dann wenn B, C, sel, bel, eval existieren, so daß

1) x   = < B,C,sel,bel,eval >;
2) < B,sel > = partiell potentielles Modell des EVTE;
3) C   = $\{c_1,..c_i,..c_m\}$ ist eine endliche Menge mit mindestens einem Element (Menge der Konsequenzen);
4) bel ist eine Funktion mit bel : B x C $\to$ [0,1] Teilmenge der reellen Zahlen (Wahrscheinlichkeitseinschätzung);
5) eval ist eine Funktion mit eval : C $\to$ Menge der reellen Zahlen (Bewertung);

Das partiell potentielle Modell des EVTE ist also insgesamt durch drei nicht-theoretische Begriffe ergänzt worden. Der erste ist die Menge der unterschiedlichen Konsequenzen, zu denen die Verhaltensweisen führen können. Der zweite Begriff steht für die subjektiven Einschätzungen der Wahrscheinlichkeiten, mit denen die verschiedenen Konsequenzen bei Auswahl der verschiedenen Verhaltensweisen erwartet werden. Der dritte Begriff steht für die Bewertung der Konsequenzen.

Bei den drei ergänzten Begriffen wird wieder vorausgesetzt, daß sie unabhängig vom TEVV und vom EVTE bestimmt werden können. Die möglichen Konsequenzen, die Bewertungen und die Wahrscheinlichkeitseinschätzungen könnten beispielsweise wie bei *Fishbein* und *Ajzen* durch Vorabbefragungen ermittelt werden, deren Auswertungslogik weder durch das TEVV noch durch das EVTE beschrieben wird. Weiter wird hier natürlich auch vorausgesetzt, daß die Erhebungsmethoden für die Wahrscheinlichkeitseinschätzungen und die Bewertungen das erforderliche Skalenniveau liefern.

Die Definition für die potentiellen Modelle des TEVV ist

x ist ein potentielles Modell des TEVV, genau dann wenn $\underline{B}$, $\underline{C}$, $\underline{sel}$, $\underline{bel}$, $\underline{eval}$, $\underline{att}$, $\underline{sal}$ existieren, so daß

1) $x = \; < B,C,sel,bel,eval,att,sal >$;
2) $< B,C,sel,bel,eval > \; = $ partiell potentielles Modell des TEVV;
3) $< B,sel,att > \; = $ potentielles Modell des EVTE;
4) $\underline{sal}$ ist eine Funktion mit sal: $C \rightarrow [0,1]$ Teilmenge der reellen Zahlen (Salienz der Konsequenz);

Außer den bereits vorgestellten neuen nicht-theoretischen Begriffen des TEVV wird das EVTE zusätzlich durch einen theoretischen Begriff, die Salienz, ergänzt. Dieser Begriff soll für jede der möglichen Konsequenzen darstellen, inwieweit sie tatsächlich bei der Verhaltenswahl berücksichtigt wird. Im Unterschied zur Bewertung und zur Wahrscheinlichkeitseinschätzung wird die Salienz in diesem Theorieelement nicht als etwas angesehen, was angemessener Weise durch irgendein Skalierungsverfahren vor der Verhaltenswahl erfaßt werden kann. Sie wird viel mehr als etwas verstanden, das nur direkt bei der Verhaltenswahl zum Ausdruck kommt. Diese Auffassung findet darin Ausdruck, daß die Salienz hier als theoretischer Begriff gehandhabt wird. Die genaue Bedeutung dieses Begriffes ergibt sich erst durch die Zusammenhangspostulate des TEVV.

Die Definition für die aktualen Modelle des TEVV ist:

x ist ein potentielles Modell des TEVV, genau dann wenn $\underline{B}$, $\underline{C}$, $\underline{sel}$, $\underline{bel}$, $\underline{eval}$, $\underline{att}$, $\underline{sal}$ existieren, so daß

1) $x = < B,C,sel,bel,eval,att,sal >$;
2) x = potentielles Modell des TEVV;
3) $sel (b_i) = 1$ gdw $att(b_i) = max \{ att(b_j) \mid b_j \in B \}$;
4) $att (b_i) = \sum_{j=1}^{|C|} sal (c_j) * eval (c_j) * bel (b_i,c_j)$.

Die einzige Ergänzung der Zusammenhangspostulate des EVTE besteht also darin, daß die Einstellung zur Verhaltensweise mit der Summe der Produkte aus Salienz, Bewertung und Wahrscheinlichkeitseinschätzung gleichgesetzt wird.

5.4 Differenzierungsnetze

Mit Hilfe des Konzeptes der Differenzierung können nun analog zum Vorgehen im Fall der Spezialisierung Begriffe zur Beschreibung von Komplexen von Theorieelementen definiert werden. Zwei Begriffe sind dabei von Interesse. Der erste ist das verbundene Differenzierungsnetz. Die Definition dafür ist völlig analog zur Definition des verbundenen Spezialisierungsnetz. Eine Menge von Theorieelementen ist also ein verbundenes Differenzierungsnetz genau dann, wenn die beiden folgenden Merkmale erfüllt sind: zum einen muß <u>jedes</u> Theorieelement

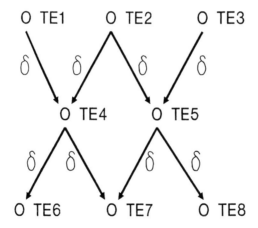

Abb. 3: Ein verbundenes Differenzierungsnetz
TE1 bis TE3 sollen echt verschiedene Theorieelemente sein. Die mit δ bezeichneten Pfeile stellen Differenzierungsbeziehungen zwischen direkt benachbarten Theorieelementen dar. Da auch die Differenzierungsbeziehung transitiv ist, ist hier, analog zu Abb. 1, TE6 eine Differenzierung von TE1 und TE2, aber nicht von TE3.

dieser Menge mit <u>mindestens einem</u> anderen Element der Menge direkt in der einen oder der anderen Richtung in einer Differenzierungsbeziehung stehen, und zum anderen muß <u>jedes</u> Element mit <u>jedem</u> anderen Element der Menge durch eine Folge von Differenzierungsbeziehungen in beliebiger Richtung verbunden sein (siehe Abbildung 3). Ein verbundenes Differenzierungsnetz ist die Struktur, die hier mit dem Begriff einer Theorie identifiziert wird.

Ein Spezialfall des verbundenen Differenzierungsnetzes ist das baumartige, verbundene Differenzierungsnetz. Die Definition für diesen Begriff ist völlig analog für die Definition baumartigen, verbundenen Spezialisierungsnetze (siehe Abbildung 4). Eine Menge von Theorieelementen ist also ein baumartiges, verbun-

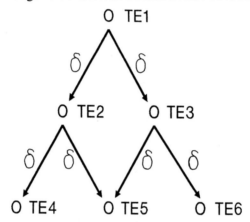

Abb. 4: Ein baumartiges, verbundenes Differenzierungsnetz
TE1 bis TE6 sollen echt verschiedene Theorielemente sein. Die mit δ bezeichneten Pfeile stellen Differenzierungsbeziehungen zwischen direkt benachbarten Theorieelementen dar. TE1 ist das Basiselement dieses Differenzierungsnetzes.

denes Differenzierungsnetz genau dann, wenn es in diesem Netz ein ganz besonders grundlegendes Theorieelement gibt, so daß sich alle anderen Theorieelemente des Netzes als Differenzierungen dieses grundlegenden Elementes auffassen lassen.

5.5 Merkmale einer idealen Theorie

Unter Verwendung dieser Konzepte läßt sich nun beschreiben, wie eine optimal strukturierte Theorie aussehen sollte. Zwei Kriterien sollten dort erfüllt sein: zum einen sollten alle Teilmengen von Theorieelementen, die sich auf dieselbe Menge partiell potentieller Modelle beziehen, baumartige, verbundene Speziali-

sierungsnetze sein, und zum zweiten sollten die Basiselemente dieser Speziali-
sierungsnetze ein baumartiges, verbundenes Differenzierungsnetz bilden. Das
Basiselement des Differenzierungsnetzes, also das Basiselement der ganzen
Theorie, wird hier als "zentrales Basiselement" bezeichnet (siehe Abbildung 5).

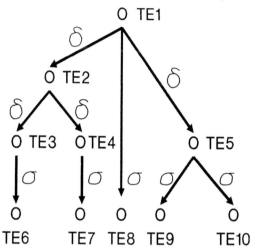

Abb. 5: Struktur einer idealen Theorie
TE1 bis TE10 sollen echt verschiedene Theorieelemente sein. Die mit δ bezeichneten Pfeile
stellen Differenzierungsbeziehungen und die mit σ bezeichneten Pfeile stellen Spezialisierungsbeziehungen zwischen direkt benachbarten Theorieelementen dar. TE1 ist das zentrale
Basiselement. TE1 bis TE 5 sind die Basiselemente der einzelnen Spezialisierungsnetze.

Das zentrale Basiselement enthält die entscheidende Grundidee der Theorie,
von der bei der Betrachtung jeder Intendierten Anwendung ausgegangen wird.
Diese Grundidee muß so allgemein formuliert sein, daß sie auch auf solche
Intendierte Anwendungen bezogen werden kann, in denen nur die nicht-theoretischen Begriffe gemessen werden können, die in jeder Intendierten Anwendung der Theorie vorhanden sind. Bei der Formulierung der gesamten Theorie
dient das zentrale Basiselement unter anderem als Grundbaustein für die Konstruktion von Theorieelementen mit Intendierten Anwendungen, in denen noch
weitere nicht-theoretische Begriffe hinzukommen. Auf diese Weise kann das
zentrale Basiselement den Zusammenhang zwischen Intendierten Anwendungen sehr verschiedener Art stiften. Es stellt so etwas wie die grundlegende
Sichtweise dar, mit der im Rahmen dieser Theorie die Welt gesehen wird.

Jedes Spezialisierungsnetz innerhalb der Theorie bezieht sich auf eine Menge
von Intendierten Anwendungen, die alle mit denselben nicht-theoretischen
Begriffen dargestellt werden können. Das Basiselement eines jeden Spezialisierungsnetzes sollte die allgemeinste mögliche Differenzierung des zentralen

Basiselementes sein, die sich auf alle nicht-theoretischen Begriffe dieses Spezialisierungsnetzes bezieht. In dem Basiselement eines einzelnen Spezialisierungsnetzes sollten alle theoretischen Begriffe genannt werden, die in diesem Netz von Bedeutung sind. Es sollte außerdem sehr allgemein festgelegt werden, in welcher Weise sowohl die theoretischen, als auch die nicht-theoretischen Begriffe innerhalb des Netzes zusammenwirken.

Die Basiselemente der einzelnen Spezialisierungsnetze sind im allgemeinen nicht empirisch restriktiv. Empirische Restriktionen werden erst durch die oben beschriebenen Methoden der Spezialisierung erzeugt. Analog zum zentralen Basiselement stellen die Basiselemente der Spezialisierungsnetze damit Grundbausteine für die Konstruktion weiterer Theorieelemente dar. Nur beziehen sich die neukonstruierten Theorieelemente in diesem Fall alle auf Intendierte Anwendungen derselben Art. Dabei ist es möglich innerhalb desselben Spezialisierungsnetzes Theorieelemente mit widersprüchlichem empirischen Gehalt zu konstruieren, die dann vergleichend miteinander empirisch getestet werden können.

Für die empirisch interpretierte Theorie wird hier gefordert, daß jeder Knoten des Differenzierungsnetzes mit einer Beschreibung der Intendierten Anwendungen verbunden sein sollte, für die sich das entsprechende Theorieelement empirisch bewährt. Bei einer funktionierenden interpretierten Theorie würden diese Beschreibungen die Menge der Intendierten Anwendungen immer mehr beschränken, je restriktiver die Theorieelemente werden. Eine in dieser Weise strukturierte und interpretierte Theorie würde den Aufwand minimieren, der bei einem vorgegebenen Anwendungsfall getrieben werden müßte, um in der Menge der in diesem Fall empirisch bewährten Theorieelemente das Element zu finden, das gleichzeitig am restriktivsten ist. Dieses Theorieelement wäre der Bestandteil des Erfahrungswissen, der die besten Vorhersagen und Erklärungen erlauben und die beste Grundlage zur Beeinflussung der empirischen Phänomene liefern würde.

Die Merkmale der Intendierten Anwendungen, an denen man erkennt, welche Theorieelemente sich vermutlich empirisch bewähren, müssen, wie bereits erwähnt, auf empirischem Wege bestimmt werden. Aus der Forderung für die interpretierte Theorie ergibt sich ein Kriterium, nach dem verschiedene Theorien zu denselben Intendierten Anwendungen empirisch miteinander verglichen werden können. Dementsprechend sollten die empirisch gefundenen Merkmale zur Beschreibung empirisch bewährter Intendierter Anwendungen zum einen ein möglichst einfaches System von Merkmalen darstellen, mit denen die Zuordnung von mathematischen Strukturen zu Intendierten Anwendungen geregelt werden kann, und zum anderen sollten die Mengen der empirisch bewährten

Intendierten Anwendungen auch bei den empirisch restriktivsten Theorieelementen möglichst groß sein.

6. Theoriesysteme

6.1 Meßelemente

Bereits bei der Darstellung der strukturellen Merkmale einzelner Theorieelemente ist angedeutet worden, daß Theorien im allgemeinen nicht unabhängig voneinander funktionieren können, sondern daß bestimmte strukturelle Beziehungen zwischen Theorien erfüllt sein müssen, um ein sinnvolles Funktionieren zu gewährleisten. So wird zumindest bei einem großen Teil der nicht-theoretischen Begriffe einer Theorie die Bedeutung in anderen Theorien festgelegt. Im folgenden soll genauer herausgearbeitet werden, wie die Beziehungen zwischen Theorien aussehen sollten, damit eine sinnvolle Bedeutungsfestlegung der dort verwendeten Begriffe sichergestellt ist.

Der Grundbaustein dieser Beziehungen ist die Beziehung zwischen zwei Theorieelementen, durch die ein bedeutungsfestlegendes Bindeglied (link) erzeugt wird. In der strukturalistischen Literatur wird eine solche Beziehung als Theoretisierung bezeichnet (*Balzer, Moulines & Sneed*, 1987, Kap. 6.2, *Westermann* 1989, 42). Die genauen Charakterisierungen dieser Beziehung unterscheiden sich allerdings in Nuancen. Der hier verwendete Begriff der Theoretisierung ist mit keinem der beiden bisher vorgeschlagenen Begriffe identisch, sondern unterscheidet sich von beiden ebenfalls in Nuancen.

Im wesentlichen ist die Theoretisierung eine Beziehung zwischen einem theoretischeren und einem weniger theoretischen Element. In dem weniger theoretischen Element werden die Bedeutung und die Meßmethodik für mindestens einen nicht-theoretischen Begriff des theoretischeren Elementes festgelegt. Außerdem ist bei der Theoretisierung ausgeschlossen, daß gleichzeitig auch umgekehrt in dem theoretischeren Element die Bedeutung und die Meßmethodik eines nicht-theoretischen Begriffs des weniger theoretischen Elementes festgelegt werden. Etwas exakter läßt sich die Theoretisierung dann über die zwei folgenden Bedingungen definieren, nämlich: zum einen muß das theoretischere Element mindestens einen nicht-theoretischen Begriff enthalten, der im weniger theoretischen Element theoretisch ist, und zum anderen darf das weniger theoretische Element keinen nicht-theoretischen Begriff enthalten, der im theoretischeren Element theoretisch ist[7] (siehe Abbildung 6). Das weniger theoretische Element innerhalb einer Theoretisierungsbeziehung wird hier auch als Meßelement für das theoretischere Element und das theoretischere Element als Theoretisierung des weniger theoretischen Elementes bezeichnet.

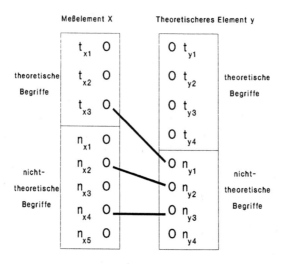

Abb. 6: Eine Theoretisierung

Die Verbindungen zwischen den Begriffen der beiden Theorieelemente X und Y stellen Identitätsbeziehungen dar. Der dritte theoretische Begriff im Meßelement (tx3) ist also mit dem ersten nicht-theoretischen Begriff im theoretischeren Element (ny1) identisch. Damit ist X ein Meßelement für den ersten nicht-theoretischen Begriff in Y.

Beim EVTE könnte die Funktion eines Meßelementes darin bestehen, die Bedeutung und die Meßmethodik für den Begriff der Bewertung festzulegen. Dieser Begriff müßte dann innerhalb des Meßelementes theoretisch sein. Als nicht-theoretischer Begriff dieses Meßelementes käme irgendeine Art von offenen Bewertungsurteilen in Frage. Das aktuale Modell des Meßelementes müßte dann die Gestalt eines Skalierungsmodells haben, in dem die Meßwerte für das zu skalierende Konstrukt eindeutig bis auf die Multiplikation mit einer positiven Konstante festgelegt werden.

6.2 Meßtheorien

Es folgt direkt aus dem hier verwendeten Verständnis der Begriffe "Theorie" und "theoretischer Begriff", daß die beiden Elemente, zwischen denen eine Theoretisierungsbeziehung besteht, nicht aus derselben Theorie stammen können. Der Begriff der Theoretisierung als Relation zwischen zwei Theorieelementen kann damit als Grundbaustein für die Definition einer Theoretisierungsbeziehung zwischen zwei vollständigen Theorien verwendet werden. Diese

Theoretisierungsbeziehung ist durch die folgenden zwei Merkmale gekennzeichnet: zum einen muß die theoretischere Theorie mindestens eine Theoretisierung eines Elementes der weniger theoretischen Theorie enthalten, und zum anderen darf die weniger theoretische Theorie keine Theoretisierung eines Elementes der theoretischeren Theorie enthalten. Die weniger theoretische Theorie wird hier auch als Meßtheorie für die theoretischere Theorie und die theoretischere Theorie als Theoretisierung der Meßtheorie bezeichnet.

Sofern sowohl die Meßtheorie als auch die theoretischere Theorie im Sinn der hier vorgestellten Kriterien optimal strukturiert sind, ergeben sich weitere Kriterien, denen eine Theoretisierungsbeziehung zwischen zwei Theorien zwangsläufig genügen muß. Diese Kriterien beziehen sich auf den Fall, daß derselbe nicht-theoretische Begriff in zwei oder mehr verschiedenen Theorieelementen der theoretischeren Theorie vorkommt und daß sich die dazugehörigen Meßelemente in derselben Meßtheorie befinden. In diesem Fall müssen zwei Elemente der Meßtheorie immer dann in einer Differenzierungsbeziehung stehen, wenn das auch für die dazugehörigen theoretischeren Elemente gilt. Außerdem muß dann immer das undifferenziertere Element der Meßtheorie Meßelement für das undifferenziertere Element der theoretischeren Theorie sein. Der Fall, daß beide Meßelemente miteinander identisch sind, ist dabei mit eingeschlossen.

Mit Hilfe des Konzeptes der Theoretisierung als Beziehung zwischen vollständigen Theorien lassen sich Begriffe zur Beschreibung von Komplexen von Theorien definieren. Der Begriff, der zu diesem Zweck hier benötigt wird, ist der Begriff des Theoriesystems. Eine Menge von Theorien ist ein Theoriesystem, wenn sie den beiden folgenden Anforderungen genügt: zum einen muß jede Theorie mit mindestens einer anderen Theorie des Systems in der einen oder anderen Richtung in einer Theoretisierungsbeziehung stehen, und zum anderen muß jede Theorie mit jeder anderen Theorie des Systems durch eine Folge von Theoretisierungsbeziehungen in beliebiger Richtung verbunden sein.

6.3 Merkmale eines idealen Theoriesystems

Die wesentliche Funktion eines Theoriesystems besteht darin, die Bedeutung der in diesem System verwendeten Begriffe festzulegen. Es soll nun geklärt werden, welche strukturellen Merkmale ein Theoriesystem haben sollte, damit diese Funktion optimal erfüllt werden kann. Zu diesem Zweck muß erst noch ein weiterer Begriff, nämlich der des naiv verständlichen Begriffs eingeführt werden. Ein Begriff ist naiv verständlich, wenn er sowohl jedem Mitglied der Wissenschaftlichen Gemeinschaft als auch jedem durchschnittlichen, wissenschaftlich unbelasteten Menschen unmittelbar klar ist und wenn ohne Hilfsmittel intersubjektiv eindeutig festgestellt werden kann, welche Ausprägung des Begriffes empirisch erfüllt ist[8].

Unter Verwendung des Begriffes "naiv verständlicher Begriff" kann die Funktion eines Theoriesystems präziser formuliert werden. Sie besteht darin, die Bedeutung aller in dem System verwendeten Begriffe, die nicht naiv verständlich sind auf die Bedeutung naiv verständlicher Begriffe zurückzuführen. Eine notwendige Voraussetzung dafür ist, daß in jeder Theorie jeder nicht-theoretische Begriff entweder naiv verständlich ist oder daß eine Meßtheorie für diesen nicht-theoretischen Begriff existiert. Weiterhin ist es notwendig, daß die Meßelemente für ein und denselben nicht-theoretischen Begriff aus derselben Meßtheorie stammen. Ansonsten wird nahezu zwangsläufig mit dem Wechsel der Meßtheorie auch die Bedeutung des nicht-theoretischen Begriffs ausgetauscht.

Weitere notwendige Bedingungen für das optimale Funktionieren eines Theoriesystems beziehen sich auf die Gesamtstruktur der Theoretisierungsbeziehungen. Um diese Bedingungen sinnvoll formulieren zu können, muß ein weiterer Begriff, nämlich der der absteigenden Theoretisierungsfolge, eingeführt werden. Unter diesem Begriff wird hier eine Folge von Theorien verstanden, in der in jedem Paar aufeinanderfolgender Theorien die erstgenannte Theorie eine Theoretisierung der zweitgenannten Theorie ist.

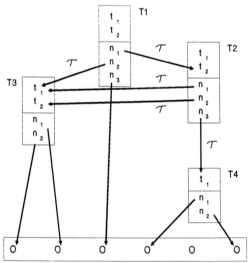

naiv verständliche Begriffe

Abb. 7: Struktur eines idealen Theoriesystems

TE1 bis TE4 sind verschiedene Theorien. Die theoretischen Begriffe einer Theorie sind mit t, die nicht-theoretischen mit n bezeichnet. Die Pfeile symbolisieren Identitätsbeziehungen. Mit

τ gekennzeichnete Pfeile stellen gleichzeitig Theoretisierungsbeziehungen zwischen Theorien dar.

Bezogen auf diese Folgen müssen in einem optimal strukturierten Theoriesystem zwei Bedingungen gelten. Zum einen muß jede absteigende Theoretisierungsfolge, die in diesem System konstruiert werden kann, endlich sein, und zum anderen darf es in diesem System nicht möglich sein, eine absteigende Theoretisierungsfolge zu konstruieren, in der dieselbe Theorie mehr als einmal vorkommt. Die erste dieser beiden Forderungen besagt, daß man bei dem Versuch, die Bedeutungsfestlegung nicht-theoretischer Begriffe über die jeweils vorgeordneten Meßtheorien zurückzuverfolgen, immer in endlich vielen Schritten an irgendeine Theorie gelangen muß, deren nicht-theoretische Begriffe alle naiv verständlich sind. Die zweite der beiden Forderungen besagt, daß eine Theorie auch nicht indirekt dazu verwendet werden darf, die Bedeutung der eigenen nicht-theoretischen Begriffe festzulegen (siehe Abbildung 7).

Die Forderungen, die hier für das empirisch uninterpretierte Theoriesystem formuliert worden sind, zielen darauf ab sicherzustellen, daß mit Hilfe der einzelnen Theorieelemente innerhalb des Systems auch tatsächlich Behauptungen mit einer intersubjektiv eindeutigen empirischen Bedeutung aufgestellt werden können. Für das empirisch interpretierte Theoriesystem wird hier gefordert, daß sich die Meßelemente in all den Intendierten Anwendungen bewähren, auf die sich auch die Theoretisierungen dieser Elemente beziehen. Ansonsten wären die Voraussetzungen, die in den Theoretisierungen über die Meßeigenschaften der nicht-theoretischen Begriffe getroffen werden, nicht erfüllt.

7. Methodologische Konsequenzen

Der hier vorgestellte Ansatz liefert genau wie alle anderen Versionen des Strukturalismus ein Begriffssystem, mit dessen Hilfe unterschiedliche theoretische Ansätze in vergleichbarer Form analysiert und dargestellt werden können. Analysiert man einen vorgegebenen theoretischen Ansatz entsprechend der hier entwickelten Version, ist als erstes zu klären, ob es sich dabei um ein einzelnes Theorieelement, ein Spezialisierungsnetz oder eine vollständige Theorie handelt. Einzelne Theorieelemente können dann weiter analysiert werden, indem die nicht-theoretischen und die theoretischen Begriffe, die Zusammenhangspostulate für einzelne Intendierte Anwendungen, die einschränkenden Querverbindungen und gegebenenfalls die Meßelemente für die nicht-theoretischen Begriffe offen gelegt werden. Bei der Analyse von Spezialisierungsnetzen müssen als Voraussetzung dafür als erstes die einzelnen Theorieelemente identifiziert werden, aus denen das Netz besteht. Im Falle einer vollständigen Theorie ist vorher noch eine Zergliederung in die einzelnen Spezialisierungsnetze nötig. Bei all diesen Analysen kann von der informellen Mengenlehre Gebrauch gemacht werden. Es können aber auch andere sprachliche Instrumentarien verwendet werden.

Zumindest vom Anspruch her ist das hier vorgestellte Begriffssystem so allgemein, daß sich jeder ausgereifte theoretische Ansatz sinnvoll damit rekonstruieren lassen müßte. Eine vollständige Rekonstruktion könnte allerdings dann scheitern, wenn der betrachtete Ansatz nicht ausreichend entwickelt oder dargestellt worden ist. In diesem Fall kann das Begriffssystem dazu genutzt werden, die Lücken aufzudecken, die bei der Weiterentwicklung oder auch nur bei einer neuen Darstellung dieses Ansatzes geschlossen werden sollten.

Das hier vorgestellte Begriffssystem liefert auch ein Schema, nach dem verschiedene theoretische Ansätze systematisch geordnet und gegebenenfalls zusammengefaßt werden können. Entscheidend sind dabei die Spezialisierungs-, Differenzierungs- und Theoretisierungsbeziehungen, die zwischen den einzelnen Theorieelementen der verschiedenen Ansätze bestehen. Diese Beziehungen legen fest, auf welche Weise die verschiedenen Ansätze in gemeinsamen Spezialisierungsnetzen, gemeinsamen Differenzierungsnetzen oder zumindest in einem gemeinsamen Theoriesystem integriert werden können.

Unter der Voraussetzung, daß man die hier beschriebenen Idealvorstellungen von funktionierenden Theorieelementen, Theorien und Theoriesystemen als sinnvoll akzeptiert, können sie zur Bewertung theoretischer Ansätze verwendet werden. Ein Ansatz wäre dann umso besser, je mehr er diesen Vorstellungen entspricht. Die Entscheidung darüber, ob ein Ansatz weiter zu verfolgen oder zu verwerfen ist, sollte allerdings nicht allein von der Übereinstimmung mit irgendeiner Idealvorstellung abhängig gemacht werden. Ein weiterer wichtiger Gesichtspunkt sollte die Innovativität dieses Ansatzes sein.

Das strukturalistische Begriffssystem liefert auch die Möglichkeit, den Gedanken der Innovativität besser zu erfassen. So kann mit Hilfe dieser Begriffe beim Vergleich zweier Ansätze exakt unterschieden werden, ob beide Ansätze miteinander identisch sind, ob sie konkurrierende Sichtweisen zum selben Thema bieten oder ob sie sich auf unterschiedliche Themen beziehen. Identität liegt genau dann vor, wenn beide Ansätze im selben nicht-theoretischen Vokabular formuliert sind und wenn keine Unterschiede bezüglich des empirischen Gehalts der beteiligen Theorieelemente bestehen. Im Gegensatz dazu bieten zwei Ansätze unterschiedliche Sichtweisen zum selben Thema, wenn zwar dasselbe nicht-theoretische Vokabular verwendet wird, wenn aber Unterschiede bezüglich des empirischen Gehaltes bestehen. Wenn nicht einmal das nicht-theore-

149

tische Vokabular gleich ist, beziehen sich beide Ansätze auf verschiedene Themen.

Wenn nun ein vermeintlich neuer Ansatz tatsächlich identisch mit einem bereits bekannten Ansatz ist, ist er schlichtweg überflüssig und kann ohne Prüfung seiner sonstigen Qualitäten verworfen werden. Sofern der Ansatz eine neue Sichtweise zu einem alten Thema liefert, sollte er mit den anderen Ansätzen, die sich auf dasselbe Thema beziehen, verglichen werden. Der Ansatz, der dabei am besten abschneidet, sollte dann weiter verfolgt werden. Wenn ein theoretischer Ansatz ein völlig neues Thema erschließt, sollte ebenfalls seine theoretische und empirische Güte geprüft werden. Sofern dabei Unzulänglichkeiten aufgedeckt werden, wäre es in diesem Fall nicht ratsam, den Ansatz deswegen zu verwerfen. Meistens ist ein mangelhafter Ansatz besser als gar keiner. Das Wissen um die Unzulänglichkeiten sollte statt dessen dazu genutzt werden, den Ansatz an den entsprechenden Stellen zu verbessern.

Das hier vorgestellte Begriffssystem kann auch zur Neuentwicklung theoretischer Ansätze verwendet werden. Es liefert einen konzeptuellen Rahmen, der bei der Theorieformulierung mit den jeweils interessierenden Inhalten gefüllt werden kann. Die Idealvorstellungen über die verschiedenen Komplexe von Erfahrungswissen können als eine Art Leitlinie verwendet werden, an die die Formulierung ausgerichtet werden kann.

In theoretischen Diskussionen in der Einstellungspsychologie könnte die hier vorgeschlagene metatheoretische Konzeption ebenfalls in zweierlei Weise von Nutzen sein. Zum einen könnte sie dazu dienen, bereits etablierte einstellungspsychologische Theorien zu rekonstruieren und infolgedessen besser zu verstehen. Zum anderen könnte sie auch als Grundlage für die Überarbeitung alter und die Formulierung neuer Theorien verwendet werden. Der größere Nutzen für die Weiterentwicklung der Einstellungspsychologie dürfte dabei von letzterem zu erwarten sein.

Anmerkungen

1 Zur sprachlichen Vereinfachung wird hier in Fällen dieser Art immer die männliche Form gewählt.
2 Hier wird ein etwas anderes Verständnis vom Begriff der Intendierten Anwendung verwendet, als es sonst in strukturalistischen Abhandlungen üblich ist. In den klassischen Darstellungen wird unter einer Intendierten Anwendung bereits ein aus Meßwerten bestehendes Abbild eines Ausschnittes der erfahrbaren Welt verstanden. Entsprechend wird dann auch für ein funktionierendes Theorieelement verlangt, daß die Intendierten Anwendungen partiell potentielle Modelle sein müssen. Im Gegensatz dazu wird in diesem

Artikel die Intendierte Anwendung direkt mit dem Ausschnitt der erfahrbaren Welt gleichgesetzt. Sie kann deshalb auch kein partiell potentielles Modell sein, sondern nur als solches dargestellt werden. Diese nuanciert andere Sichtweise wird hier deshalb gewählt, weil sich dann einige der weiter unten noch vorzustellenden Konzepte wesentlich leichter präzise definieren lassen.

3   *Balzer, Moulines & Sneed* verwenden für diesen Begriff die Bezeichnung "verbundenes Theorienetz". Diese Bezeichnung ist aber insofern etwas irreführend, als sie nahelegt, daß es sich dabei um ein Netz aus Theorien und nicht aus Theorieelementen handelt. Außerdem würde es bei einer sinnvollen Benennung der Konzepte, die hier weiter unten noch eingeführt werden, bezeichnungstechnische Schwierigkeiten geben, wenn die Bezeichnung von *Balzer, Moulines & Sneed* hier übernommen werden würde.

4   *Balzer, Moulines & Sneed* verwenden für diesen Begriff die Bezeichnung "baumartiges verbundenes Theorienetz" (vgl. Anm. 3).

5   Das hier vorgestellte Differenzierungskonzept ähnelt einem von *Stephan* (1989) definierten und ebenfalls mit "Differenzierung" bezeichneten Konzept. Beide Konzepte sind allerdings nicht miteinander identisch.

6   An dieser Stelle unterscheidet sich das hier vorgestellte Differenzierungskonzept von dem *Stephans* (1989). Bei *Stephan* sind die theoretischen Begriffe des weniger differenzierten Elementes nicht-theoretische Begriffe des differenzierteren Elementes.

7   *Balzer, Moulines & Sneed* verlangen als Bedingung für eine Theoretisierungsbeziehung lediglich, daß irgendein Begriff des weniger theoretischen Elementes, gleichgültig ob er in diesem Element theoretisch oder nicht-theoretisch ist, nicht-theoretischer Begriff des theoretischeren Elementes ist. Die von *Balzer, Moulines & Sneed* vorgeschlagene Definition ist damit weiter als die hier vorgeschlagene. Im Gegensatz dazu verlangt *Westermann*, daß alle, also die nicht-theoretischen und die theoretischen Begriffe des weniger theoretischen Elementes nicht-theoretische Begriffe des theoretischeren Elementes sein müssen. *Westermanns* Definition ist damit erheblich enger, als die hier vorgestellte.

8   Im Grunde sind die naiv verständlichen Begriffe nichts anderes als *Carnaps* Beobachtungssprache (*Carnap* 1954). Die Bezeichnung "Beobachtung" wird hier allerdings mit Absicht nicht verwendet, weil weder unterstellt werden soll noch muß, daß es so etwas wie unanfechtbar objektive Beobachtungen gibt.

Literatur

Balzer, W., C.U. Moulines & J.D. Sneed (1987): An architectonic for science. Dordrecht.

Bourbaki, N. (pseud.) (1968): Elements of mathematics: Theory of sets. Reading, Mass.

Carnap, R. (1954): Testability and meaning. New Haven, Conn.

Chaiken, S., C. Stangor (1987): Attitudes and attitude change. Annual Review of Psychology 38, 575-630.

Fishbein, M., I. Ajzen (1975): Belief, attitude, intention, and behavior: An introduction to theory and research. Reading, Mass.

Orth, B. (1974): Einführung in die Theorie des Messens. Stuttgart

Orth, B. (1985): Bedeutsamkeitsanalysen bilinearer Einstellungsmodelle. Zeitschrift für Sozialpsychologie 16, 101-115.

Ostrom, T. M. (1968): The emergence of attitude theory. In: A.G. Greenwald, T.C. Brock & T.M. Ostrom (Hrsg.): Psychological foundations of attitude. New York.

Popper, K.R. (1969): Logik der Forschung. (3., vermehrte Auflage). Tübingen.

Roberts, F.S. (1985): Applications of the theory of meaningfulness to psychology. Journal of Mathematical Psychology 29, 311-332.

Roth, H.G., A. Upmeyer (1985): Matching attitudes towards cartoons across evaluative judgments and nonverbal evaluative behavior. Psychological Research 47, 173-183.

Sneed, J.D. (1971): The logical structure of mathematical physics. Dordrecht:

Stegmüller, W. (1986): Probleme und Resultate der Wissenschaftstheorie und Analytischen Philosophie (Bd. II, Teil G). Berlin, Heidelberg.

Stephan, E. (1989): A net of psychological utility theories. In: H. Westmeyer (Hrsg.): Psychological theories from a structuralist point of view. Berlin, Heidelberg.

Tesser, A., D.R. Shaffer (1990): Attitude and attitude change. Annual Review of Psychology 41, 479-523.

Thurstone, L.L. (1927): A law of comparative judgment. Psychological Review 34, 273-286.

Upmeyer, A. (1981): Perceptual and judgmental processes in social contexts. In: L. Berkowitz (Hrsg.): Advances in experimental social psychology. Vol. 14, 257-308). New York.

Upmeyer, A., B. Six (1989): Strategies for Exploring Attitudes and Behavior. In: A. Upmeyer (Hrsg.): Attitudes and behavioral decisions. Berlin, Heidelberg.

Westermann, R. (1989): Festinger's theory of cognitive dissonance: A revised structural reconstruction. In: H. Westmeyer (Hrsg.): Psychological theories from a structuralist point of view. Berlin, Heidelberg.

Westmeyer, H. (1989): Psychological theories from a structuralist point of view: A first introduction. In: H. Westmeyer (Hrsg.): Psychological theories from a structuralist point of view. Berlin, Heidelberg.

DIE "THEORY OF REASONED ACTION": EINE STRUKTURALISTISCHE REKONSTRUKTION[*]

Uwe Konerding

Zusammenfassung: In diesem Artikel wird die "theory of reasoned action" von *Fishbein & Ajzen* aus strukturalistischer Sicht rekonstruiert. Als Ergebnis dieser Rekonstruktion zeigt sich, daß dieser Ansatz tatsächlich aus zwei parallel zueinander entwickelten Theorien besteht. Eine Theorie bezieht sich auf die Auswahl einzelner Verhaltensweisen, die andere auf das Ausmaß, in dem verschiedene einzelne Verhaltensweisen derselben Kategorie ausgeführt werden. Im Rahmen der ersten Theorie sind sowohl interindivuelle, als auch intraindividuelle Betrachtungen möglich. Die zweite Theorie ist auf den interindividuellen Aspekt beschränkt. Abgesehen von diesen Unterschieden entsprechen sich beide Theorien. Die grundlegenden Annahmen beider Theorien lassen sich jeweils in drei durch Differenzierung miteinander verbundenen Theorieelementen darstellen. Diese drei Theorieelemente werden hier für jede der beiden Theorien genauer analysiert.

1. Einleitung

Der theoretische Ansatz, der innerhalb der letzten fünfzehn Jahren vermutlich den größten Einfluß auf die Einstellungspsychologie ausgeübt hat, ist die "theory of reasoned action" von *Fishbein & Ajzen* (1975; *Ajzen & Fishbein* 1980). Dieser Ansatz soll hier aus strukturalistischer Sicht (*Sneed* 1971, *Balzer, Moulines & Sneed* 1987) rekonstruiert werden. Das Begriffssystem des strukturalistischen Ansatzes ist einschließlich einiger Erweiterungen in diesem Buch bereits dargestellt worden (vgl. *Konerding*, in diesem Band). Alle dort eingeführten Begriffe werden hier als bekannt vorausgesetzt und nicht mehr erläutert. Zum besseren Verständnis des jetzt folgenden Artikel empfiehlt es sich deshalb, erst die allgemeinere Darstellung in diesem Buch zu lesen. Als Grundlage für die Rekonstruktion wird vor allem "Understanding Attitudes and Predicting Social Behavior" (*Ajzen & Fishbein* 1980) verwendet. Soweit die für die Rekonstruktion wichtigen Aspekte dort nicht ausreichend dargestellt werden, wird auf "Belief, Attitude, Intention and Behavior" (*Fishbein & Ajzen* 1975) zurückgegriffen.

---

[*] Die vorliegende Arbeit wurde von der Deutschen Forschungsgemeinschaft im Rahmen Projektes Up 7/2-8 unter der Leitung von Prof. Dr. Arnold Upmeyer gefördert. Für eine kritische Durchsicht des Manuskriptes bedanke ich mich sehr herzlich bei Frau Dipl. Psych. Cand. Inform. Ute Schmid.

Die Zielsetzung, die *Fishbein & Ajzen* mit ihrem Ansatz verfolgen, besteht darin, Verhalten vorherzusagen und zu erklären. Sie gehen dabei von der Annahme aus, daß menschliches Verhalten vernunftbestimmt ist. Unter Bezugnahme auf diese Annahme entwerfen sie ein System von Variablen, in dem das Verhalten schrittweise auf immer weiter entferntere Ursachen zurückgeführt wird. In diesem System ist die direkte Ursache für das Verhalten die Absicht, das Verhalten auszuführen. Die Absicht wiederum wird durch die Einstellung zum Verhalten, sowie durch die subjektive Norm für dieses Verhalten bestimmt. Die Einstellung zum Verhalten hängt dann von den Ergebnissen ab, zu denen das Verhalten aus der Sicht des Handelnden führen könnte, sowie von dessen Bewertung dieser Ergebnisse. Bei der subjektiven Norm bestehen die Ursachen in den normativen Erwartungen, die der Handelnde bei seinen Bezugspersonen vermutet, sowie in seiner Bereitschaft, auf deren Erwartungen einzugehen.

Das wichtigste Ergebnis der Rekonstruktion besteht darin, daß der Ansatz von *Fishbein & Ajzen* nicht eine einzige, in sich geschlossene Theorie darstellt, sondern eine Zusammenstellung zwei parallel nebeneinander konzipierter Theorien. Dabei sind beide Theorien gleichermaßen Konkretisierungen der Vorstellung, daß das menschliche Verhalten vernunftbestimmt ist. Beide Theorien unterscheiden sich aber in Hinblick auf die Art des betrachteten Verhaltens: so bezieht sich eine der beiden Theorien auf die Wahl einzelner Verhaltensweisen, die andere auf das Ausmaß, in dem verschiedene einzelne Verhaltensweisen derselben Kategorie ausgeführt werden. Wegen ihrer Orientierung an derselben Leitidee, sind sich beide Theorien in vieler Hinsicht sehr ähnlich; die formalen Unterschiede zwischen ihren Geltungsbereichen sind aber so groß, daß die mathematischen Strukturen beider Theorien nicht in einer einzigen Theorie integriert werden können. Infolgedessen unterscheiden sich beide Theorien auch deutlich in Hinblick auf die Funktionen, die sie erfüllen können: während die Theorie für einzelne Verhaltensweisen sowohl zur intraindividuellen, als auch zur interindividuellen Verhaltensvorhersage verwendet werden kann, ist die Anwendbarkeit der Theorie für Verhaltenskategorien auf den interindividuellen Bereich beschränkt.

Fishbein & Ajzen grenzen die Geltungsbereiche beider Theorien zwar voneinander ab, kennzeichnen den darauf aufbauenden theoretischen Ansatz aber nicht explizit als zwei parallele Theorien. Anstattdessen betrachten sie an manchen Stellen den einen und an anderen Stellen den anderen Geltungsbereich, ohne diesen Wechsel zu thematisieren. Die hier vorgestellte Rekonstruktion beruht deshalb darauf, daß aus den verschiedenen Überlegungen die Information herausgesucht wird, die für die jeweils betrachtete Teiltheorie einschlägig ist. Sofern die benötigte Information nicht gegeben wird, wird sie soweit als möglich kongenial ergänzt.

Beide Teiltheorien enthalten dieselben, bereits erwähnten grundlegenden Vorstellungen darüber, wie sich Verhalten vorhersagen und erklären läßt. Formal lassen sich diese Vorstellungen in beiden Theorien als drei aufeinander bezogene, unterschiedlich differenzierte Theorieelemente darstellen. Die Basiselemente beider Theorien haben die Beziehung zwischen Verhaltensabsicht und Verhaltensausführung zum Thema. Das zweitallgemeinste Theorieelement entsteht in beiden Theorien als Differenzierung des Basiselementes, indem zusätzlich noch der Einfluß der Einstellung zur Verhaltensweise und der subjektiven Norm berücksichtigt wird. Das differenzierteste grundlegende Element enthält dann in beiden Fällen alle von *Fishbein & Ajzen* verwendeten Variablen. Die Modelle, die innerhalb des von *Fishbein & Ajzen* initiierten Forschungsprogrammes in den einzelnen Untersuchungen tatsächlich empirisch getestet werden, können dann als aktuale Modelle von Spezialisierungen dieser grundlegenden drei Theorieelemente aufgefaßt werden. Im allgemeinen handelt es sich dabei um Spezialisierungen des differenziertesten der drei grundlegenden Theorieelemente.

Fishbein & Ajzen weisen ausdrücklich darauf hin, daß die von ihnen thematisierten Variablen kein in sich abgeschlossenes System von Kausalzusammenhängen bilden. Sie räumen ein, daß auch noch andere Größen in unkontrollierter Weise auf dieses Variablensystem einwirken. Streng genommen handelt es sich damit um einen probabilistischen Ansatz. Eine exakte Rekonstruktion beider Theorien unter Berücksichtigung ihres probabilistischen Charakters würde allerdings zu einigen konzeptuellen Komplikationen führen, deren Bearbeitung in diesem Zusammenhang nicht sehr erhellend wäre. Aus diesem Grund soll hier nur das deterministische Grundgerüst beider Theorien betrachtet werden.

Eine vollständige Rekonstruktion beider Theorien einschließlich aller bisher formulierten Spezialisierungen würde ebenfalls den Rahmen dieser Abhandlung sprengen. Aus diesem Grund bleibt die Rekonstruktion nur auf die drei grundlegenden Theorieelemente beider Teiltheorien beschränkt. Als erste Teiltheorie wird die Theorie betrachtet, die sich auf einzelne Verhaltensweisen bezieht, als zweite die Theorie für Verhaltenskategorien. In beiden Fällen entspricht die Reihenfolge, in der die drei Theorieelemente diskutiert werden, dem Grad ihrer Differenzierung. Begonnen wird in jedem Fall mit dem Basiselement. Im Interesse einer komprimierten Darstellung werden die einzelnen Elemente mit Kürzeln bezeichnet. Die Numerierung der Kürzel entspricht dem Grad der Differenzierung. Die Buchstaben in den Kürzeln stehen für die Teiltheorie, zu der das jeweils betrachte Theorieelement gehört. Bei der Theorie für einzelne Verhaltensweisen handelt es sich um die Buchstaben TEE (Theorie-Element für Einzelne Verhaltensweisen), bei der Theorie für Kategorien von Verhaltensweisen um die Buchstaben TEK (Theorie-Element für Kategorien von Verhaltensweisen).

2. Einzelne Verhaltensweisen

Die erste Teiltheorie von *Fishbein & Ajzen* bezieht sich, wie bereits angekündigt worden ist, auf die Wahl einzelner Verhaltensweisen. Unter einer einzelnen Verhaltensweise wird dabei eine Entität verstanden, die durch vier Aspekte gekennzeichnet ist: nämlich durch die Art des Verhaltens (action), durch den Gegenstand des Verhaltens (target), durch den Zusammenhang, in dem das Verhalten stattfindet (context) und durch die Zeit, zu der das Verhalten durchgeführt wird (time; siehe *Six* in diesem Band). Nur dann, wenn diese Aspekte eindeutig festgelegt sind, ist die jeweils betrachtete Verhaltensweise vollständig definiert. Eine derartig gekennzeichnete Verhaltensweise könnte beispielsweise darin bestehen, daß man am Montag Abend um dreiundzwanzig Uhr (time) nach dem Sport (context) ein Bier (target) trinkt (action). Zwei Typen von Wahlsituationen können innerhalb der ersten Teiltheorie betrachtet werden: beim ersten Typ besteht die Wahl zwischen dem Ausführen und dem Nicht-Ausführen einer bestimmten einzelnen Verhaltensweise; beim zweiten Typ stehen mehrere, sich gegenseitig ausschließende, einzelne Verhaltensweisen zur Wahl. Beide Typen von Wahlsituationen können formal auf dieselbe Art behandelt werden.

2.1 TEE1: Verhaltensausführung und Verhaltensabsicht

Das Basiselement der Theorie für einzelne Verhaltensweisen ergibt sich aus *Fishbein & Ajzen*s Annahme, daß man normalerweise die Verhaltensweise auswählt, die man auch auszuwählen beabsichtigt (*Ajzen & Fishbein* 1980, 5).

Es sei nun TEE1 das Basiselement. Die Beschreibung der aktualen Modelle dieses Theorieelementes ist dann:

x ist genau dann ein aktuales Modell des TEE1, wenn ein SUB, ein BEH, ein $real_E$ und ein $intent_E$ existieren, so daß gilt:

1) $x \quad = \; < SUB, BEH, real_E, intent_E >$;
2) $SUB = \{sub_1,..sub_i,..sub_n\}$ mit $1 \leq |SUB|$ und SUB endlich;
3) $BEH = \{beh_1,..beh_i,..beh_n\}$ mit $2 \leq |BEH|$ und BEH endlich;
4) $real_E$ ist eine Funktion mit $real_E : SUB * BEH \longrightarrow \{0,1\}$;

5) $intent_E$ ist eine Funktion mit $intent_E$: SUB * BEH $\longrightarrow$ [0,1] Teilmenge der reellen Zahlen;

6) für alle $sub_i \in$ SUB : $intent_E$ (sub_i, beh_j) =
max $\{intent_E$ (sub_i, beh_k) | $beh_k \in$ BEH$\}$ $<=>$ $real_E$ (sub_i, beh_j) = 1.

Das erste Axiom in dieser Darstellung ist nichts weiter als die Zusammenstellung der formalen Primitive, die in diesem Theorieelement verwendet werden. Im zweiten und dritten Axiom werden die Basismengen des Theorieelementes charakterisiert, nämlich die Menge der handelnden Personen (SUB) und die Menge der zur Auwahl stehenden Verhaltensweisen (BEH). Bemerkenswert ist hier, daß die Menge der handelnden Personen nur ein Element zu enthalten braucht, während die Menge der Verhaltensweisen aus mindestens zwei Elementen bestehen muß. Im vierten und fünften Axiom werden die beiden Merkmalsbegriffe des Theorieelementes, nämlich die Verhaltensausführung ($real_E$) und die Verhaltensabsicht ($intent_E$) als Funktionen dargestellt. Dabei haben beide Funktionen denselben Urbildbereich, nämlich das karthesische Produkt aus der Menge der Personen und der Menge der Verhaltensweisen. Hinsichtlich des Bildbereiches unterscheiden sich beide Funktionen aber. Bei der Verhaltensausführung ist es die Menge aus den Zahlen "null" und "eins" und bei der Verhaltensabsicht das reellwertige Intervall zwischen null und eins einschließlich der Grenzen. Im sechsten Axiom wird das einzige Zusammenhangspostulat des hier betrachteten Theorieelementes formuliert.

Der Begriff der handelnden Person ist nicht spezifisch für diese Theorie und dürfte deshalb auch unmittelbar klar sein. Der Begriff der zur Auswahl stehenden Verhaltensweise ist von *Fishbein & Ajzen* im Zusammenhang mit der Entwicklung ihrer Theorie allerdings mit einer relativ spezifischen Bedeutung versehen worden. Der wesentliche Teil dieser Bedeutung ist weiter oben schon erläutert worden. Je nach dem, welche Art von Intendierter Anwendung man mit diesem Theorieelement betrachtet, ist der Begriff der zur Auswahl stehenden Verhaltensweise allerdings ein wenig unterschiedlich zu interpretieren. Wenn man lediglich betrachten will, ob eine ganz bestimmte einzelne Verhaltensweise ausgeführt wird, dann stellen diese Verhaltensweise und ihr Komplement die beiden Elemente der Menge der Verhaltensweisen dar. Betrachtet man dagegen Situationen, in denen mehrere sich gegenseitig ausschließende Verhaltensweisen zur Auswahl stehen, dann bilden alle diese Verhaltensweisen die fragliche Menge.

Auch die inhaltliche Bedeutung des Begriffs der Verhaltensausführung dürfte weitgehend klar sein. In der formalen Darstellung dieses Begriffs soll der Funktionswert genau dann eins sein, wenn die betrachtete Person die betrachtete Verhaltensweise ausführt. *Ajzen & Fishbein* legen großen Wert darauf, daß die

Verhaltensweisen so klar spezifiziert sind, daß die Verhaltensausführung inter-subjektiv eindeutig festgestellt werden kann (*Ajzen & Fishbein* 1980, 31). Die Verhaltensausführung ist damit ein naiv verständlicher Begriff im Sinne der im vorangegangenen Artikel vorgestellten Definition. Infolgedessen ist die Verhal-tensausführung nicht-theoretisch bezüglich der hier betrachteten Theorie.

Die Bedeutung des Begriffs der Verhaltensabsicht wird bei *Ajzen & Fishbein* in hohem Maße operational festgelegt. Sie schlagen verschiedene Methoden vor, mit denen die Verhaltensabsicht gemessen werden könnte. Alle diese Methoden bestehen darin, daß die betreffende Person zu ihrer Absicht befragt wird, die jeweils betrachtete Verhaltensweise auszuführen. Die Methoden unterscheiden sich dann hinsichtlich des vorgegebenen Antwortformates: es kann sich dabei einfach um die Wörter "ja" und "nein" handeln oder aber auch um Wahrschein-lichkeitsangaben. Die Wahrscheinlichkeitsangaben können dann wiederum je nach Methode numerisch oder auch verbal ausgedrückt werden (vgl. *Ajzen & Fishbein* 1980, Kap. 4). Die Ergebnisse all dieser Meßmethoden lassen sich in vergleichbarer Weise auf das Intervall zwischen null und eins abbilden. Dabei soll "eins" bedeuten, daß sich die betrachtete Person völlig sicher ist, die frag-liche Verhaltensweise auszuführen, und "null", daß sie sich völlig sicher ist, diese Verhaltensweise nicht auszuführen. Die Zahlen zwischen null und eins stehen dann für die verschiedenen möglichen Zwischenstufen der Sicherheit. Aus struk-turalistischer Sicht lassen sich die verschiedenen Meßmethoden als Modelle ver-schiedener Theorieelemente einer Meßtheorie für den Begriff der Verhaltens-absicht auffassen. Bezogen auf die hier rekonstruierte Theorie wäre der Begriff der Verhaltensabsicht dann nicht-theoretisch.

Das einzige Zusammenhangspostulat des Basiselementes ist nichts weiter als die Annahme, daß man die Verhaltensweise ausführen wird, von der man am meisten beabsichtigt, sie auszuführen. Der Kern der Aussage bezieht sich dabei auf die Verhaltenswahlen jeweils einer einzelnen Person. Damit ist die ganze Theorie für einzelne Verhaltensweisen zumindest vom Ansatz her eine Theorie für die intraindivuelle Verhaltensvorhersage. Gemäß der Sichtweise, aus der heraus der Ansatz von *Fishbein & Ajzen* hier interpretiert worden ist, enthält das Basiselement keine theoretischen Begriffe. Die Axiome eins bis fünf stellen damit für sich genommen gleichzeitig die Beschreibung der potentiellen und der partiell potentiellen Modelle dar.

2.2 TEE2: Einstellung zur Verhaltensweise und Subjektive Norm

Als nächsten grundlegenden Gedanken postulieren *Fishbein & Ajzen*, daß die Einstellung zur Verhaltensweise und die subjektive Norm die Verhaltensabsicht und damit letztendlich die Verhaltensausführung bestimmen. Dieser Gedanke kann zusammen mit der bereits diskutierten Grundvorstellung in einem Theorieelement erfaßt werden, das durch Differenzierung aus dem Basiselement hervorgeht.

Es sei nun TEE2 dieses differenziertere Theorieelement, dann ist die Beschreibung eines aktualen Modells dieses Theorieelementes:

x ist genau dann ein aktuales Modell des TEE2, wenn ein SUB, ein BEH, ein $real_E$, ein $intent_E$, ein att_E und ein $subnorm_E$ existieren, so daß gilt:

1) $x = <$ SUB, BEH, $real_E$, $intent_E$, att_E, $subnorm_E >$;
2) $<$ SUB, BEH, $real_E$, $intent_E >$ = partiell potentielles und potentielles Modell des TEE1;
3) att_E ist eine Funktion mit att_E : SUB * BEH $\longrightarrow$ {-3,-2,-1, 0, 1, 2, 3};
4) $subnorm_E$ ist eine Funktion mit
    $subnorm_E$: SUB * BEH $\longrightarrow$ {-3,-2,-1, 0, 1, 2, 3};
5) $<$ SUB, BEH, $real_E$, $intent_E >$ = aktuales Modell des TEE1;
6) für alle $sub_i, sub_j \in$ SUB und für alle $beh_u, beh_v \in$ BEH :
    [att_E (sub_i, beh_u) $\geq$ att_E (sub_j, beh_v) und $subnorm_E$ (sub_i, beh_u) $\geq$ $subnorm_E$ (sub_j, beh_v)] = > $intent_E$ (sub_i, beh_u) $\geq$ $intent_E$ (sub_j, beh_v).

Das erste Axiom dieser Darstellung enthält wieder die Auflistung aller formaler Primitive des Elementes. Im Vergleich zum Basiselement sind hier zwei formale Primitive dazugekommen, nämlich die Einstellung zur Verhaltensweise (att_E) und die subjektive Norm ($subnorm_E$). Im zweiten Axiom wird sichergestellt, daß alles, was für die bereits bekannten Begriffe im Basiselement gefordert wurde, auch für die entsprechenden Begriffe des neuen Theorieelementes gilt. Im dritten und im vierten Axiom werden dann die beiden neuen Begriffe als Funktionen eingeführt. Beide Funktionen sind formal identisch: als Urbildbereich haben sie das karthesische Produkt aus der Menge der handelnden Personen und der Menge der Verhaltensweisen und als Bildbereich die Menge der ganzen Zahlen zwischen minus drei und drei einschließlich der Grenzen. Im fünften Axiom wird sichergestellt, daß das Zusammenhangspostulat des Basiselementes auch für alle aktualen Modelle des hier betrachteten Theorieelementes gilt, und im sechsten Axiom wird dann ein neues Zusammenhangspostulat hinzugefügt.

Die Bedeutung der beiden neuhinzugefügten Begriffe legen *Fishbein & Ajzen* wieder durch Meßvorschriften fest (vgl. *Ajzen & Fishbein* 1980, Appendix A). Dementsprechend ist die Einstellung zur Verhaltensweise ein Urteil der befragten Person darüber, wie sie es selbst finden würde, die betreffende Verhaltensweise auszuführen; die subjektive Norm ist dagegen das Urteil der befragten

Person darüber, inwieweit die ihr nahestehenden Mitmenschen im Durchschnitt vermutlich wollen, daß sie diese Verhaltensweise ausführt. *Fishbein & Ajzen* schlagen vor, beide Arten von Urteilen mit den ganzen Zahlen zwischen minus drei und drei zu kodieren. Bei der Einstellung zur Verhaltensweise bedeutet "drei" eine sehr positive und "minus drei" eine sehr negative Einstellung. Bei der subjektiven Norm bedeutet "drei", daß die befragte Person glaubt, daß die anderen es sehr gut fänden, wenn sie die Verhaltensweise ausführen würde, und "minus drei" entsprechend, daß sie es sehr schlecht fänden.

Die Meßvorschriften von *Fishbein & Ajzen* werden hier genau wie bei der Verhaltensabsicht als Meßtheorien für die beiden eben diskutierten Begriffe interpretiert. Innerhalb der hier rekonstruierten Theorie wären die Begriffe "Einstellung zur Verhaltensweise" und "subjektive Norm" damit nicht-theoretisch. Genau wie das Basiselement der Theorie für einzelne Verhaltensweisen enthält die hier betrachtete Differenzierung keine theoretischen Begriffe. Die ersten vier Axiome bilden damit gleichzeitig die Beschreibung der potentiellen und der partiell potentiellen Modelle dieses Theorieelementes.

Das in diesem Theorieelement hinzugefügte Zusammenhangspostulat besteht in der Annahme, daß die Verhaltensabsicht mit der Einstellung zur Verhaltensweise und mit der subjektiven Norm im allgemeinen steigt. Im Unterschied zu dem einzigen Zusammenhangspostulat im Basiselement bezieht sich dieses Postulat sowohl auf intraindividuelle, als auch auf interindividuelle Zusammenhänge. Es wird genau dann zu einer rein intraindividuellen Ausage, wenn man die Indizes für die handelnden Personen gleichsetzt. Es wird dagegen zu einer interindividuellen Aussage über dieselbe Verhaltensweise, wenn man die Indizes für die Verhaltensweisen gleichsetzt aber ungleiche Indizes für die handelnden Personen verwendet. Das Postulat beruht damit auf der nicht-trivialen Voraussetzung, daß die Verhaltensabsichten, die Einstellungen zur Verhaltensweise und die subjektiven Normen verschiedener Personen auf derselben Skala gemessen werden können.

Fishbein & Ajzen sagen in ihren grundlegenden Überlegungen sehr wenig dazu, inwieweit die Zusammenhänge zwischen Einstellung zur Verhaltensweise, subjektiver Norm und Verhaltensabsicht intraindividuell oder interindividuell zu verstehen sind. Die Rekonstruktion beruht hier bis zu einem gewissen Grade auf einer kongenialen Ergänzung. Grundlage für diese Ergänzung ist die Art der empirischen Forschung, die innerhalb des Ansatzes von *Fishbein & Ajzen* betrieben wird. Im allgemeinen werden dort interindividuelle Unterschiede betrachtet.

2.3 TEE3: Wert und Erwartung

Die letzten Annahmen, die *Fishbein & Ajzen* im Rahmen ihrer grundlegenden Überlegungen treffen, beziehen sich auf die Determinanten der Einstellung zur Verhaltensweise und der subjektiven Norm. Sie gehen davon aus, daß die Einstellung zu einer Verhaltensweise von den erwarteten Konsequenzen und der Bewertung dieser Konsequenzen abhängt. Die subjektive Norm führen sie auf die Einschätzung der Wünsche einzelner Bezugspersonen zurück, sowie auf die Bereitschaft, sich nach deren Wünschen zu richten. Zusammen mit den bisher vorgestellten Überlegungen lassen sich diese Annahmen in einem Theorieelement fassen, das wiederum eine Differenzierung des gerade eben dargestellten Theorieelementes bildet.

Es sei nun TEE3 das neue, differenziertere Theorieelement. Die Beschreibung für die aktualen Modelle dieses Theorieelementes ist dann:

x ist genau dann ein aktuales Modell des TEE3, wenn ein SUB, ein BEH, ein OUT, ein REF, ein $real_E$, ein $intent_E$, ein att_E, ein $subnorm_E$, ein $belbeh_E$, ein $eval_E$, ein $belnorm_E$ und ein mot_E existieren, so daß gilt:

1) x = $<$SUB, BEH, OUT, REF, $real_E$, $intent_E$, att_E, $subnorm_E$, $belbeh_E$, $eval_E$, $belnorm_E$, $mot_E>$;
2) $<$SUB, BEH, $real_E$, $intent_E$, att_E, $subnorm_E>$ = partiell potentielles und potentielles Modell des TEE2;
3) OUT = $\{out_1,..out_i,..out_n\}$ mit $1 \leq$ |OUT| und OUT endlich;
4) REF = $\{ref_1,..ref_i,..ref_n\}$ mit $1 \leq$ |REF| und REF endlich;
5) $belbeh_E$ ist eine Funktion mit
   $belbeh_E$: SUB * BEH * OUT $\rightarrow \{-3,-2,-1, 0, 1, 2, 3\}$;
6) $eval_E$ ist eine Funktion mit $eval_E$: SUB * OUT $\rightarrow \{-3,-2,-1, 0, 1, 2, 3\}$;
7) $belnorm_E$ ist eine Funktion mit
   $belnorm_E$: SUB * BEH * REF $\rightarrow \{-3,-2,-1, 0, 1, 2, 3\}$;
8) mot_E ist eine Funktion mit mot_E : SUB * REF $\rightarrow \{ 1, 2, 3, 4, 5, 6, 7\}$;
9) $<$SUB, BEH, $real_E$, $intent_E$, att_E, $subnorm_E>$ = aktuales Modell des TEE2;
10) für alle sub_i, $sub_j \in$ SUB, für alle $beh_u, beh_v \in$ BEH und für alle $out_p \in$ OUT :

$$\sum_{p=1}^{|OUT|} belbeh_E (sub_i, beh_u, out_p) * eval_E(sub_i, out_p)$$

$$\geq \sum_{p=1}^{|OUT|} belbeh_E (sub_j, beh_v, out_p) * eval_E (sub_j, out_p)$$

$$=> att_E (sub_i, beh_u) \geq att_E (sub_j, beh_v);$$

11) für alle $sub_i, sub_j \in SUB$, für alle $beh_u, beh_v \in BEH$ und für alle $ref_p \in REF$:

$$\sum_{p=1}^{|REF|} belnorm_E\,(sub_i, beh_u, ref_p) * mot_E(sub_i, ref_p)$$

$$\geq \sum_{p=1}^{|REF|} belnorm_E\,(sub_j, beh_v, ref_p) * mot_E(sub_j, ref_p)$$

$$=> subnorm_E\,(sub_i, beh_u) \geq subnorm_E\,(sub_j, beh_v).$$

Genau wie bisher enthält das erste Axiom wieder eine Liste aller formalen Primitive des Theorieelements. Im Vergleich zu dem vorangegangenen Theorieelement sind sechs Primitive dazugekommen, nämlich die Menge der salienten Ergebnisse (OUT), die Menge der salienten Bezugspersonen (REF), sowie die Begriffe "Ergebniserwartung" ($belbeh_E$), "Ergebnisbewertung" ($eval_E$), "Normerwartung" ($belnorm_E$) und "Einwilligungsbereitschaft" (mot_E). Im zweiten Axiom wird wieder sichergestellt, das alles, was bisher für die bereits bekannten Begriffe postuliert worden ist, auch in dem neuen Theorieelement gilt. Im dritten und vierten Axiom werden die beiden neuen Basismengen und im fünften bis achten Axiom die vier neuen Merkmalsbegriffe formal charakterisiert. Im neunten Axiom werden alle in den vorangegangenen Theorieelementen formulierten Zusammenhangspostulate übernommen. Im zehnten und elften Axiom werden neue Zusammenhangspostulate eingeführt.

Unter salienten Ergebnissen verstehen *Fishbein & Ajzen* die möglichen Ergebnisse, die man bei der Verhaltenswahl in Betracht zieht. Sie operationalisieren den Begriff der Salienz durch eine freie Assoziationsmethode; d.h. sie lassen die betrachteten Personen nacheinander alle möglichen Konsequenzen nennen, die das Ausführen der Verhaltensweise mit sich bringen könnte. Die erstgenannten Konsequenzen betrachten sie dann als die salienten Ergebnisse. *Fishbein & Ajzen* weisen darauf hin, daß für verschiedene Personen unterschiedliche Ergebnisse salient sein können. Sie schlagen deshalb auch vor, bei der individuellen Analyse entsprechend unterschiedliche Ergebnisse zu betrachten. Im Rahmen der hier entwickelten Rekonstruktion wäre dies gleichbedeutend damit, jede Person als Teil einer eigenständigen Intendierten Anwendung zu behandeln. In den meisten empirischen Untersuchungen werden allerdings lediglich die möglichen Verhaltensergebnisse betrachtet, die für die gesamte Stichprobe im Durchschnitt salient sind. Bei diesem Herangehen befänden sich alle Personen in derselben Intendierten Anwendung. Die Überlegungen, die *Fishbein & Ajzen* zur Salienz einer Bezugsperson äußern, entsprechen denen zur Salienz eines Ergebnisses.

Die Bedeutung der Begriffe "Ergebniserwartung", "Ergebnisbewertung", "Normerwartung" und "Einwilligungsbereitschaft" ergibt sich wieder durch die Methoden, die *Fishbein & Ajzen* zu deren Messung vorschlagen. Bei der Ergebniserwartung müssen die befragten Personen angeben, für wie wahrscheinlich sie das vorgegebene Ergebnis für den Fall halten, daß sie die betrachtete Verhaltensweise ausführen. Entsprechend wird dieser Begriff auch als eine Funktion formalisiert, deren Urbildbereich gleich dem karthesischen Produkt aus der Menge der handelnden Personen, der Menge der Verhaltensweisen und der Menge der salienten Ergebnisse ist. Bei der Ergebnisbewertung müssen die einzelnen Ergebnisse ohne Berücksichtigung der Verhaltensweise bewertet werden. Entsprechend bildet bei der formalen Darstellung dieses Begriffs lediglich das karthesische Produkt aus der Menge der handelnden Personen und der Menge der Verhaltensweisen den Urbildbereich.

Bei der Normerwartung muß die handelnde Person angeben, wie es die jeweils vorgegebene Bezugsperson finden würde, wenn sie, die handelnde Person, die fragliche Verhaltensweise ausführen würde. Entsprechend ist bei der formalen Darstellung der Normerwartung das kartesische Produkt aus der Menge der handelnden Personen, der Verhaltensweisen und der Menge der salienten Bezugspersonen der Urbildbereich. Bei der Einwilligungsbereitschaft muß die befragte Person dann ohne Bezugnahme auf die Verhaltensweise angeben, wie sehr sie sich nach der jeweiligen Bezugsperson zu richten bereit ist. In der formalen Darstellung bildet dann lediglich das karthesische Produkt aus der Menge der handelnden Personen und der Menge der salienten Bezugspersonen den Urbildbereich.

Die Bildbereiche aller vier neuen Merkmalsbegriffe ergeben sich wieder aus *Fishbein & Ajzen*s Kodierungsvorschriften. Genau wie bisher werden die Meßvorschriften auch hier als Beschreibungen aktualer Modelle von Meßtheorien angesehen. Damit sind alle in diesem Theorieelement verwendeten Begriffe nicht-theoretisch. Folglich bilden die Axiome eins bis acht die Beschreibung der partiell potentiellen und gleichzeitig der potentiellen Modelle des Theorieelementes.

Die beiden neuen Zusammenhangspostulate beschreiben, auf welche Weise die Einstellung zur Verhaltensweise und die subjektive Norm durch die vier neuen Merkmalsbegriffe bestimmt wird. Dementsprechend steigt die Einstellung zur Verhaltensweise mit der Produktsumme aus den dazugehörigen Ergebniserwartungen und den Ergebnisbewertungen (Axiom 10), und die subjektive Norm steigt mit der Produktsumme aus den dazugehörigen Normerwartungen und den Einwilligungsbereitschaften (Axiom 11). Beide Postulate beziehen sich wieder sowohl auf intraindividuelle, als auch auf interindividuelle Zusammenhänge.

3. Kategorien von Verhaltensweisen

Die zweite Teiltheorie von *Fishbein* & *Ajzen* bezieht sich auf das Ausmaß, in dem Verhaltensweisen derselben Kategorie ausgeführt werden. Dabei ist die Kategorie im allgemeinen durch eine bestimmte Zielsetzung definiert, der diese Verhaltensweisen entweder dienen oder schaden. Eine solche Zielsetzung könnte Gewichtsabnahme sein. Eine der Gewichtsabnahme dienliche Verhaltensweise könnte Sporttreiben sein, eine schädliche Verhaltensweise dagegen Biertrinken. Die Problemstellung für die zweite Teiltheorie besteht darin, bei einer vorgegebenen Zielsetzung das Ausmaß zu erklären oder vorhersagen, in dem dienliche Verhaltensweisen ausgeführt und schädliche Verhaltensweisen nicht ausgeführt werden.

3.1 TEK1: Verhaltensausführung und Verhaltensabsicht

Die zweite Teiltheorie ist genau wie die erste Teiltheorie eine Konkretisierung der Vorstellung, daß das menschliche Handeln vernunftbestimmt ist. Aus diesem Grund bestehen große inhaltliche und strukturelle Ähnlichkeiten. So besteht auch hier der entscheidende Teil des Basiselementes in der Annahme, daß Menschen im allgemeinen so handeln, wie sie zu handeln beabsichtigen.

Es sei nun TEK1 das Basiselement der zweiten Teiltheorie, dann ist die Beschreibung der aktualen Modelle dieses Elementes:

x ist genau dann ein aktuales Modell des TEK1, wenn ein SUB, ein $real_K$ und ein $intent_K$ existieren, so daß gilt:

1) $x = < SUB, real_K, intent_K >$;
2) $SUB = \{sub_1,..sub_i,..sub_n\}$ mit $2 \leq |SUB|$ und SUB endlich;
3) $real_K$ ist eine Funktion mit $real_K : SUB \rightarrow$ Intervall innerhalb der ganzen Zahlen;
4) $intent_K$ ist eine Funktion mit $intent_K: SUB \rightarrow$ Intervall der reellen Zahlen;
5) für alle $sub_i, sub_j \in SUB : intent_K (sub_i) \geq intent_K (sub_j)$
    $=> real_K (sub_i) \geq real_K (sub_j)$.

Im Unterschied zum Basiselement der Theorie für Verhaltenskategorien enthält dieses Theorieelement also nur drei formale Primitive, nämlich die Menge der handelnden Personen (SUB), sowie die Merkmalbegriffe "Verhaltensausführung" ($real_K$) und "Verhaltensabsicht" ($intent_K$). Es gibt keine Menge der zur Auswahl stehenden Verhaltensweisen mehr. Der Grund dafür ist, daß hier eben nicht mehr die Wahl zwischen bestimmten einzelnen Verhaltensweisen betrachtet werden soll, sondern das Ausmaß, in dem Verhaltensweisen einer bestimmten Art ausgeführt werden.

Ein weiterer Unterschied besteht darin, daß der Begriff der Verhaltensausführung ganz andere formale Eigenschaften hat, als in der Theorie für einzelne Verhaltensweisen. Es handelt sich jetzt nämlich um ein quantitatives Maß, das als Summe der ausgeführten dienlichen Verhaltensweisen abzüglich der Summe der ausgeführten schädlichen Verhaltensweisen berechnet wird (*Ajzen & Fishbein* 1980, 32). Aus diesem Grund ist der Bildbereich bei der formalen Darstellung des Begriffs eine Teilmenge der ganzen Zahlen, die im allgemeinen mehr Zahlen enthält, als lediglich die Zahlen null und eins. Der Begriff der Verhaltensabsicht wird hier von *Fishbein & Ajzen* in analoger Weise operationalisiert (*Ajzen & Fishbein* 1980, 47). Je nach dem, ob die Einzelabsichtserklärungen qualitativ oder quantitativ erhoben worden sind, entstehen dabei ganzzahlige oder reelle Werte. Aus diesem Grund wird bei der formalen Darstellung dieses Begriffes wieder ein reellwertiges Intervall als Bildbereich gewählt. Im Gegensatz zur Theorie für einzelne Verhaltensweisen sind die Grenzen des Intervalls hier allerdings nicht fest vorgegeben.

Das einzige Zusammenhangspostulat des Basiselementes hat wieder zum Gegenstand, daß die Verhaltensabsicht die Verhaltensausführung bestimmt. Im Gegensatz zu dem entsprechenden Postulat im Basiselement der Theorie für einzelne Verhaltensweisen wird hier allerdings explizit ein interindividueller Zusammenhang formuliert. In Worten ausgedrückt besagt das fünfte Axiom nämlich, daß eine Person sich dann zielsetzungsdienlicher verhalten wird als eine andere Person, wenn die erstgenannte Person auch in höherem Maße die entsprechende Absicht geäußert hat. Eine intraindividuelle Formulierung der Beziehung zwischen Absicht und Ausführung wäre in diesem Zusammenhang äußerst künstlich gewesen. Die nächstliegende und möglicherweise auch einzige intraindividuelle Formulierung hätte in der Aussage bestanden, daß eine Person genau in dem Maße zielsetzungsdienliches Verhalten zeigt, in dem sie es beabsichtigt. Eine solche Aussage könnte nur dann eine empirische Bedeutung haben, wenn Absicht und Ausführung auf derselben Skala gemessen werden können. Falls das gelingen sollte, wäre die resultierende Behauptung dann allerdings wesentlich restriktiver, als alle Behauptungen, die bisher im Rahmen von *Fishbein & Ajzen*s Forschungsprogramm empirisch geprüft worden sind.

Die übrigen Überlegungen, die im Zusammenhang mit dem Basiselement der Theorie für einzelne Verhaltensweisen angestellt worden sind, lassen sich problemlos auf das Basiselement für die zweite Teiltheorie übertragen. Die Vorschriften, die *Fisbein & Ajzen* bezüglich der Messung von Verhaltensäußerung und Verhaltensabsicht machen, werden hier wieder als Beschreibungen kleiner

Meßtheorien verstanden. Die beiden Begriffe sind damit nicht-theoretisch bezüglich der Teiltheorie für Kategorien von Verhaltensweisen. Die Axiome eins bis vier sind also gleichzeitig Beschreibungen für die partiell potentiellen und die potentiellen Modelle.

3.2 TEK2: Einstellung zur Verhaltensweise und Subjektive Norm

Genau wie bei der Theorie für einzelne Verhaltensweisen besteht der nächste Gedanke, der hier rekonstruiert wird, in der Annahme, daß die Einstellung zur Verhaltensweise und die subjektive Norm die Verhaltensabsicht bestimmen. Auch hier resultiert die Berücksichtigung dieses Gedankens in einer Differenzierung des Basiselementes.

Es sei TEK2 das neue, differenziertere Theorieelement. Dann ist die formale Beschreibung für die aktualen Modelle dieses Theorieelementes:

x ist genau dann ein aktuales Modell des TEK2, wenn ein SUB, ein $real_K$, ein $intent_K$, ein att_K und ein $subnorm_K$ existieren, so daß gilt:

1) $x = < SUB, real_K, intent_K, att_K, subnorm_K >$;
2) $< SUB, real_K, intent_K > =$ partiell potentielles und potentielles Modell des TEK1;
3) att_K ist eine Funktion mit $att_K : SUB \rightarrow \{-3,-2,-1, 0, 1, 2, 3\}$;
4) $subnorm_K$ ist eine Funktion mit $subnorm_K : SUB \rightarrow \{-3,-2,-1, 0, 1, 2, 3\}$;
5) $< SUB, real_K, intent_K > =$ aktuales Modell des TEK1;
6) für alle $sub_i, sub_j \in SUB : [att_K (sub_i) \geq att_K (sub_j)$ und $subnorm_K (sub_i) \geq subnorm_K (sub_j)] => intent_K (sub_i) \geq intent_K (sub_j)$.

Bis auf zwei Ausnahmen lassen sich alle Überlegungen, die zum zweiten Theorieelement der Theorie für einzelne Verhaltensweisen angestellt worden sind, auf dieses Element übertragen. Die erste Ausnahme betrifft die Urbildbereiche der beiden neuhinzugefügten Begriffe. In beiden Fällen ist das nämlich nur noch die Menge der handelnden Personen. Dies ergibt sich wieder daraus, daß eben nicht mehr mehrere qualitativ abgrenzbare Verhaltensweisen zur Verfügung stehen. Die zweite Ausnahme betrifft das neuhinzugefügte Zusammenhangspostulat. Im Gegensatz zu dem entsprechenden Postulat in der Theorie für einzelne Verhaltensweisen wird hier nur eine rein interindividuelle Aussage getroffen.

3.3 TEK3: Wert und Erwartung

Die letzten zu rekonstruierenden Grundannahmen betreffen wieder die Determinanten der Einstellung zur Verhaltensweise und der subjektiven Norm. Auch hier resultiert wieder eine Differenzierung des vorangegangenen Theorieelementes.

Es sei TEK3 das neue, differenziertere Theorieelement. Die formale Beschreibung für die aktualen Modelle dieses Elementes ist dann:

x ist genau dann ein aktuales Modell des TEK3, wenn ein SUB, ein OUT, ein REF, ein $real_K$, ein $intent_K$, ein att_K, ein $subnorm_K$, ein $belbeh_K$, ein $eval_K$, ein $belnorm_K$ und ein mot_K existieren, so daß gilt:

1) x = < SUB, OUT, REF, $real_K$, $intent_K$, att_K, $subnorm_K$, $belbeh_K$, $eval_K$, $belnorm_K$, mot_K >;
2) < SUB, $real_K$, $intent_K$, att_K, $subnorm_K$ > = partiell potentielles und potentielles Modell des TEK2;
3) OUT = $\{out_1,..out_i,..out_n\}$ mit $1 \leq |OUT|$ und OUT endlich;
4) REF = $\{ref_1,..ref_i,..ref_n\}$ mit $1 \leq |REF|$ und REF endlich;
5) $belbeh_K$ ist eine Funktion mit $belbeh_K$: SUB * OUT $\rightarrow$ $\{-3,-2,-1, 0, 1, 2, 3\}$;
6) $eval_K$ ist eine Funktion mit $eval_K$: SUB * OUT $\rightarrow$ $\{-3,-2,-1, 0, 1, 2, 3\}$;
7) $belnorm_K$ ist eine Funktion mit $belnorm_K$: SUB * REF $\rightarrow$ $\{-3,-2,-1, 0, 1, 2, 3\}$;
8) mot_K ist eine Funktion mit mot_K : SUB * REF $\rightarrow$ $\{1, 2, 3, 4, 5, 6, 7\}$;
9) < SUB, $real_K$, $intent_K$, att_K, $subnorm_K$ > = aktuales Modell des TEK2;
10) für alle $sub_i, sub_j \in$ SUB und für alle $out_p \in$ OUT :

$$\sum_{p=1}^{|OUT|} bel_K (sub_i, out_p) * eval_K(sub_i, out_p)$$

$$\geq \sum_{p=1}^{|OUT|} bel_K (sub_j, out_p) * eval_K(sub_j, out_p)$$

$=>$ $att_K (sub_i) \geq att_K (sub_j)$;

11) für alle $sub_i, sub_j \in$ SUB und für alle $ref_p \in$ REF :

$$\sum_{p=1}^{|REF|} belnorm_K (sub_i, ref_p) * mot_K(sub_i, ref_p)$$

$$\geq \sum_{p=1}^{|REF|} belnorm_K (sub_j, ref_p) * mot_K(sub_j, ref_p)$$

$=>$ $subnorm_K (sub_i) > subnorm_K (sub_j)$.

Auch bei der Betrachtung dieses Theorieelementes lassen sich wieder die meisten der Überlegungen zum entsprechenden Theorieelement der ersten Teiltheorie übertragen. Die einzigen Unterschiede betreffen wieder die Urbildbereiche einiger der neuhinzugefügten Begriffe, sowie die neuhinzugfügten Zusammenhangspostulate. Im Gegensatz zum dritten Theorieelement der Theorie für einzelne Verhaltensweisen haben die Begriffe "Ergebniserwartung" und "Normerwartung" nämlich nur noch das karthesische Produkt aus handelnden Personen und salienten Ergebnissen bzw. das karthesische Produkt aus handelnden Personen und salienten Bezugspersonen als Urbildbereich. Die beiden neuen Zusammenhangspostulate unterscheiden sich von den entsprechenden Postulaten im dritten Theorieelement der ersten Teiltheorie dadurch, daß sie rein interindividuelle Zusammenhänge beschreiben.

4. Zusammenfassende Diskussion

Das wichtigste Ergebnis der Rekonstruktion ist bereits in der Einleitung angekündigt worden: die Theorie des vernunftbestimmten Handelns ist dementsprechend nicht eine einzige Theorie, sondern eine Zusammenstellung zweier Theorien, die demselben Gedanken entsprechen. In der Darstellung dieses Ansatzes durch seine Autoren wird dies nicht explizit herausgearbeitet. Das Bewußtsein, daß dieser Ansatz tatsächlich aus zwei Theorien besteht, könnte helfen, die spezifischen Möglichkeiten der beiden Teiltheorien besser zu nutzen. Insbesondere dürfte dies für die Theorie für einzelne Verhaltensweisen zutreffen, mit der vom Ansatz her sowohl interindividuelle, als auch intraindividuelle Aussagen möglich sind.

Ein weiteres wichtiges Ergebnis der Rekonstruktion besteht darin, daß der Ansatz von *Fishbein & Ajzen* zumindest für einen psychologischen Ansatz sehr gut ausgearbeitet und dargestellt ist. Abgesehen davon, daß die besonderen Aspekte der beiden Teiltheorien in der Darstellung der Theorie durch ihre Autoren nicht genügend deutlich gemacht werden, werden in konsistenter Weise fast alle Informationen gegeben, die für eine präzise Rekonstruktion benötigt werden.

Literatur

Ajzen, I., M. Fishbein (1980): Understanding attidudes and predicting social behavior. Englewood Cliffs, N.J.
Balzer, W., C.U. Moulines & J.D. Sneed (1987): An architectonic for science. Dordrecht.

Fishbein, M., I. Ajzen (1975): Belief, attitude, intention, and behavior: An introduction to theory and research. Reading, Mass.

Sneed, J.D. (1971): The logical structure of mathematical physics. Dordrecht

Namenverzeichnis

Sachverzeichnis

Die Autoren dieses Bandes

Doll, Jörg, Dr. phil., DFG-Habilitationsstipendiat, Universität Hamburg

Klages, Helmut, Dr. rer. pol., Professor für Soziologie, Hochschule für Verwaltungswissenschaften Speyer

Konerding, Uwe, Dr. phil., Wissenschaftlicher Mitarbeiter, RWTH Aachen

Six, Bernd, Dr. phil., Professor für Sozialpsychologie, Gesamthochschule Wuppertal

Wirsing, Rolf, Dr. phil., PD., Vertretungsprofessor für Ethnologie, Universität Hamburg

Witte, Erich H., Dr. phil., Professor für Psychologie, Universität Hamburg

BRAUNSCHWEIGER STUDIEN

ZUR

ERZIEHUNGS- UND SOZIALARBEITSWISSENSCHAFT

Band 1
L.-M. Alisch, L. Rössner (Hrsg.)
Grundlagen der Sozialarbeitswissenschaft
und sozialarbeitswissenschaftlicher Forschung
152 Seiten, 2., erw. Aufl. 1990

Band 2
L.-M. Alisch, L. Rössner (Hrsg.)
Zentrale Aspekte der Soziotherapie
168 Seiten, 1980

Band 3
W.R. Bibl:
Kompetenzorientierte Verhaltensanalyse
147 Seiten, 1981

Band 4
A. Krapp, A. Heiland (Hrsg.)
Theorienanwendung und Rationales Handeln
122 Seiten, 1981

Band 5
R. Lühmann:
Multivariate dichotome Diagnostik
in der Erziehungs- und Sozialarbeitswissenschaft
110 Seiten, 1981

Band 6
Lutz Rössner
Elementar-Einführung in Probleme und Funktionen
des Studiums der Sozialarbeitswissenschaft
107 Seiten, 2. Auflage 1986

Band 7

Henning Imker (Hrsg.)

Probleme beruflichen Handelns des Sozialarbeiters

149 Seiten, 1982

Band 8

Michael Nagy

Theorie und Praxis der Eltern-Erziehung im Kinderheim

281 Seiten, 1983

Band 9

Peter Rölke (Hrsg.)

Soziologisches Wissen und Soziotechnik

123 Seiten, 1983

Band 10

Richard Olechowski (Hrsg.)

Der Beitrag der empirischen Erziehungswissenschaft zur Praxisverbesserung von Schule, Unterricht und Erziehung

261 Seiten, 2. Auflage 1986

Band 11

Reiner Fricke, Helmut Kury (Hrsg.)

Erzieherverhaltenstraining

180 Seiten, 1983

Band 12

Henning Imker

Grundlagen einer Technologischen Theorie der Sozialen Gruppenarbeit

288 Seiten, 1984

Band 13

Lutz Rössner

Die Pädagogik des Lunatikers Erasmus Darwin

85 Seiten, 1984

Band 20

Christine Schwarzer · Bettina Seipp (Hrsg.)

Trends in European Educational Research

221 Seiten, 1987

Band 21

Klaus Eichner (Hrsg.)

Perspektiven und Probleme

anwendungsorientierter Sozialwissenschaften

304 Seiten, 1988

Band 22

Peter Fritzsche · Lutz Rössner

Der neapolitanische Aufklärer Gaetano Filangieri

Erziehung - Politik - Friedliche Revolution

167 Seiten, 1988

Band 23

Albert Nußbaum

Anforderung und Leistung beim Lernen

230 Seiten, 1989

Band 24

Volker Krumm · Josef Thonhauser (Hrsg.)

Beiträge zur empirisch-pädagogischen Forschung

310 Seiten, 1989

Band 25

Lutz Rössner

Einleitende Erörterungen zum Theorie-Praxis-Problem

159 Seiten, 1989

Band 26

Erich H. Witte (Hrsg.)

Sozialpsychologie und Systemtheorie

267 Seiten, 1990

Band 27

Lutz Rössner (Hrsg.)

Empirische Pädagogik II: Neue Abhandlungen zu ihrer Geschichte

226 Seiten, 1990

Band 28

L.-M. Alisch · J. Baumert · K. Beck (Hrsg.)

Professionswissen und Professionalisierung

284 Seiten, 1990

Band 29

Erich H. Witte (Hrsg.)

Angewandte Sozialpsychologie: Das Verhältnis von Theorie und Praxis

185 Seiten, 1991

Band 30

Lutz-Michael Alisch (Hrsg.)

Empirische Pädagogik III. Gruppendiagnostik - Experiment - Qualitative Verfahren

507 Seiten, 1991

Band 31

Lutz Rössner

Elfenbeinturm und Wissenschaft
Eine kulturphilosophisch-wissenschaftspolitische Studie

97 Seiten, 1992

Band 32

Erich H. Witte (Hrsg.)

Einstellung und Verhalten

178 Seiten, 1992

Zu beziehen durch: Technische Universität Braunschweig
Fb 9 - Abteilung Sozialarbeitswissenschaft
des Seminars für Soziologie und Sozialarbeitswissenschaft
Rebenring 53, 3300 Braunschweig

oder durch den Buchhandel.